UNE MARCHE
DANS LE SIÈCLE

Jean-Marie Cavada

UNE MARCHE DANS LE SIÈCLE

calmann-lévy

ISBN 2-7021-3694-X

À Sylvie.

À Laurence et Mathieu.

À l'origine de mes forces ma mémoire
De tout son poids brille sur l'herbe de l'enfance
Herbe déserte herbe d'azur sans un pas d'homme
Où les jours moins les jours n'ont pas laissé de nuit.

Paul Éluard, « Toute la vie »,
Le Livre ouvert, 1939-1941.

Avant-propos

Je suis né ce matin. Soixante-cinq ans après ma venue dans ce monde, par la grâce d'une lettre tombée dans mon courrier au milieu de dizaines d'autres. Elle aurait pu s'égarer, j'aurais pu la manquer, ne jamais la voir. Pour cause de voyage, elle a d'ailleurs croupi quelques semaines avant que je l'ouvre. Elle contient une missive écrite d'une main posée, avec une calligraphie attentive, et une photocopie d'un imprimé administratif qui tout à coup me brûle les doigts : un extrait de l'état-civil de soixante-cinq ans d'âge qui m'arrive aujourd'hui.

Car cette fois, je suis vraiment né, je veux dire presque comme tout le monde. Le papier que je retourne dans tous les sens lève un coin de voile sur une identité jusque-là mystérieuse. Bien sûr, elle ne dit pas encore tout, cette écriture appliquée du fonctionnaire municipal, qui décrit des bouts de ma vie avec des ronds, des pleins et des déliés comme on n'en voit plus. Mais cette fois, j'ai enfin des parents que je peux commencer à me représenter. Ils ont un nom, le mien, des prénoms. Nous avons des dates de naissance, il y a des lieux. Jusqu'à présent, pour mon nom, ma date, pas de doute, on me l'avait garanti : tout était vrai. À la rubrique « Lieu de naissance », c'était moins clair, mais on m'avait prévenu : c'est un choix administratif, à cause de la guerre. Va pour le choix, j'ai toujours pensé que ce n'était pas grave, puisqu'on avait sans doute fait au mieux dans une époque troublée. Mais à partir de la rubrique « Fils de », habituellement, on se cognait contre un mur. Les papiers d'état-civil étaient muets, on ne disait plus rien, c'était une succession de lignes vides, barrées par un grand trait oblique en travers du carnet d'état-civil comme une balafre sur ma vie, ou comme une bouche réduite au silence, et que j'ai dû expliquer toute mon existence durant. Fils de ? De la guerre, des uniformes, des bombes. Elle a tout détruit autour de moi, elle a affamé, brisé les vies et les êtres, massacré, incendié villes et villages, mutilé ponts, forêts et montagnes. Mais elle ne m'a pas détruit. J'en suis sorti vivant, ceux qui m'élevaient aussi. Ils n'étaient pas mes parents, mais nous étions vivants.

Et ce matin, par la grâce de la factrice, une lettre change tout, lève un coin de voile sur mes ascendants, fait monter les larmes aux yeux. Une dame du sud de l'Alsace, que je ne connais pas, rentre brutalement dans ma vie. Elle connaît par la presse le drame de mon enfance, elle a cherché. Par l'intermédiaire d'une de ses amies, elle a déniché un extrait de naissance plus complet. Cet extrait, c'est le mien : il va plus loin que jamais. Avec un père qui porte mon nom, celui qu'on m'a garanti depuis mon enfance, et que vous connaissez. Il a deux prénoms, exerce un métier, est marié à une femme de quatre ans sa cadette. Elle, elle n'a droit qu'à un seul prénom. Dommage, car un second m'aurait fait plaisir, m'aurait permis d'esquisser avec plus de nuances le portrait que déjà j'imagine, et que j'aimerais compléter. Comment s'appelait sa mère, dont elle aurait pu transmettre jusqu'à moi un des prénoms, sans doute lui-même venu de sa propre mère comme cela se fait si souvent ? Pourquoi pas Joséphine, Madeleine ou Marie ? Ou alors Douce, j'aurais beaucoup aimé ce délicat pansement sur ma généalogie sinistrement amputée. Tant pis, je m'en contenterai. D'autant qu'elle a un métier, ce qui n'est pas mal pour une femme de cette époque et dans cette région : elle est couturière-dentellière.

Et me voilà, la lettre d'une bienveillante spectatrice dans une main, la photocopie de ma page d'état-civil complétée dans l'autre, plus retourné que je ne veux le laisser paraître, en fait totalement ébranlé. Jusqu'à la fin, devrai-je recevoir en pleine figure des morceaux éparpillés de mon enfance, moi qui par souci de protection me suis ingénié à lisser ce que je sais, à gommer ce que je ne sais pas, à neutraliser les questions fondamentales. Je reconnais bien ce moment, violent comme une frappe au sternum, qui accélère les battements de cœur, creuse l'estomac et ramène en surface ces parties d'enfance que j'ai si soigneusement enfouies pour qu'elles ne me nuisent plus. Je sais aussi qu'un être est un tout, que les maillons manquants ne sont pas dissous mais qu'ils occupent toute leur place. Et que je devrai toujours, comme tous ceux de ma condition, transporter ce que je sais et ce qui me manque, parce qu'une vie est un ensemble, pas seulement un assemblage des jours heureux. Et aussi que ce n'est pas un hasard si la sphère publique a occupé l'essentiel de ma vie, et constitué la majeure partie de mes préoccupations.

C'est pourquoi je me sens redevable de clarifier aujourd'hui, à cette étape charnière, les principaux épisodes de mon existence. Un peu comme un compte rendu, puisque depuis plus de trente ans mon activité est publique ; mais mes plus jeunes années comptent aussi pour beaucoup. Et d'une manière ou d'une autre, je sais que je n'en sortirai pas, que je ne veux pas en sortir.

Les Allemands nous ont rassemblés au sommet de la montagne qui domine la ferme. Nous, c'est-à-dire les femmes et les enfants ; il n'y a plus d'hommes au village. Les uns sont prisonniers en Allemagne ou réquisitionnés pour le Service du travail obligatoire, le STO, les autres ont rejoint le maquis.

Mitraillette au poing, les soldats alignent devant nous des prisonniers et nous somment de désigner les résistants. Thérèse me glisse à voix basse, de son accent à la fois dur et traînant de Vosgienne : « Si tu les regardes, t'auras une taloche. » Pas de risque. Ma frayeur est si forte qu'elle l'emporte sur ma curiosité ; ce qui n'est pas peu dire pour un gosse de quatre ans qui n'a ni sa langue ni ses yeux dans sa poche. Tout à l'heure, par un regard lancé à la dérobée, j'ai pourtant cru reconnaître parmi ces hommes celui qui, il y a quelques jours, a trouvé refuge dans notre grange et y a dormi. Il m'avait offert un bonbon. Je l'avais trouvé gentil. Au petit matin, il avait regagné la forêt.

Les Allemands insistent, s'énervent, crient, menacent. Rien n'y fait. Nous sommes à leur merci, c'est vrai, mais personne ne dit rien, nous ne plions pas. Pas un regard ne se lève, aucun geste ne vient briser notre immobilité. La peur nous a transformés en statues. Alors, comme tout le monde s'obstine à garder le silence, les soldats décident d'employer les grands moyens. Ils séparent deux ou trois prisonniers du groupe et les fusillent. Une série d'éclairs, des détonations, puis le gouffre du silence.

L'ensemble de la scène n'a pas pris plus de cinq minutes. Mais dans mon souvenir elle est éternelle ; un bloc d'incompréhension et de stupeur. Lorsque enfin je lève les yeux, le garçon qui a dormi dans la grange gît au sol, le corps désarticulé dans une position d'abandon ; sur son visage, comme sur celui de ses camarades, un étrange rictus s'est figé. La mort n'est pas belle.

Je n'ai pas cinq ans, et l'histoire vient de faire irruption dans ma vie. Elle n'en sortira plus. Désormais, je tenterai de la fixer les yeux grands ouverts et de ne pas garder la tête baissée. Et, à défaut d'y être impliqué comme acteur, d'en être un témoin vigilant, de transmettre à mes contemporains ses échecs et ses victoires, ses impasses et ses espérances, les mille chaos qui à la fois nous font et nous défont.

Puis cette histoire s'accélère. Dans notre coin perdu de l'Est arrive la nouvelle du débarquement et avec elle l'espoir d'une fin prochaine de la guerre. Bientôt, les Allemands troquent leur morgue d'occupants contre la dégaine pitoyable de ceux qui doivent fuir les prochains vainqueurs. Les voilà qui refluent vers l'Alsace à travers la Lorraine et les Vosges. Notre vallée se trouve sur une ligne de combats acharnés : c'est là que les troupes allemandes se rejoignent et s'entassent au fil de leur débâcle.

Affamés, seulement préoccupés de sauver leur peau, l'uniforme vert-de-gris moins impeccable mais le fusil toujours en bandoulière, des soldats allemands pénètrent dans la cuisine où nous nous tenons, Thérèse, sa fille Antoinette et moi. La belle ordonnance des hommes de la Wehrmacht appartient désormais à un passé révolu. S'ils ne se montraient pas aussi brutaux, peut-être susciteraient-ils notre pitié. Mais les voilà qui hurlent des ordres tandis que leurs mitraillettes en position de tir désignent un coin de la salle où nous nous regroupons en silence. Cette fois, ce ne sont plus des hommes qu'ils cherchent, mais des fruits ou un éventuel jambon mis de côté pour l'hiver. Leurs chiens, qu'ils menacent de lâcher sur nous au moindre mouvement, reniflent tout de fond en comble. Ils sont aussi hauts que moi, ces chiens, et soixante ans plus tard, à me rappeler leurs aboiements et le souffle de leurs mufles lorsqu'ils s'approchent, ma terreur est restée intacte.

Les soldats repartent en débandade, le plus souvent bredouilles, car nous sommes aussi démunis qu'eux. Bientôt, on entend les rugissements sourds des automitrailleuses qui grimpent le flanc de la montagne. Il s'agit pour ces hommes en fuite d'éviter les routes classiques où ils redoutent autant les attaques des Alliés que les embuscades des maquisards, ceux qu'ils appellent des terroristes.

Parfois, par dépit et en guise de représailles aveugles, ils embarquent des gens dont on n'entend plus parler. Il y a aussi ces viols que j'entends parfois évoquer à mots couverts. Je ne sais pas ce que le mot veut dire, mais je comprends que la violence est partout. La nature elle-même saigne de mille plaies. Les tirs d'artillerie ont tranché net les sapins de la montagne à deux mètres du sol.

Les combats de cet automne durent plusieurs mois, alternant poussées des libérateurs et ripostes allemandes ; une période de cauchemar pendant laquelle la mort s'abat sans crier gare. Une nuit, alors que les tirs font rage, des obus tombent sur une ferme voisine. Elle brûle sous nos yeux. Des femmes pleurent. C'est comme si la guerre ne devait jamais finir.

Finira-t-elle d'ailleurs vraiment ? Durant de longues années, elle peuple nos souvenirs. La forêt reste truffée d'obus qui n'ont pas explosé. Nous devons avancer avec d'infinies précautions dans les herbages pour mener paître les vaches. En sautant sur des obus, des gamins de mon âge perdent un bras, une jambe, la vie parfois. Le monde reste dangereux encore longtemps. Et puis un jour, enfin, les volcans déchaînés se rendorment. Certains les croient éteints à tout jamais, tandis que d'autres, inconscients ou criminels, n'ont de cesse de les ranimer en croyant y voir les prémices d'un avenir radieux. D'autres encore, moins nombreux mais plus lucides, œuvrent de toutes leurs forces pour prévenir les futures éruptions. Et ainsi, au fil du temps, les Européens tenteront d'apprendre à construire une paix durable. Tout en gardant un œil sur le volcan.

Comment faire l'impasse sur de telles tragédies ? Comment arrêter pour de bon les mouvements de ce balancier qui, depuis plus d'un demi-siècle, alterne horreurs en tout genre, guerres, génocides, destructions massives, et travail de libération des hommes, émancipation des peuples, construction d'une Europe libre et forte ? Comment évoquer une vie en l'enfermant dans ses seules aventures personnelles, surtout lorsque cette vie vous a placé en position d'observateur ?

Chacun de nous n'est qu'un minuscule fragment de météorite tombé par hasard sur un coin de la planète, et une fraction de temps infinitésimal au regard du calendrier universel ; mais notre histoire ne prend sens que si nous levons le nez de ce que le sort nous a dévolu. C'est ainsi que je voudrais que l'on lise ce livre : comme la prise de parole d'un témoin parmi d'autres ; un témoin dont beaucoup pourront juger que la vie l'a plus gâté que d'autres, mais pour qui, au départ, les choses étaient loin d'être gagnées.

I

UN ENFANT DE LA RÉPUBLIQUE

Traces lointaines

Malgré la rigueur de l'époque et de l'endroit où j'ai passé mes premières années, celles-ci restent plutôt heureuses. C'est de cette enfance que je veux parler, moins pour ce qu'elle contient d'anecdotes que parce qu'elle illustre à sa manière l'entrée dans l'ère moderne d'une France alors rurale.

Représentez-vous d'abord le cadre. Il est pauvre, sauvage, grandiose, écrasant. De trois à douze ans, ma vie s'écoule dans une ferme des Vosges cachée à mi-hauteur de la montagne, légèrement en retrait du chemin qui monte du hameau Les Graviers. Elle est entourée de grands prés en pente où je cours en liberté dès que les beaux jours reviennent.

Les conditions d'existence et de travail sont rudes. La guerre est passée par là, et la gêne ancestrale confine désormais à la misère – du moins à la pauvreté. L'exploitation, qui n'appartient pas à ses occupants, est de taille restreinte. Elle compte deux ou trois vaches, un ou deux moutons, une ou deux chèvres, des canards, un coin de potager avec des pommes de terre et quelques légumes ; tout autour de la ferme s'étendent les prés qui fournissent le foin nécessaire à nourrir les bêtes pendant les longs mois d'hiver. Nous vivons chichement d'une économie autarcique. Nos repas sont frugaux, faits de soupes, de laitages, de pain, de betteraves, de choux, et, du printemps à l'automne, des fruits.

Dans ces coins reculés de l'Est, on consomme peu de viande, sauf quand on tue un animal, dans les grandes occasions. On sale alors la viande et on en prélève une portion une ou deux fois par mois, pour une fête ou une réunion du dimanche. Il faut même économiser les pommes de terre, car notre pauvreté ordinaire est encore amplifiée par les restrictions qu'impose l'occupant.

Les quelques produits que nous ne consommons pas, nous les échangeons contre d'autres que vend la petite boulangerie-épicerie du village. Autarcie et troc : je ne me rappelle pas avoir vu d'argent à la ferme avant l'âge de dix ans. C'est la survie. Comme tant d'autres à qui l'existence n'aura pas offert la possibilité de se raconter – et c'est aussi pour cela que j'en témoigne –, j'ai vécu une enfance située quelque part entre le monde des animaux et celui des humains.

La ferme n'a ni électricité ni eau courante. On s'éclaire à la lampe à pétrole. La maison est adossée à la montagne, une fontaine coule de la roche. Elle nous dispense tout au long de l'année une eau glaciale qui, du printemps jusqu'à l'automne, nous permet de nous laver. En hiver, la grande toilette hebdomadaire s'effectue dans une large bassine d'eau chaude mélangée à de l'eau froide. L'évier est un bassin taillé dans un bloc de granit qui n'a jamais dû bouger du coin où on l'a un jour posé. Un fourneau à bois sert à la cuisson des aliments et au chauffage de la salle. Je dors au premier étage, dans une pièce au-dessus de l'étable, parce qu'il y fait un peu plus chaud qu'ailleurs.

Les loisirs sont inexistants. On ne sait pas ce que sont les vacances, ni la plupart des jours de fête. Seul repère chronologique dans cette vie qui ne connaît que le rythme des saisons : le dimanche matin, on s'habille pour aller à l'église de la ville dont Les Graviers est un lieu-dit, Saulxures-sur-Moselotte, non loin de Remiremont. Il faut marcher trois ou quatre kilomètres. Puis on rentre. Parfois des voisins montent jusqu'à la ferme pour déjeuner, ou alors ils viennent boire un verre en fin d'après-midi. On parle un peu, pas trop. À dix-huit heures, le dimanche est fini, tout le monde rentre chez soi car il faut traire les vaches. Le travail reprend ses droits avant le soir. C'est encore la France du XIXe siècle.

Ainsi s'écoulent les premières années. Qui suis-je dans cet univers ? Mon plus ancien souvenir, étrangement, est lié à une photo, sans doute prise lors d'une fête. Je ne sais trop si je me rappelle les circonstances ou la photo elle-même. Je dois avoir environ trois ans, la scène se déroule donc peu de temps après mon arrivée dans la ferme. Je commence à me tenir debout, ma tête est couronnée de cheveux blonds. Je suis habillé en blanc, peut-être fêtons-nous Pâques. Le père de ma mère nourricière me tient contre lui, sur un cheval. Il porte le large chapeau rural d'antan qu'on voit sur les photos sépia, et une longue barbe comme n'en arborent plus aujourd'hui que les adeptes de Ben Laden. Sur cette photo, c'est moi et ce n'est pas moi. Ou plus exactement : moi, dans un monde qui n'existe plus.

Pourtant, ce monde où je vis, je sais très tôt que je ne lui appartiens pas. S'il me nourrit, il ne m'a pas mis au monde. Un jour, en 1943 ou 1944 – même ce fait n'est pas précis –, comme je l'ai compris assez tôt grâce à des confidences murmurées, Thérèse, la fermière, est partie me chercher à l'Assistance publique. C'était alors une femme de taille moyenne, une jolie brunette dont le mari était prisonnier en Allemagne et qui soudain, la trentaine à peine dépassée, sa fille quittant l'école pour l'usine, a ressenti le manque d'un autre enfant. Elle a alors saisi son courage à deux mains, pris la micheline qui mène à la ville, Épinal, et entamé les démarches nécessaires.

Je l'imagine. Elle arpente la salle de l'Assistance, détaillant tous ces gosses un peu faméliques, laissés pour compte par la guerre et les accidents de la vie. Pourquoi son choix s'est-il arrêté sur moi plutôt que sur un autre ? Un jour, je l'ai entendue évoquer l'épisode avec une voisine. « Il était si chétif, si mal foutu, qu'il m'a fait pitié », confiait-elle à mi-voix avec cette prudence de mots qui hésite entre gêne et confidence. Il est vrai que je ne devais pas avoir fière allure. Une calcification incorrecte due au manque de lait et à la malnutrition penchait dangereusement ma tête de côté. Je crois bien que mon sort n'a tenu qu'à un fil. L'Assistance m'a maintenu en vie jusqu'à ce que Thérèse me sauve.

Plus tard, elle en blaguera à l'occasion avec moi. « Oh, c'est bien simple. Je me disais que dans l'état où tu étais, tu ne m'encombrerais pas longtemps », me lance-t-elle, choisissant la dérision parce qu'elle peine à avouer ses sentiments. Elle n'en pense pas un mot, bien sûr ; recueille-t-on un orphelin pour le voir mourir ? Chez ces gens rustiques, s'exprimant peu, éreintés par le travail, abîmés par la vie, existe alors une tradition d'entraide. Beaucoup d'enfants de l'Assistance publique sont recueillis dans les fermes, parce que là au moins il y a à manger. Et puis, pour la plupart de ces jeunes femmes esseulées qui veulent un enfant, il n'est pas question de coucher avec le voisin, et encore moins avec un Allemand – sur ces marges de la France habituées à voir passer les ennemis, on ne fraternise guère avec eux. Alors, en l'absence de l'homme prisonnier, elles vont à l'Assistance, d'où elles ramènent un petit. Leur statut de mère nourricière comble à la fois un désir maternel et une générosité que les plus démunis possèdent souvent à profusion. Ainsi, tout le monde y gagne : les gosses de l'Assistance grandissent dans une famille à laquelle ils apportent des bras supplémentaires, puis, avec le retour de l'ordre administratif dès la fin de la guerre, une petite pension.

Mais de tout cela, bien sûr, pas un mot ; ou si peu, en passant, à une voisine. La relation entre les êtres fonctionne ainsi. Pour pouvoir être dits, les sentiments doivent être abordés à distance et de biais, par l'ironie, voire la dérision. La franchise, on ne sait pas faire. Et quand bien même on saurait, ceux qui écoutent seraient si gênés d'entendre de tels aveux qu'à tout point de vue, les formuler est impensable.

C'est pourtant dans ce milieu que je puise la certitude qu'on m'aime assez pour que je m'en sorte ; d'où mon bonheur de ces premières années. Aussi peu portée à la réflexion qu'elle soit, Thérèse m'élève avec une certaine idée de ce que pourrait être mon avenir, et porte pour moi une ambition dont elle est fière. Les paysans, et les pauvres, ont une idée précise de l'échelle sociale. Ils savent le prix de l'effort, ne rêvent pas, mais ne renoncent pas. Ils n'imaginent guère comment on peut en sortir, mais projettent que l'un d'entre eux franchira la barrière, se hissera plus haut. Quitte à le perdre. Thérèse sourit de mes bavardages continuels, de ma curiosité jamais satisfaite. Plus tard, elle sera émerveillée de ce que l'école réussira à faire de moi. J'ai été l'étranger qui débarque et qui, parce qu'il vient d'ailleurs, parce qu'il est porteur d'une différence, possède le don d'embellir une vie.

Je lui renvoie cette affection. Je recherche son contact, je l'appelle maman. Elle s'ingénie pourtant à me répéter dès mon arrivée à la ferme qu'elle n'est pas ma mère, même si, à deux ou trois reprises, elle bougonnera qu'elle m'aime comme un fils. Ce sont les rares confidences qu'elle osera jamais, et toujours en passant, sans s'attarder, comme si cela n'avait aucune importance à ses yeux, ou surtout, n'était pas dicible.

Dans ce milieu si rude et mutique où les effusions sentimentales n'ont pas leur place, les engueulades, elles, peuvent pleuvoir. C'est l'été, j'ai sept ans, je dois garder les vaches jusqu'à minuit avant de les rentrer à l'étable car des loups rôdent dans la forêt. Même si je suis un môme de la campagne habitué aux bruits et aux bêtes, la nuit conserve son caractère effrayant. Je ne suis donc pas rassuré, au point que le refuge du sommeil me gagne peu à peu. Mais lorsque je me réveille, une des trois vaches a disparu. La panique me prend, je cherche aux alentours sans résultat, et plus le temps passe, moins j'ose rentrer à la ferme. Vers une heure du matin, inquiets de ne pas me voir revenir, les membres de ma famille partent à ma recherche, guidés par les clochettes des deux vaches. La troisième demeure introuvable. Les hypothèses sont réduites : soit elle est partie si loin qu'on ne peut plus entendre sa clochette, soit elle s'est endormie sous un arbre. Il faut la retrouver au plus vite, car un loup risque de lui faire un sort.

Nous cherchons cette vache jusqu'au petit matin. Finalement, c'est moi qui la trouve, exploit dont je ne suis pas peu fier. J'ai manqué de vigilance, mais au moins mon erreur est-elle réparée. La vache dort en effet sous un arbre. En ce qui me concerne, l'engueulade qui suit me coupe toute envie de m'endormir à nouveau !

Le quotidien peut donc être dur, parfois pimenté de quelques roustes magistrales, mais je n'ai pas souvenir d'avoir été malheureux. Ce monde possède la vertu pédagogique de la simplicité : d'un côté ce qui se fait, de l'autre ce qui ne se fait pas. Pas question de se soustraire aux tâches qui vous attendent, de ne pas payer son écot à la collectivité. La règle de vie a la force de la simplicité : une bouche à nourrir égale deux bras qui produisent, un point c'est tout. Plus tard : tu vas à l'école et tu y travailles ; sinon tu quittes l'école et tu retournes à l'Assistance. À moi d'appliquer le système en évitant les drames. Ce que je fais.

Ainsi, sans grands mots ni démonstration d'amour maternel excessif, Thérèse réussit à faire de ce pauvre rescapé chétif un petit gars de la montagne, à égalité avec les autres gosses du village. Elle prend grand soin de moi, m'élève à la dure parce qu'elle pense que c'est la seule façon de faire de moi un homme, s'active et parle peu, au point que je ne me souviens pas de sa voix. Moi, en revanche, je suis bavard : à la ferme, je suis celui qui parle de tout. Et j'étonne ainsi tout le monde, Thérèse, sa fille, le grand-père et la grand-mère, qui passent souvent nous voir, les voisins. Encore un signe que je ne suis pas d'ici.

Thérèse a une fille, Blanche Marie-Antoinette, que tout le monde appelle Antoinette ; elle est mon aînée de douze ans. À l'âge de quatorze ans, elle part travailler dans l'usine textile de la vallée. Celle-ci se trouve au bord de la rivière, la Moselotte, parce qu'il faut blanchir le drap avant de le travailler et que l'opération nécessite beaucoup d'eau. Dans ces années d'après-guerre, les conditions de travail des ouvriers restent rudes, et le fruit que les jeunes en retirent, bien pauvre. Sans discuter, la jeune ouvrière rapporte sa paie à la ferme, une pratique qui se poursuivra pendant des années, jusqu'à son mariage. Moi, je ne coûte pas grand-chose. L'Assistance publique me vêt et je donne un coup de main à la ferme. J'ai dans les cinq ans lorsque je reçois la mission de disposer par terre un drap en jute pour y recueillir le foin. Un ou deux ans plus tard, Thérèse me confie une petite faux et m'explique comment couper les foins.

Le reste du temps, quand je n'aide pas, je vais et je viens partout à ma guise. De ces premières années en liberté, je garde des souvenirs merveilleux. Je suis un gamin lâché en pleine nature, courant en tous sens à la découverte du monde. Quand je ne suis pas grimpé dans un arbre, je fabrique des petits moulins en bois, je capture les ruisseaux qui descendent de la montagne. Si je tombe, je n'ai qu'à me relever et à repartir. Une cicatrice que je porte encore sur le front en atteste. Un jour, je descends la tête la première l'échelle du grenier jusqu'aux cailloux du chemin : assommé. Cela n'émeut personne. À raison : je n'en suis pas mort.

Une charrette en bois

Le soleil tape fort en cette journée de juin 1945. Thérèse, sa mère, sa fille et moi travaillons dans les champs près de la maison. Nous coupons les foins, tous les quatre en ligne, en remontant le pré vers le sommet de la montagne, moi avec mon drap et ma petite faucille. L'ambiance est détendue, tout le monde est de bonne humeur, comme à mon habitude je fais le jeune coq au milieu de cette tribu de femmes. Soudain le chien se met à aboyer ; d'abord nous n'y prenons pas garde ; sans doute des lièvres qui traversent le pré. Mais il insiste, et Thérèse met sa main en visière pour voir ce qui se passe là-bas.

Tout à coup elle s'écrie : « C'est Robert ! » Elle abandonne tout, son travail, sa faux, et se met à courir vers le chemin qui monte de la route. Je me retourne et aperçois un homme qui s'est engagé dans le raidillon conduisant à la ferme. Thérèse se jette dans ses bras. J'ai l'impression que cet instant dure une éternité. Nous, les enfants, nous ne bougeons pas, mais nous avons compris. Je n'ignore pas l'existence de cet inconnu qui débarque, Thérèse m'a déjà parlé de lui en des termes vagues, je sais qu'il est prisonnier en Allemagne. Je suis d'autant plus content de le voir arriver à la ferme que Thérèse a l'air heureuse. Puis leur fille s'avance vers lui, elle aussi contente de ce retour. Je la suis à quelques pas. L'homme fait alors un geste vers moi en demandant : « C'est qui, çui'là ? » Mon élan est coupé net. La phrase m'atteint comme une pierre. Cet homme que je connais, lui ne me connaît pas. Je comprends instantanément que quelque chose d'important vient de se passer, qui va changer la règle du jeu. Le cercle de chaleur où j'ai grandi jusqu'alors est rompu. Dès cette minute, je sais que celui qui arrive va me prendre ma mère.

Je ne me trompe pas. La complicité qui me lie à Thérèse s'effiloche peu à peu. Mais il y a pire : Robert nie jusqu'à mon existence. Pendant des mois, il ne m'adresse pas une parole. Lorsque je m'approche de lui pour lui dire bonjour, comme Thérèse me le demande dans un souci d'apaisement, il ne m'octroie pas un regard et se détourne. N'a-t-il jamais reçu les lettres dans lesquelles sa femme lui expliquait sa décision, l'Assistance, le petit gamin fragile, les mois qui passent ? C'est ce qu'il prétendra plus tard. Alors que s'est-il figuré à son retour d'Allemagne ? Il ne le dira jamais. Je peux imaginer les raisons de cette surprise, de ce rejet initial, y compris les plus inacceptables pour un homme, mais je ne les connaîtrai pas. Et lui ne cherche pas à dissiper le malentendu dans lequel, désormais, nous allons vivre.

À la ferme, le mutisme retombe, plus lourd que jamais. Pour moi commence alors une nouvelle époque qui rompt avec la vie habituelle de la famille. Je suppose que comme tout gamin, de surcroît seul mâle de la couvée, je ressens à l'époque des sentiments œdipiens. Avec l'arrivée soudaine de cet homme déjà brisé par la guerre et la défaite, humilié par ces années vécues au loin, la famille compte un second mâle. Un de trop – c'est du moins ce que crie son attitude.

La douleur est vive, mais j'ai appris à faire avec ce genre de choses. Il ne me reste qu'à prendre les événements en main. Désormais, je vais vivre de façon indépendante et libre. Je ne rentrerai à la ferme qu'à la tombée de la nuit, m'inventant toujours quelque chose à faire dehors. Je bricole, je taille des branches d'arbre, j'arpente les prés et les bois, je joue avec le chien. Mon existence était libre, elle devient sauvage. Nul ne semble s'en soucier. J'apprends à me protéger de tout ce qui m'est extérieur et qui ne s'accorde pas avec moi ; j'y arrive très bien.

Sans doute cette nouvelle situation peine-t-elle Thérèse ;

mais elle ne le montre pas. Et je reste transparent aux yeux de Robert. Lorsqu'il a besoin de quelque chose à table, le pain ou la bouteille, il fait un geste, et je le lui tends sans un mot. Je ne suis pas le seul à subir ses silences : c'est à peine s'il articule trois phrases par jour. Nos seuls échanges réguliers : à mon bonjour matinal, il répond par un grognement. Nous ne nous embrassons pas. Nous vivons côte à côte sans jamais nous rencontrer. A-t-il déjà pris un nouveau travail à l'usine, puisque la ferme ne suffit plus à tous nous nourrir ? Je l'ignore. Dans le fond, je ne m'intéresse pas tellement à lui.

C'est à partir de cette époque que Thérèse, prise entre le marteau et l'enclume, prend l'habitude de me lancer lorsque mon comportement la met en colère : « Si tu n'es pas sage, je te renvoie à l'Assistance publique. » Elle n'a jamais employé ce genre de menace auparavant. J'ai l'impression que désormais elle cherche à donner des gages à ce mari ombrageux, à lui prouver qu'elle ne tient pas tant que ça à moi. Mais même dans ces moments où elle fronce les sourcils, elle s'exprime avec une tendresse que je perçois assez vite, ce qui recrée de la complicité entre nous et exclut à nouveau son mari. Tout va bien, c'est donc moi qu'elle préfère. Aussi, je ne prends pas ses menaces au sérieux. Cela devient même un jeu entre nous, puisque je m'entends lui répondre : « Attention, si tu me renvoies, tu vas perdre ta pension. » Ce qui ne la choque pas, elle rirait même plutôt de ma repartie. Dans le fond, ni l'un ni l'autre n'y croit. Et puis, je garde mes deux pieds sur terre : comme je n'en ai conservé aucun souvenir, retourner à l'Assistance publique ne m'effraie guère. Ainsi, malgré la présence mutique et assez effrayante de Robert, je parviens à me construire une carapace. La beauté des choses qui m'entourent compense la nouvelle dureté de mon éducation. L'équilibre est ténu, certes, mais je ne me sens pas en danger. J'ai déjà mon monde à moi.

Progressivement, je parviens même à apprivoiser Robert. Je prends l'habitude de l'accompagner quand il s'active à ses bricolages dans un appentis où l'on remise le matériel agricole et dont il a fait son atelier. Je le regarde faire, parfois j'ose un mouvement pour l'aider, je lui passe un outil. Il ne m'encourage pas, mais ne s'oppose pas. Nos échanges se limitent à ces rares gestes, car la parole entre nous n'a toujours pas cours. Mais quelque chose commence à se nouer à travers le silence. Je vais chercher un objet dont il a besoin, je me tiens à ses côtés en observant sa manière de travailler, progressivement je le sens plus attentif à ma présence, soucieux même, dans sa maladresse ombrageuse, de me transmettre quelque chose, et bientôt nous commençons à manier le bois ensemble.

Et puis intervient une nouvelle rupture à laquelle je ne comprends rien. Sans explication, Robert m'interdit l'entrée de l'appentis. Thérèse se contente de me dire qu'il a besoin d'être seul, qu'il prépare quelque chose, qu'il ne faut pas le déranger. Serais-je à nouveau devenu indésirable à ses yeux ?

Je me trompe. Ce quelque chose qu'il prépare en secret m'est destiné. Il s'agit d'une petite charrette en bois qu'il m'offre à Noël en me disant d'un ton bourru : « Tiens, c'est pour toi. » C'est la première fois qu'il me parle vraiment. J'en pleure de joie. Cette charrette, qui sera mon seul jouet durant des années, est une merveille. Réplique du modèle courant dans le monde rural d'alors, elle est constituée de quatre roues, deux pleines à l'arrière, deux évidées à l'avant, d'une caisse et d'un timon, comme sur les charrettes que tirent les bœufs, qui permet de manœuvrer l'ensemble. Jusqu'à mes quatorze ans, cette charrette ne me quitte plus.

Désormais, je suis tout le temps dans les jambes de Robert. Je bricole avec lui à l'appentis. Il me montre comment faire, j'exécute, et je deviendrai plus tard suffisamment apte au travail du bois pour passer un CAP. Quand il va aux champs, je le suis. Son univers, celui des outils, du travail d'homme, devient peu à peu le mien. Nous avons mis le temps, mais je me suis trouvé une sorte de père qui veut bien de moi.

Il reste cependant mutique, rugueux, avec des mouvements de maladresse qui confinent à la brutalité. Je n'ai pas le sentiment qu'il déborde d'affection pour Thérèse, qu'il ne ménage pas. De temps en temps, il lui lance des réflexions désagréables : « C'était mieux quand j'étais prisonnier, parce qu'on me servait à manger. » Il n'épargne pas non plus sa fille, à laquelle il parle durement. Souvent, je sers de lien entre les deux, je tente d'arranger les choses. La pauvre n'a pas de vie à elle, elle est soumise à cet ordre familial ancestral et bougon, dans sa famille comme au travail, qui ne lui apporte aucune autonomie : quand elle rentre avec sa paie maigrelette le vendredi soir, elle la remet à son père.

Assez vite, Robert est embauché à son tour dans une usine textile de la vallée. J'ignore quel est son métier, car de cela comme du reste, il ne parle pas. Mais il est clair qu'il n'a pas le choix. En ces années cinquante, les fruits du travail rural autarcique ne suffisent plus. Il faut un salaire industriel pour les compléter. C'est le commencement de la fin pour la petite agriculture, le passage à un autre type d'économie, avec tout ce que cela entraîne : la désertion progressive des campagnes, le gonflement des villes, de nouveaux types d'échanges économiques, l'ouverture à l'autre, un regard différent sur le travail, l'émergence des loisirs, la perte des valeurs traditionnelles sur lesquelles, durant des générations, la société a reposé. Sous mes yeux, plus vite que ses acteurs ne le croient, un monde est en train de changer. Je le sens, je l'observe.

Il m'a suffi de voir des soldats allemands fusiller des civils français pour saisir la violence dont les hommes sont capables. De la même façon, à travers la vie de mon père nourricier, j'assiste à l'effondrement d'une génération que la guerre a brisée. Robert est né aux alentours de la Première

Guerre mondiale et a grandi avant la Seconde, qui l'a retenu prisonnier loin de son pays pendant plus de quatre ans, et a cassé en lui tout ressort. Il n'est pas le seul dans ce cas. Beaucoup de ceux qui ont vécu les épreuves de la défaite et du travail en Allemagne ont baissé les bras. Comme leurs aînés de 1918, ils sont égarés, hébétés. La plupart racontent peu, car ils ont la sensation pénible de ne pas retrouver leur place. Ils ne savent même plus utiliser leur corps. Pendant des mois voire des années, ils ont travaillé d'arrache-pied dans des usines ou des exploitations agricoles ennemies ; de retour chez eux, ils semblent ne plus être bons à rien. La sexualité ne les intéresse plus. Une gaucherie, une gêne s'est emparée d'eux face à ces femmes qui ont appris à vivre en leur absence, à travailler aux champs ou à l'atelier comme à la maison, ont élevé les gosses et parfois aimé un autre homme. Beaucoup d'êtres sont ainsi devenus des inconnus les uns pour les autres. Alors qu'ils ont moins de quarante ans, la vie de ces hommes semble finie, ils n'ont plus envie de rien. Le pays tout entier est comme eux : KO.

La boucle est bouclée. Car le phénomène a des racines profondes : depuis le début du siècle, l'Europe s'est abandonnée au vertige de la revanche et de la destruction. Et ce n'est sans doute pas un hasard si cette ivresse a d'abord saisi deux nations, la France et l'Allemagne, où le niveau de culture et de civilisation est parvenu à des sommets. Tout s'est passé non pas malgré ce niveau de culture, mais sans doute en lien avec lui ; comme si l'extrême raffinement d'une civilisation entretenait un lien profond avec sa barbarie possible. Et au-delà du nombre considérable de cadavres que cette barbarie a laissés sur les champs de bataille, la guerre a anéanti les énergies des hommes tout en épuisant les femmes, qui ont déjà tenu l'économie pendant quatre années une première fois au début du siècle.

La violence des années trente est arrivée avec la crise économique et sociale puis l'instauration de régimes totalitaires dans la majorité des pays européens. La conséquence n'a pas tardé : moins d'une génération après la première, une nouvelle guerre mondiale est survenue, portant à son comble une horreur que nul n'aurait même jamais osé imaginer. Les hommes comprennent alors avec stupéfaction qu'ils viennent d'échapper de justesse à la première tentative de suicide collectif de l'Europe.

Lorsque je songe à cette période, je me dis que malgré leur défaite cuisante, les nazis ont parfaitement réussi à valider dans la conscience collective l'idée que les civilisations contemporaines peuvent mourir elles aussi. Ils ont tout annoncé, nous n'avons rien voulu croire. Tout en mettant à flot leur absurde radeau de la Méduse couvert de beaux jeunes gens blonds aux yeux bleus, ils ont bel et bien organisé le naufrage général d'une culture. Ainsi le siècle passé a-t-il accouché d'une théorie et d'une pratique de la destruction d'un continent entier par lui-même. Pas besoin de grandes invasions barbares pour sonner le glas de ce monde ; les nazis nous ont enseigné que nous sommes tout à fait capables de nous anéantir nous-mêmes, de l'intérieur, entre nations policées, en organisant avec méthode notre propre extermination. Leur génie a été de coupler Machiavel et Satan.

Pour autant, la monstrueuse haine du Juif n'est pas à mes yeux la seule explication à nos malheurs du XXe siècle. Plus encore que l'aberrant racisme, cette tentative d'autodestruction s'est installée au cœur de l'Europe malade, comme le coup d'État rôde en permanence dans les antichambres des régimes épuisés. Une tentative, ou une tentation ; et d'autant plus forte que la conjonction démoniaque de la science, de la folie et du mal l'a rendue possible. On allait pouvoir industrialiser le crime, appeler la science à la rescousse. Sans même oser imaginer l'usage qu'à quelques mois près les nazis s'apprêtaient à en faire, difficile d'oublier que l'invention atomique a fabriqué autant d'horreur que de bien. Quant à l'extermination planifiée de leurs opposants, des Juifs, des Roms, des homosexuels, des communistes et de tous les autres, elle s'appuyait aussi sur un scientisme méticuleux mis au service d'une idéologie de malades. De tout cela, de ce lien profond entre barbarie et culture, on éprouve toujours beaucoup de mal à parler : une des premières à oser aborder le problème fut Hannah Arendt.

Difficile donc de nier que, tout au long du dernier siècle, l'Europe a connu le vertige de l'abîme. Ce constat historique est l'une des raisons pour lesquelles je suis si ardemment favorable à la construction d'une entité politique sur le Vieux Continent. Seul un « gendarme collectif » peut réconcilier durablement les anciens frères ennemis et dissuader les autres de se découvrir des contentieux qui pourraient les conduire à la guerre ou au génocide. De ce point de vue, ce qui s'est déroulé naguère dans les Balkans devrait nous inviter à la réflexion. Une Europe forte et structurée, vigilante à rappeler à tous l'impératif catégorique de la paix, est seule capable d'embarquer les peuples dans une aventure commune, même si chacun d'entre eux voyage dans des voitures différentes. L'essentiel est que tous roulent sur les mêmes rails, et que la vitesse du projet commun les empêche de se retourner vers leur passé.

Ce que j'ai pu voir au début des années cinquante reste donc d'actualité. Les hommes et les femmes qui refusent de baisser les bras sont contraints de déployer une énergie d'autant plus forte que beaucoup d'autres ont déjà renoncé. Tout gosse, je le constaterai avec mes maîtres, à l'école, au lycée, puis dans mes premières années de vie professionnelle : ceux qui refusent le fatalisme de la déchéance et désirent redresser le pays, éduquer la jeunesse, préparer l'avenir, possèdent l'entêtement et le courage de nageurs contraints de remonter le courant. Le parallèle avec les temps que nous vivons aujourd'hui ne saurait nous échapper.

La magie des mots

Un an après le retour de Robert débute une nouvelle période de ma courte vie : je vais à l'école. D'un coup, comme par miracle, tous mes problèmes sont réglés.

L'école se trouve assez loin de la ferme, dans le village de la vallée ; et bien sûr, il faut s'y rendre à pied. En été, la route est un bonheur, parce que je remonte les commissions de l'épicerie du coin, dont le pain que nous avons cessé de cuire à la ferme avec la fin de la guerre. J'en dévore une bonne moitié en chemin, faisant de grands trous dans la miche de pain. À l'arrivée, j'ai droit à de solides réprimandes, mais je recommence la fois suivante, car le pain est si bon qu'il est impossible de résister. De là date mon goût pour le pain, intact aujourd'hui.

Je garde aussi en mémoire l'éblouissement de la nature, magnifique et odorante dès le début du printemps. L'hiver est dur à affronter, mais le spectacle tout aussi splendide. Je fais la route à ski, car à pied je me serais enfoncé jusqu'aux cuisses. Le système est simple : le premier gosse qui descend d'une ferme ouvre la piste, et les suivants se placent dans ses traces. Nous laissons les skis au village, et le soir, après la classe, il faut remonter avec notre chargement, les skis sur une épaule, le cartable sur l'autre, et les commissions en plus. La nuit tombe vite et je dois traverser une forêt ; je chante à tue-tête pour vaincre ma peur et ne pas entendre les bruits de la nature si vivante.

Les campagnes ne sont pas très sûres. La chasse aux jeunes gens, qu'on appelle aujourd'hui pédophilie mais dont personne ne parle alors, est très active. Plusieurs d'entre nous en sont victimes. Je suis un jour persécuté par un inconnu qui porte une longue pèlerine noire. Il me pourchasse à travers la forêt, m'obligeant à prendre mes jambes à mon cou et à chanter encore plus fort. La frayeur que ce type m'a causée est restée si vive que je me rappelle encore la forte odeur qu'il dégageait.

Notre vie n'est pas seulement dure ; elle conserve quelque chose de la sauvagerie des temps de guerre. L'ordre social se remet en place avec lenteur ; les fermes isolées, les femmes, les enfants sont la proie des vagabonds, repris de justice et autres fuyards qui parcourent la campagne. L'âpreté du monde, c'est aussi la menace permanente des prédateurs qui n'hésitent pas à user de violences pour assouvir leurs instincts.

Lorsque j'arrive à l'école, à six ans, je possède une longueur d'avance sur mes camarades. Miracle de l'affection : Thérèse, qui ne sait pas lire, a tout de même trouvé le moyen de m'apprendre, avec l'aide de sa fille, ce qui m'offre d'emblée une situation privilégiée et m'attire la bienveillance de l'institutrice, Mme Lambert, chez qui je retrouve certains traits de ma mère nourricière : c'est une brunette, mais plus grande. La salle de classe semble sortie d'une de ces images qu'on imprime encore pas loin, à Épinal. Un poêle trône au milieu et en hiver, chacun de nous cherche à se placer au plus près de la source de chaleur.

Notre groupe compte une quinzaine de petits campagnards vêtus d'une blouse grise et souvent plus intéressés par les travaux des champs que par l'école. L'appréhension nous gagne lors des visites de l'inspecteur d'académie. Mais dans ces moments-là, notre leçon marche toujours à merveille, et Mme Lambert s'arrange pour m'interroger car elle pense que je saurai répondre. Très vite, elle me prête des livres, m'oriente vers des centres d'intérêt nouveaux pour moi. Je sens qu'elle m'aime bien. Moi aussi. Une nouvelle femme se penche sur mon enfance heureuse ; tout est donc pour le mieux. Quant aux membres de ma famille, je crois qu'ils sont fiers de mes résultats. On ne me complimente jamais, toujours cette pudeur à dire, mais une fois ou deux j'entends ma mère qui confie sa satisfaction à une voisine. Bientôt, je lis le journal à haute voix pour toute la tablée, lors du repas du soir. Il est vrai qu'à sept ans, je me débrouille mieux qu'eux avec le langage, écrit aussi bien que parlé.

Ces années gardent cependant pour moi un caractère étrange. Elles furent à la fois heureuses et pesantes. Ce qui pour les autres relève du détail sans importance me gêne : je ne dois pas être grand-chose, puisque je porte un nom qui n'est pas le mien. Je m'appelle Jean-Marie Blaise, comme Thérèse. Telle est la coutume dans la France rurale de ces années-là : la famille nourricière donne son nom à l'orphelin qui vit sous son toit. Dans ce monde rugueux de montagnards, on dit : « les enfants Colin », « les enfants Blaise », etc., même si les enfants ne sont pas tous Colin ou Blaise. Chacun connaît des familles recomposées ; les unes à la suite d'un veuvage, d'autres pour des raisons à la fois connues et jamais dites. Pendant que leurs maris étaient en Allemagne, certaines femmes ont mis au monde des enfants qu'elles ont eus avec un autre homme du village, forcément un maquisard. Tout le monde le sait, mais personne n'en parle. Le nom de la famille nourricière jette un voile protecteur sur ce genre de secret. De sorte que pendant longtemps, les gens ne savent pas trop bien qui je suis, un enfant dont les parents ont disparu dans les bombardements, comme Thérèse le laisse entendre à mi-mots, ou un bâtard.

Lors de mon passage à la grande école, l'année suivante, les services sociaux viennent mettre de l'ordre dans cette situation. L'Assistance publique nous explique, à l'institutrice comme à moi, que je dois maintenant porter mon nom de famille. « Tu ne t'appelles pas Blaise. Désormais, sur ton cahier tu vas mettre ton vrai nom, Cavada », me précise avec douceur une assistante sociale. Puis elle m'explique en quelques mots que c'est le nom de mes parents, elle me confirme qu'ils ont été tués pendant la guerre, mais qu'aujourd'hui ma famille, c'est les Blaise, parce qu'ils m'élèvent. « De toute façon, conclut-elle, à ta majorité tu choisiras le nom que tu veux. »

Tout cela me paraît un peu compliqué. Je découvre un nom qui est le mien et dont je n'avais jamais entendu parler. Quant à l'ancien, je ne veux pas trop le quitter, puisque je le porte depuis toujours ; et l'abandonner me détachera un peu plus de cette famille à laquelle je suis lié. Bien sûr, je sais que la situation est provisoire, qu'un jour je la quitterai, mais quand même. J'ai le sentiment que les événements se précipitent, mais je ne creuse pas, par prudence. Expérience étrange pour un gamin de sept ans, je dois apprendre à écrire mon nouveau nom, tandis que dans la cour les autres m'appellent tantôt Blaise, tantôt Cavada. Il leur faut presque un an pour s'habituer.

Moi, j'adopte Cavada d'emblée. C'est un nom qui ne sonne pas d'ici, mais d'ailleurs, sans doute d'Espagne, m'a dit l'assistance sociale. Cette découverte m'apporte une bouffée d'oxygène formidable, presque romanesque. Derrière ce nom se cache quelque chose qui est moi et qui n'appartient pas à l'histoire de la vallée. Je ne suis pas d'ici, je ne fais que traverser cet endroit ; et si j'y suis arrivé un jour, c'est donc que je pourrai en repartir. J'ai la double sensation, étrange et bien sûr non formulée, que je viens d'ailleurs et que mon histoire commence avec moi ; et que, ne possédant pas de passé, il me revient de construire un avenir tout neuf.

Car je ne demande pas à en savoir plus. Qui étaient mes parents, pourquoi sont-ils venus en France, comment sont-ils morts ? Je préfère l'ignorer. Ce qui pourrait me faire souffrir ne m'attire pas. À partir de ce moment, j'adopte une position simple : les questions que je me pose s'arrêtent à la limite de ce qui risque de menacer mon équilibre ou mon bonheur. Une morale de vie qui en vaut bien d'autres.

J'arrive à la grande école et quitte mon institutrice pour

un instituteur, M. Saint-Étienne. Cet homme va bientôt susciter une telle admiration de ma part et montrer tant d'attention bienveillante au petit bonhomme que je suis, que nous ne nous perdrons plus de vue jusqu'à sa disparition, il y a seulement quelques années.

La classe de la grande école ressemble beaucoup à celle de la petite, avec son poêle au milieu. Mais deux séries d'objets extraordinaires attirent tout de suite mon attention. D'abord, les grandes cartes géographiques de l'Europe, de l'Afrique, de l'Asie et de l'Amérique. Si cette dernière ne m'intéresse pas trop, les trois autres me fascinent. Pour la première fois, j'appréhende la forme de mon pays, les noms de ses fleuves, de ses montagnes, de ses villes. En Afrique, les deux grandes taches colorées de l'AOF et de l'AEF me semblent gigantesques. L'Indochine est encore française, nouvelle tache de couleur. Sous mes yeux s'étendent les images d'un vaste monde où mon pays occupe une place qui m'intrigue. C'est si grand que ça, la France ?

Un deuxième objet m'attire : un globe terrestre en plâtre recouvert de papier, qui déroule sous mes yeux sa profusion magique d'océans, de montagnes, de fleuves, de pays. Et le miracle s'accomplit. Grâce au savoir géographique dans lequel je plonge tête la première, j'ai l'impression de partir au loin sans quitter ma ferme et mon hameau, mais en sachant qu'un jour, je voyagerai pour de vrai, pour aller au-delà des livres, apprendre de nouvelles choses. Ma boulimie de connaissances et de découvertes est née là, entre trois cartes de géographie, un globe terrestre et des casiers à livres.

En attendant ces voyages futurs, j'apprends en silence tous ces noms, et à huit ou neuf ans, je suis devenu incollable en géographie. Il est vrai que, lorsqu'il nous interroge, M. Saint-Étienne ne tolère aucune faute, pas le moindre à-peu-près dans l'acquisition des connaissances. Fleuves, rivières, affluents, préfectures, sous-préfectures, altitude des montagnes, types d'agriculture, tout y passe. Pour récompenser nos efforts, il nous raconte des anecdotes que j'écoute médusé. Et comme je n'oublie aucun nom ni ne confonds les éléments géographiques, il me complimente, ce qui ajoute encore à mon désir de tout connaître. Cela devient un jeu : lire encore plus, apprendre de nouvelles choses. D'autant qu'à la lecture et à l'écriture, j'ai ajouté deux autres atouts maîtres : la géographie et l'histoire.

L'horizon s'ouvre. L'école m'a apporté la certitude que le monde ne se résume pas à la vallée. J'en ai d'ailleurs la preuve, certes modeste mais décisive pour le gosse que je suis, par le voyage que Thérèse et moi accomplissons désormais régulièrement. Une micheline longe la vallée. Depuis longtemps, je l'ai repérée grâce à son klaxon. Elle ne cesse de m'intriguer. Je sais qu'elle s'arrête à la ville qui se trouve un peu plus haut et marque la fin de la ligne, mais d'où vient-elle ? Un beau jour, enfin, alors que j'ai huit ans, je découvre la provenance de la mystérieuse micheline. À compter de cette date, deux fois par an, elle nous conduira en une heure à Épinal, le chef-lieu du département.

Nous nous rendons alors aux bureaux de l'Assistance publique, situés, cela ne s'invente pas, quai des Bons-Enfants. Moi d'ordinaire si vif et si remuant, je me calme aussitôt la porte franchie. J'ai le sentiment qu'une sorte d'œil nous surveille, une chose assez vague qui s'appelle l'Assistance publique mais qui ici prend corps, dont je commence à percevoir physiquement l'existence. Le bâtiment m'impressionne, et même si les personnes qui nous accueillent sont attentives et gentilles, je n'aime pas le cérémonial auquel je dois me soumettre jusque vers l'âge de quatorze ans : celui du choix de la vêture.

L'Assistance met en effet à la disposition des gamins un trousseau d'été et un trousseau d'hiver, à choisir dans un vaste magasin aux allures d'entrepôt. Il s'agit de vêtements en drap épais, pour la plupart taillés dans des stocks de l'armée. Peu avant la rentrée des classes, l'administration nous habille ainsi d'un manteau, d'un long short, d'un pantalon, de brodequins, de sabots et de deux pulls. Il faudra faire l'hiver avec ça. D'où le soin extrême que l'on prend de ses habits. Au printemps, seconde distribution : un short, court celui-là, une paire de sandales, des chaussures épaisses. Il n'y a pas de chaussettes.

Ces vêtements me renvoient le souvenir pénible d'une vexation sociale qui deviendra mordante avec les années. Je vois bien que je ne suis pas comme les autres ; les gens qui circulent dans les rues d'Épinal ou de notre village ne portent pas ces vêtements grossiers et anonymes. À la messe, le dimanche, pèlerine, pantalon et brodequins constituent une sorte d'uniforme que je suis seul à porter. Et puis les autres, au moins, ils changent de vêtements. Pas moi. Je suis étiqueté orphelin, pauvre, Assistance publique. Même si au fond de ma ferme, j'ai appris à négliger les choses matérielles, le marqueur social agit, qui imprime ma différence. Et cette différence me fait mal.

Je n'ai que deux façons de vivre ce statut : en concevoir du dépit, voire de la haine, ou m'en accommoder, et même transformer cette différence en avantage. Ma nature choisit vite la seconde solution, même si ma tête reste incapable d'analyser et de construire une stratégie. Puisque je ne suis pas comme les autres, je vais le prouver : je ne vivrai jamais comme eux. Un jour, je prendrai la micheline de la vallée, mais ce ne sera pas pour aller chercher mon trousseau à Épinal : je ne reviendrai pas.

Mes notes sont bonnes. M. Saint-Étienne attend plus de moi que des autres, et ça me flatte plus que ça ne me décourage. Une sorte de connivence s'installe rapidement entre nous ; travaillant pour moi, je sens bien que je travaille aussi un peu pour lui, afin de lui apporter la preuve que la confiance mise en moi n'est pas usurpée, et que je serai peut-être un de ces élèves capables de souligner la qualité du maître en grimpant plus tard l'échelle sociale. Je quitte ainsi peu à peu le monde protecteur des femmes pour celui, plus exigeant et dans ce cas plus prometteur, des hommes.

L'avenir commence à prendre forme. M. Saint-Étienne et d'autres me confient : « Si tu continues à bien travailler, tu pourras obtenir un CAP et devenir tourneur sur métaux à Sochaux. » C'est l'époque où Peugeot, en plein boom, développe une grosse usine à Montbéliard, dans le Doubs, département limitrophe des Vosges. L'offre de travail attire les habitants de la région, au-delà même des limites de nos vallées. Nous sommes au début des Trente Glorieuses. Le lundi matin, à cinq heures, un autobus passe dans la vallée et ramasse la main-d'œuvre pour l'usine. Les hommes passent la semaine là-bas, logeant dans des dortoirs. Le samedi ils rentrent dans leur famille avec la paie.

Tel est le destin qui m'est promis, si tout va bien. Pour être sûr que je deviendrai un bon tourneur, mon maître me fait travailler le bois de façon plus intensive, puisqu'il sait que j'en possède déjà la pratique. À la ferme, alors que j'avais huit ou neuf ans, Robert m'a donné des outils, un petit marteau, des ciseaux, un écornifleur, et je m'entraîne à fabriquer d'abord de petits objets, puis des cloisons pour les bêtes, d'autres choses encore. Et c'est ainsi qu'à quatorze ans, je passe aisément mon CAP de tourneur sur bois.

Mais à cette époque, notre famille a connu de nouveaux bouleversements.

Deux ou trois ans plus tôt, comme nous n'arrivons plus à joindre les deux bouts, nous quittons la ferme pour une petite ville, Cornimont, où Robert a trouvé un poste de contremaître dans une fonderie d'une vingtaine d'ouvriers. C'est un premier pas vers une évolution sociale représentative de l'époque qui commence : de paysan, cet homme devient ouvrier, puis contremaître ; et il passe du travail du bois à celui des métaux, autre symbole.

Il m'emmène de temps en temps voir la fabrication de la fonte ; j'assiste alors au moulage et au démoulage des grosses pièces destinées aux trains, surtout les roues des wagons ou des locomotives. L'usine se trouve à une centaine de mètres de la maison où nous nous sommes installés, attribuée par le patron de l'usine au contremaître.

L'usine m'impressionne. Une machine sort du four. On dirait un énorme moule à gaufres, qui s'ouvre en deux pour permettre le démoulage du métal. Ensuite, les ouvriers versent de l'eau, du sable, puis ils enlèvent le sable avec un balai ; apparaît alors l'objet qu'il faut ensuite extraire et ébarber. Robert, toujours aussi mutique, ne risque pas de me noyer sous les explications. Qu'importe : le spectacle vaut la peine.

Je suis maintenant le seul enfant du foyer. À dix-huit ans, Antoinette, la fille, a quitté la maison et s'est mariée. De temps à autre, elle vient déjeuner le dimanche avec son mari. La vie continue sans grands changements, ponctuée de rares échanges.

Ma chambre est située au second étage, sous les toits. Je n'en garde pas de réel souvenir. Le changement d'école rendu nécessaire par le déménagement me marque plus. J'ai alors douze ans, il me faut quitter le pédagogue sourcilleux et attentionné qu'est M. Saint-Étienne.

Mon nouveau maître est très grand et a belle allure. Avec lui, d'emblée, le courant passe bien, mais je reste plus distant. Je m'affranchis un peu, je m'essaie à jouer les durs, un rôle à contre-emploi, comme je ne tarde pas à le comprendre. Un jour que, devant l'école, passe un curé tout en noir sur son vélo, j'imite le coassement du corbeau. Le curé ne fait ni une ni deux, s'arrête et me désigne à l'instituteur. Je prends alors une solide paire de claques et l'instituteur me place en quarantaine : les autres n'ont plus le droit de me parler et je ne dois pas m'adresser à eux ou participer en quoi que ce soit à la vie de la classe. Mais la situation prend un tour imprévu. Comme je suis devenu le leader de la classe, le groupe marche moins bien. L'instituteur est embêté. Et certains copains se montrent solidaires avec moi, jugeant la punition trop sévère. La quarantaine est bientôt levée. Ce jour-là, j'enregistre avec plaisir ma première victoire, et pour assouvir ma vengeance, c'est moi qui ne daigne plus participer à la vie de la classe !

Mais un événement considérable vient balayer ces rancœurs et ressouder le groupe : notre maître s'achète une 4CV bleue. Tout le monde est ravi pour lui et admire le nouveau véhicule garé dans la cour. L'émotion est si forte, la nouveauté si grande, que plus d'un demi-siècle après, je me souviens encore de l'immatriculation, 955 F 88. Cette voiture symbolise à mes yeux un autre monde, mystérieux, inaccessible : mon maître est la première personne que je connais possédant une automobile.

Je passe ainsi la période heureuse de la préadolescence. Ma vie scolaire se déroule toujours aussi bien, et une fois les cours achevés, je fais de la gymnastique pour m'étoffer. Le soir en sortant, les copains et moi volons des pommes dans les vergers, sonnons aux portes et nous sauvons à toutes jambes ; c'est le film en noir et blanc de tous les gosses de ma génération. Malheureusement, six mois à peine après notre déménagement, ce paisible équilibre est rompu. Un soir de mai 1953, Robert m'emmène sous la véranda qui ouvre sur le jardin et me confie tout de go : « Ta mère va mourir. » Il fait nuit, je parviens à masquer l'émotion qui me submerge et lui demande de quoi elle souffre. « D'un cancer », me répond-il avec la sobriété de mots qui est sa marque. Je viens d'avoir treize ans. Le monde s'écroule.

Pendant un an, nous vivons l'horreur. Thérèse souffre de façon épouvantable, et les différents traitements qu'elle reçoit s'avèrent impuissants. On l'opère d'un cancer de l'utérus, puis on lui place dans le ventre une barre de radium supposée brûler la tumeur, mais qui en fait la brûle des cuisses au ventre, qui devient violet. La nuit, elle hurle de douleur, au point que je me réveille, terrorisé et malheureux. Les doses de morphine sont augmentées, sans vraiment produire les effets escomptés. Lorsque Thérèse ne souffre pas, elle sombre dans un demi-sommeil qui m'effraie. Va-t-elle se réveiller ?

Son calvaire dure jusqu'au mercredi de la semaine de Pâques 1954. Ce matin-là, vers dix heures, après avoir multiplié les recommandations à mon égard – « Travaille bien, sois sage » –, elle m'envoie avec ma charrette à bras chercher du bois dans une scierie qui se trouve à trois kilomètres de la maison. Je ne comprends pas bien quelle urgence il y a à aller chercher du bois, je suis bouleversé par ce qui ressemble à d'ultimes recommandations ; je pressens que quelque chose se prépare, mais je m'exécute. Quand je reviens, ma mère est morte. Elle repose dans son lit, les traits enfin apaisés, les yeux clos, un vague sourire à la commissure des lèvres, pauvre petite chose délivrée d'un enfer physique et d'une vie de labeur qui l'ont tuée à quarante-deux ans. Son image ne m'a jamais quitté. Comme pour les autres événements de la vie, la séparation d'entre nous deux s'est effectuée sans pleurs ni paroles. Mais, cette fois-ci, avec douleur. J'ai un poignard dans le ventre, je suffoque toute la journée et la nuit qui suit, mais les larmes ne viennent pas : je ne sais pas pleurer.

Nous l'enterrons le vendredi de la Semaine sainte, sous un chaud soleil. Le corbillard est tiré par deux chevaux. Nous parcourons sans un mot les deux kilomètres qui nous séparent de l'église. Des gens sont massés le long du parcours, car dans ces vallées, on se soutient dans la difficulté. Messe, obsèques. J'ai l'impression que ma tristesse ne finira jamais et je réagis comme mon caractère secret et le monde dans lequel je vis me poussent à le faire : je m'enferme, je m'emmure, je ne parle plus.

Je reste quelques semaines encore auprès de Robert. Puis, après les vacances de Pâques, je suis placé dans une autre famille, car l'Assistance publique ne laisse jamais la garde d'un enfant à un homme seul. Je ne gagne pas au change. Je sors d'un univers à la Giono pour pénétrer dans ce qui ressemble à un roman de Zola. Le mari est mort et la femme, qui boit, élève seule ses enfants. L'aîné est suicidaire. Un jour, alors que je suis arrivé dans cette nouvelle famille depuis à peine un mois et que je ne parviens toujours pas à m'habituer à son désordre, le fils grimpe le long d'un pylône électrique, passe la fourche renversée supposée interdire l'accès aux lignes à haute tension, lance des invectives à sa mère, et s'électrocute sous nos yeux, avant de chuter à terre, mort, carbonisé.

Nouveau départ, nouvelle famille, celle-ci un peu plus haut dans la vallée. Je n'y vis que quelques mois, juste le temps de finir mon année, de passer mon certificat d'études.

C'est alors que, sur avis favorable de mon maître et de l'inspecteur d'académie, qui jugent mon travail scolaire prometteur, une décision importante est prise : l'Assistance décide de me faire intégrer le lycée. Une procédure exceptionnelle, puisque je n'ai pas suivi les cours de sixième. Grâce à des allusions à mots couverts et à de vagues promesses, j'ai compris quelques mois plus tôt que mon avenir scolaire n'allait pas s'arrêter là. Dès le printemps, j'ai la certitude de poursuivre des études au-delà du CAP. Même si je ne connais aucun camarade qui soit entré au lycée, je comprends que c'est là qu'on va m'orienter. J'en suis content, sans toutefois m'ôter de la tête que cela m'est un peu dû.

Mais je comprends dans le même temps que cette entrée au lycée ne va pas de soi. Car je rencontre un gros problème : à l'école communale, je n'ai jamais appris de langue vivante. Un miracle se produit alors, un de plus : grâce à un deuxième homme providentiel qui va prendre la suite de M. Saint-Étienne, je vais pouvoir suivre de bonnes études. On me présente à un ancien maire de la ville, M. Colnat, ancien prisonnier de guerre, résistant, dont le fils, résistant lui aussi, a été exécuté dès 1940. Il se prend d'affection pour moi parce que, dit-il, je ressemble à ce fils disparu. Ancien professeur d'allemand, il se charge de me faire apprendre cette langue de manière accélérée, pendant les grandes vacances. J'accroche si bien que l'année suivante, je reçois le prix d'excellence en allemand.

Je saisis aujourd'hui toute l'importance de ce qui à l'époque m'échappait largement : si je n'avais pas croisé sur ma route de tels hommes, Saint-Étienne à l'école primaire, Colnat à l'entrée au lycée, qui ont su stimuler mon cerveau en lui demandant plus, j'aurais suivi une scolarité banale limitée à ce CAP de tourneur sur bois. Je leur dois tout. Eux-mêmes formés grâce aux livres et à la curiosité intellectuelle que d'autres leur avaient transmis, ils ont su faire de moi celui que je suis devenu : le fils de cette école républicaine dont je ne vanterai jamais assez les mérites.

Je quitte donc le monde de la montagne pour celui de la ville, Saint-Dié-des-Vosges, vingt-cinq mille habitants, son lycée Jules-Ferry, natif de la ville. Je fais ainsi mes adieux définitifs à l'univers paysan qui a en partie formé mon caractère. À présent, c'est mon intellect qui devra prendre son envol. Je ne vis pas ce départ comme une rupture brutale, mais plutôt comme une conclusion de ces derniers mois.

Au revoir la charrue, les vaches et l'école primaire. Ma vie bifurque. J'éprouverai une sensation semblable, celle d'accéder à un autre univers qui ne m'attend pas mais où je me sens capable de pénétrer, lorsque je quitterai le lycée pour la faculté, et à nouveau quelques années plus tard, lorsque je me lancerai dans la radio. Autant de nouveaux changements auxquels je me sens prêt, grâce à l'enseignement que j'ai reçu.

Un transistor rouge

Lorsque j'arrive à quatorze ans à Saint-Dié pour suivre les cours au lycée, mes capacités d'adaptation sont plus durement sollicitées. Ma famille nourricière, la quatrième, tient un café en gérance. J'apprends donc un nouveau travail, car le système ne change pas : une bouche à nourrir égale deux bras qui aident. Désormais, en sortant du collège, je fais la plonge. Sur le trottoir d'en face, un peu plus bas, il y a un autre bistrot. Mes nouveaux tuteurs rendent parfois visite à leurs collègues exploitants. Le *Café d'Alsace*, c'est son nom, a été bombardé lors du retrait des troupes allemandes fin 1944, puis reconstruit. Sur les murs du nouvel établissement, les propriétaires ont posé des photographies de leur ancien café en flammes. C'est dans cet univers de feu que grandissent leurs deux garçons, dont le plus jeune en est durablement traumatisé. Il s'appelle Christian Didier, fréquente le même lycée que moi, et m'écrira régulièrement pour me dire sa haine des nazis. Je suis alors loin d'imaginer qu'il retrouvera Bousquet et l'exécutera le 9 juin 1993, quarante ans plus tard. Il y a un lien entre les photos de ces incendies de guerre et cet acte. C'est ce que j'expliquerai au ministre de la Justice Pierre Méhaignerie, puisque le hasard a voulu que je me trouve dans son bureau pour un petit déjeuner de travail, lorsque la nouvelle est tombée.

Quelques mois après mon arrivée, le couple qui m'élève quitte le café pour exploiter un petit hôtel de dix chambres, toujours à Saint-Dié. L'homme est aide-comptable, il travaille à l'extérieur toute la journée, et le soir, après le dîner, il se remet à des écritures supplémentaires pour financer l'achat de l'hôtel. Son rythme de travail devient le mien. Jusqu'à mon bac, une fois mon travail scolaire achevé, je consacre à la vie de l'hôtel deux heures chaque soir. Je fais les chambres, je m'active. Le jeudi, jour de congé, et pendant les vacances, je donne un coup de main supplémentaire.

Je m'adapte à ce nouveau monde qu'est le lycée. Mes professeurs sont bons, je commence l'anglais avec plaisir, en allemand tout va bien, les sciences naturelles, l'histoire et la géographie me plaisent. Quant au français, il m'enthousiasme. Il est vrai que la rencontre d'un troisième maître se révèle décisive. M. Georges Tronquart, mon professeur de français, me prend en affection, commence à guider mes lectures, me fait aimer des auteurs classiques dont je n'ai jamais entendu parler. Je connaissais les livres, désormais je connais écrivains et penseurs. Je continue ainsi de goûter à ce plaisir, auquel s'ajoute bientôt celui de l'enrichissement personnel tiré de ces nouvelles connaissances. Cette exigence intellectuelle fait partie de la stimulation étonnante qui règne au milieu des années cinquante. Quelles que soient vos origines sociales, elles sont gommées par la blouse du lycée. La France est alors convaincue que l'enrichissement intellectuel ouvre les portes de l'avenir et que tout le monde y a accès, sous réserve de bonnes études. Ce climat est stimulant et passionnant. Le journal local publie des photographies et des articles sur les meilleurs élèves, comme s'ils représentaient une promesse pour la collectivité. Et dans la ville de Jules Ferry, le promoteur de l'éducation pour tous, étudier est un sport municipal !

C'est là que je prends vraiment mon envol. Jusque-là j'étais un bon élève, appliqué, sérieux, qui remplit son devoir, mais dès les premiers mois de lycée s'instaure avec certaines matières, français, histoire, géographie, langues vivantes, un rapport direct et profond. Ma passion des livres devient boulimie. Le soir, une fois terminé mon travail à l'hôtel, je lis dans mon lit jusqu'à pas d'heure, une petite lampe cachée sous les draps. Je prends l'habitude de dormir peu, car ma soif de découverte est plus forte que la fatigue. Le sentiment que j'éprouve très vite, c'est que le salut est là, que mes possibilités me donnent des devoirs et qu'il me faut faire fructifier toutes ces richesses auxquelles j'accède enfin. Grâce à mes études et à mes lectures, je commence à acquérir une épaisseur. Ma vie démarre vraiment. Je commence à percevoir que je suis socialement sauvé.

Avec le recul des années, je m'aperçois que ma vie s'est structurée grâce à une succession de rencontres avec des enseignants qui ont su me mettre le pied à l'étrier ; d'où mon respect pour ces maîtres, pour l'école publique, ma conviction qu'il s'agit de l'endroit privilégié pour apprendre, devenir un autre soi-même, accéder à cet être ignoré que chacun porte en soi, et que cette transmission est le creuset de notre liberté future. D'où le devoir de ne pas laisser passer sa chance et de tirer le maximum de ce que l'éducation nous apporte. Cette conviction ne m'a plus quitté depuis mes premières années de lycée.

Une attitude aussi appliquée me place un peu en marge de certains camarades. Je sens que parfois, je les étonne. Gentils, mais pour la plupart assez rustres, ils me rangent volontiers dans la catégorie des gens bizarres dont on ne sait trop ce qu'ils pensent. Je n'ai pas le temps de m'en soucier, ce qui me vaut peu d'amis. Quant aux amours, j'ai quelques perspectives, mais elles attendront une plus grande disponibilité, qui ne viendra qu'avec les années de faculté. Pour le présent, mes journées sont remplies à ras bord : lycée jusqu'à cinq heures, travail scolaire, travail à l'hôtel, puis lectures. Il reste peu de place pour le reste.

Je continue à entretenir des relations épisodiques avec la famille Blaise. Si la fille et son mari suivent une route sans histoire, Robert, lui, a rapidement sombré dans l'alcool après la mort de sa femme. J'éprouve de la tristesse à le savoir dans cet état et tente, du mieux que je le peux, de lui apporter un peu de réconfort. La tâche n'est pas aisée : nos rares rencontres se déroulent dans le même silence pesant qui a marqué mon enfance. Cet homme que je n'ai que peu connu est pourtant le pilier masculin de mon enfance, il a assumé comme il l'a pu le rôle de père de remplacement, et le voir dans cet état est une épreuve pénible. Il se remarie quelques années plus tard. Je rencontre sa nouvelle épouse à une ou deux reprises, mais je sens bien vite qu'il faut m'écarter. L'alcool est trop présent, et l'énergie me manque pour nouer un nouveau lien affectif avec ce couple, alors que dans le même temps la construction de ma propre vie mobilise tous mes efforts. La maturité m'est autant venue d'attachements à des êtres que de séparations avec d'autres.

C'est à cette époque que j'esquisse un premier constat : il y a en moi une capacité à mettre de la distance face aux autres, un désir d'austérité et de solitude. Même si je lutte parfois contre cette gravité, ma nature profonde en est imprégnée. J'ai beau rechercher la compagnie des autres, privilégier les éléments vibrants de la vie, m'attacher, comme tout le monde, à la recherche du bonheur et ne pas tourner le dos aux plaisirs de l'existence, je sais qu'en moi une sorte de détachement l'emporte toujours. Est-ce à cause de mon exposition précoce aux drames de l'histoire, des perpétuelles séparations, de mes lectures et de mes réflexions de jeunesse ? Cette gravité m'a permis d'approfondir les choses, mais elle peut devenir douloureuse. D'où, peut-être, ma fuite précoce dans les livres, qui me sont apparus comme le refuge d'une humanité sublimée ou expliquée, selon les cas.

C'est ainsi que grâce aux conseils de M. Tronquart, j'aborde les grands classiques : Balzac, Stendhal et Hugo, puis les œuvres de la pensée, les Grecs, les Latins, le Moyen Âge, Montaigne, Pascal, les Lumières, et enfin les XIXe et XXe siècles. Notre professeur est très exigeant. Sur ce socle de connaissances viendront plus tard s'appuyer des éléments plus philosophiques qui nourriront mes réflexions sur la marche de la société.

À partir de la seconde, j'achète régulièrement des publications telles que *Les Lettres françaises* d'Aragon, ou le *Journal littéraire*. Je commence à suivre ce qui sort en librairie, avec tout le mépris possible envers les best-sellers. J'adopte les postures intellectuelles des jeunes gens qui s'intéressent au Nouveau Roman, au théâtre contemporain, Michel Butor, Claude Simon, Marguerite Duras, Samuel Beckett, et à tout ce que publient alors *Les Lettres françaises*, dont je ne perçois l'orientation communiste que deux ou trois ans plus tard. Mais comme j'aime Aragon et Eluard, cela ne me dérange pas outre mesure. C'est aussi l'époque où je dévore les romans de Malraux. Je ne suis guère attiré en revanche par Sartre, que je lis, mais dont le nihilisme me dérange. C'est Albert Camus qui prend rapidement toute la place, comme chez beaucoup de jeunes gens de ma génération. Je le découvre à la faveur d'un plaidoyer contre la peine de mort, qu'il cosigne dès 1957 avec Arthur Koestler, dont l'expérience dans les prisons franquistes en 1937 a définitivement fait un « abolitionniste ». Je le serai à leur suite, quand l'exécution du prisonnier américain Caryl Chessman bouleversera le monde entier. Il avait passé douze ans dans le couloir de la mort, jusqu'à la chaise électrique le 2 mai 1960. J'aime les valeurs humanistes de Camus : encore aujourd'hui, elles restent miennes.

Mon professeur de français est un adepte fervent du modèle athénien et de la démocratie grecque. Peut-être lui dois-je mes premiers battements pour cette « chose publique » que les Grecs nomment « politique » et les Latins *« res publica »*. Et puis cet honnête homme, au sens le plus classique du terme, pratique également l'archéologie. Tout cela me fascine. Je ne suis pas les cours de latin ni de grec, et ne le regrette pas. La nostalgie n'a jamais été mon fort, sauf en musique. Très tôt, je déplore de ne pas savoir jouer parfaitement d'un instrument, et aujourd'hui encore, l'impression d'être passé à côté de quelque chose de fondamental reste tenace. Mais qu'y faire ? À mes yeux, la véritable différence entre les classes sociales passe par là : pour peu qu'ils aient la chance, comme je l'ai eue moi-même, de croiser des professeurs qui sachent leur ouvrir l'esprit, les enfants de tous les milieux peuvent lire, apprendre, réfléchir et se cultiver. Mais ce sont surtout les enfants issus de la bourgeoisie qui apprennent, jeunes, à jouer d'un instrument de musique et le pratiquent durablement.

Pour fêter mon BEPC, en juin 1956, ma famille nourricière me fait cadeau d'un objet qui enchante mes rares moments libres : un petit transistor Philips en bakélite rouge, orné d'un cadran rond sur lequel s'affichent les noms des stations émettrices. Londres, Potsdam, Vienne, Monte Ceneri, Erevan, toutes les stations du monde s'y alignent, créant une géographie qui fait autant rêver que les grandes cartes de l'école primaire. Pour voyager jusqu'à la destination voulue, il suffit de caler l'aiguille sur la station, puis la magie opère : les deux moitiés de l'œilleton vert placé au centre se rejoignent, et la voix lointaine devient audible. Dès lors, je partage mon temps libre entre mes deux activités favorites : la lecture et l'écoute des nouvelles du monde.

Un jour d'octobre 1956, j'apprends que des mouvements révolutionnaires d'étudiants et d'ouvriers secouent la Hongrie. Les manifestations tournent à l'insurrection. L'oreille collée au poste, je suis ces événements terrorisants. Fin octobre, le mouvement s'étend de Budapest aux grandes villes de province. Cette révolte déclenche une guerre civile d'une extrême violence entre partisans de Moscou et révolutionnaires hongrois qui veulent se débarrasser de la dictature. Mais le 4 novembre, les troupes soviétiques massées à la frontière envahissent le pays afin, dit-on à Moscou, « d'aider les frères hongrois à mater la contre-révolution » et de rétablir l'ordre. Aussitôt, l'opinion internationale se mobilise et condamne l'intervention militaire. La peur m'envahit.

Comme beaucoup de personnes, je suis convaincu que la Troisième Guerre mondiale va commencer. Correspondants de guerre et chroniqueurs ne se privent pas de le répéter : c'est sûr, les Américains ne laisseront pas les Russes mater la Hongrie, mais comment les Soviétiques réagiront-ils ?

La station que tout l'Est de la France écoute alors, c'est Radio Luxembourg, qui n'est pas encore devenue RTL. Je découvre ce qu'est une information moderne, réactive. Michel Ferry, avec son émission *Dix millions d'auditeurs*, nous captive, tout comme les reportages en direct de Budapest qu'assure Jean-Pierre Pedrazzini, le premier journaliste qui a suscité en moi le désir de faire ce métier. Les auditeurs, médusés, suivent grâce à lui le déroulement des manifestations, apprennent la nomination de János Kádár à la tête du parti et du gouvernement en même temps que la disparition d'Imre Nagy, leader populaire que le KGB torturera, condamnera et exécutera en secret. La sympathie va vers ceux qui défilent le 23 octobre 1956 jusqu'à former un immense cortège protestataire face à l'ambassade soviétique, où l'ambassadeur Andropov s'apprête à lancer l'assaut avec les chars du pacte de Varsovie. Puis, le 4 novembre, alors que les troupes soviétiques investissent les rues et matent l'insurrection, j'entends un photographe de *Paris Match* en pleurs raconter comment son ami Pedrazzini a été abattu par un tir de char. Il mourra quelques heures plus tard.

Ces journées d'émotion intense où, pour la première fois, je suis l'actualité en direct, restent gravées dans ma mémoire. Je consacre des heures entières à attendre les événements, passant par des phases d'espoir fou et de complet abattement. Les Hongrois, inconnus un mois plus tôt, deviennent brutalement familiers, et sympathiques. Dans le journal, on voit des jeunes gens brandissant des drapeaux en tête de cortège. Même si je ne comprends pas grand-chose aux positions géostratégiques des uns et des autres, même si la plupart des noms des hommes politiques cités me sont inconnus, je saisis les grands enjeux des combats :

liberté contre répression, démocratie contre totalitarisme militaire. Tout cela est comparable à ce que nous avons vécu contre l'armée allemande d'occupation, quinze ans auparavant. Je saisis surtout l'importance d'un journalisme de récit et de témoignage qui apporte dans chaque foyer un foisonnement événementiel qui devient aussitôt matière à réflexion. Et cela, quels que soient les risques encourus par ces casse-cou magnifiques.

En fait, je découvre la présence contemporaine de ce que les livres nomment l'histoire, en même temps que je commence à me découvrir moi-même. Au sortir de la guerre, dans les années cinquante, cinquante-deux, le monde semble comme abasourdi par la sauvagerie qui s'est déchaînée pendant cinq ans sur le sol européen ; chacun est convaincu, comme nos pères en 1918, que nous ne connaîtrons « plus jamais ça ». Les voix de Robert Schuman et des militants d'une géopolitique de la paix et de la concorde entre les peuples se font entendre, et beaucoup se plaisent à y croire : demain, l'Europe sera unie et pacifiée.

Et voilà qu'à l'automne 1956, la tragédie pénètre à nouveau sur la scène européenne. Après les bottes brunes, les bottes rouges. À l'Est, certes, mais sur notre continent quand même, finalement pas si loin que cela. Pour moi, c'est un choc terrible. D'autant plus que certains commentateurs mettent en avant la menace atomique. Je me dis : « Ça revient. » Que ferai-je en cas de conflit ? Est-ce que je m'enfuirai ? Mais où, avec quel argent, avec qui ? Est-ce que je resterai, quitte à être pris à mon tour dans la guerre ? Revoir des fusils pointés sur des prisonniers, des soldats qui tirent, des chars, des maisons écrasées sous les bombes, des cadavres figés dans des attitudes de pantins ? Autour de moi, les gens partagent la même peur ; ils croient inéluctable un affrontement sur le sol européen entre les États-Unis et l'Union soviétique. Mais le cynisme de la *realpolicy* passera par là : Washington ne fera rien, sauvant peut-être l'équilibre de la terreur et la paix qui va avec, mais sacrifiant les Hongrois.

Cet équilibrisme au bord du volcan dure un mois. Nous vivons alors dans une telle peur que la crise du canal de Suez, qui a éclaté à l'été précédent, passe très vite à la trappe. Je vois dans cette nouvelle menace une concrétisation de cette précarité qui m'accompagne depuis toujours, comme si elle était inscrite en moi – sans doute l'est-elle d'ailleurs. L'invasion de la Hongrie par les troupes soviétiques m'apporte la preuve que la catastrophe est toujours à portée de main, que le bonheur est précaire, la paix menacée, la prospérité instable.

L'ordre soviétique est rétabli à Budapest bien avant la fin novembre 1956 ; les arrestations, procès et exécutions sont menées le plus discrètement possible. Comme à Berlin en 1948 et vingt ans plus tard en Tchécoslovaquie, le péril s'éloigne. Le prix de cette stabilisation, c'est la répression et la soumission pour les Hongrois et pour ceux qui dans l'orbite communiste avaient pris leur défense, jusqu'à l'intérieur du Parti communiste en France, où on limoge en douceur. Pour nous, de l'autre côté du rideau de fer, c'est une sorte de capitulation à la Munich. Les pays de l'Est sont définitivement abandonnés, et aujourd'hui encore, nous sentons bien que leur confiance est plus forte envers les États-Unis qu'envers l'Europe. Je l'observe souvent dans les débats du Parlement européen touchant aux relations de l'Union avec les États-Unis. L'héritage de Budapest, le voilà.

À seize ans, je ne m'achète rien ; pas une cravate, pas un paquet de cigarettes, pas un chewing-gum. Mes copains vont jouer au flipper à la sortie du lycée et boire des limonades, sans moi. Je reste en marge des autres, quasi asocial. Mon seul luxe : m'offrir *Miroir de l'histoire* puis *Historia* tous les mois, et les dévorer page par page. Car à compter de cette date, je ne vais plus cesser de me passionner pour l'histoire en général, et celle de l'Europe centrale en particulier. Je continue à suivre les informations à la radio ; nous n'avons pas la télévision, je me documente comme je peux. La vérité, c'est que je cherche dans les livres et les revues des réponses intellectuelles à la peur sourde qui sommeille en moi : celle de la guerre qui peut se réveiller à tout moment et tout balayer sur son passage. Je le sais, je l'ai vue quand j'étais enfant.

Bien plus tard, surtout au début des années quatre-vingt-dix, j'aurai cette même impression de fragilité extrême de l'ordre européen au moment de la guerre dans les Balkans. Je réaliserai alors de nombreuses émissions sur cette question historiquement dangereuse et sur les massacres qu'elle engendre une nouvelle fois, afin d'aider le téléspectateur à mieux comprendre les rapports de force, les systèmes d'alliances et les enjeux ; à hisser sa lecture au niveau de la gravité des faits, du sens de notre histoire et de ses tragédies. Mais aussi parce que le silence me semble plus terrible que tout, puisqu'il autorise les bourreaux à s'exonérer des lois de la guerre et à faire des émules, comme on l'a vu. J'ai moi-même commencé à comprendre, dès 1956, à l'écoute de mon petit poste de radio, que le continent européen est une sorte de monstre magnifique, il semble dormir d'un sommeil paisible pour mieux s'éveiller en sursaut et rugir avec force. Et je n'ai eu de cesse, tout au long de ma carrière de journaliste d'abord, puis de parlementaire européen, de déployer la même vigilance sur la précarité de la paix et le retour possible de la barbarie.

Aujourd'hui, si la menace qui pèse sur l'ordre du monde est plus diffuse, elle n'en est pas moins inquiétante. Depuis la première guerre du Golfe, les attentats du World Trade Center, de Madrid et de Londres et les débuts de l'intervention américaine en Irak, les revendications atomiques de l'Iran, tout peut à chaque instant dégénérer. Est-ce que le monde arabe va s'enflammer ? Qu'en est-il de la tentative de radicalisation d'un certain nombre de leaders de l'islam pour mettre en conflit le monde musulman et l'Occident ? Un observateur aussi attentif et pertinent que Pascal Boniface, le directeur de l'Institut des relations internationales et stratégiques, a affirmé à plusieurs reprises que nous pourrions très bien être en route vers une troisième guerre mondiale. Ainsi, ce perpétuel sentiment d'instabilité historique réinvestit mon horizon.

Les années s'enchaînent sans problème jusqu'aux deux bacs ; un 16 obtenu en philosophie, coefficient 7, couronne le tout. Mais les études n'absorbent pas toute mon énergie. À dix-huit ans, je me retrouve président d'un cercle culturel, le cercle Guillaume-Budé, piloté en retrait par mon professeur, M. Tronquart. Pendant deux ans, nous allons mettre en scène des pièces de théâtre, faire venir des conférenciers et même de véritables étoiles de la vie artistique et littéraire. Ainsi Georges Simenon, Marguerite Duras, Lalou, René Huyghes répondent-ils à notre invitation. Un jour, Jean Cocteau, qui trouve notre entreprise sympathique, nous autorise à monter une de ses pièces : *Orphée*. Les jours prennent alors un tour extraordinaire : je réalise que la vie intellectuelle ne se réduit pas à ce qu'on en lit dans les livres ; elle est aussi tactile, vivante, incarnée dans des êtres.

Tout à coup, le cadre de ma petite ville devient vraiment trop étroit : je veux aller voir ailleurs. Le déclic arrive par un copain. Il va passer ses vacances d'été comme moussaillon sur un bateau de la marine marchande, puisque de toute façon, il fera du droit pour être commissaire de bord, m'apprend-il. Moi, la marine marchande, je m'en fiche. C'est l'Espagne que je veux voir. Au début des vacances de 1957, lui part sur son bateau, et moi en Espagne, pour deux mois. Tout le tour, du nord au sud, du sud au nord. À Madrid, plus d'argent : avec plusieurs autres jeunes, je me retrouve serveur ou plongeur dans les bistrots de la Puerta del Sol, et deviens un visiteur régulier du musée du Prado. Goya, Velázquez, Zurbarán : le choc est immense. C'est ma première grande évasion géographique.

Premier studio

Un autre voyage prend la forme d'un déménagement définitif ; il me mène de Saint-Dié à Nancy, c'est-à-dire du lycée à la faculté des lettres. Entre ces deux villes, ce n'est pas la distance qui est grande (moins de cent kilomètres), mais l'exotisme du changement. La modification d'échelle est radicale. Nancy impressionne par son allure de capitale historique régionale, la qualité de sa vie artistique, le bouillonnement d'idées où je plonge tout de suite.

Mon chemin paraît tout tracé. Je serai enseignant. C'est la voie la plus simple, la plus sûre. Et puis j'aime les livres, et je me sens une sorte de dette envers les professeurs qui m'ont permis de sortir de ma ferme : je veux transmettre à mon tour une partie de ce savoir qui m'a formé. J'éprouve l'envie de m'inscrire dans une longue chaîne, celle-là même qui caractérise l'école de la République et permet à chacun de saisir sa chance et de s'élever dans la société.

Pendant mes années de lycée, à l'âge où l'on commence à chercher sa voie, d'autres idées de métiers me passent par la tête. Je suis un temps attiré par celui d'avocat. Les procès d'assises m'intéressent au point de les suivre durant toute une année, dans la presse comme au palais de justice de Saint-Dié. Qu'est-ce qui me séduit tant ? La majesté des lieux, la force de la parole, la conviction que mettent les défenseurs à sauver le destin de leurs clients ? Je l'ignore. Pendant plusieurs semaines, je ne lâche pas le grand avocat qu'est maître Georges Izard. Mais cette attirance ne se transforme pas en une véritable vocation, et retombe assez vite. En fait, j'ai déjà la tentation de devenir journaliste, mais ce métier me paraît inaccessible, et je ne vois personne dans mon entourage qui serait capable de me renseigner sur la façon d'y parvenir. De sorte que l'été qui suit mon baccalauréat, je franchis les portes de la station locale de la radio publique. Au culot !

Avant même la fin de ma terminale, en prévision de la vie autonome qui se profile, je me préoccupe du financement de mes études. Si je ne trouve pas de solution à ce problème, je devrai les abandonner. Une nouvelle bagarre pour avancer dans ma vie m'attend donc. Je ne la refuse pas, bien au contraire : je la désire. J'écris trois lettres pour proposer mes services à temps partiel : à la Poste, au journal *L'Est républicain* de Nancy et à la station de radio de Lorraine-Champagne. Je reçois deux propositions d'entretien : une de la radio, presque immédiate, puis, à la fin des vacances, de *L'Est républicain*. Quant à la Poste, j'attends encore sa réponse. Un problème de courrier, sans doute.

Je prends aussitôt contact avec Lorraine-Champagne, où je suis reçu par le patron en personne. J'ai encore son nom en mémoire, et il mérite d'être cité : M. Vialatte. Je lui détaille mon itinéraire, il m'écoute avec attention. Puis je lui explique que je ne cherche qu'une seule chose dans la vie, apprendre, et que je ne suis pas prêt à abandonner ce programme. Mes propos savent le séduire, car il me propose d'emblée un travail, au service du courrier. Je commence aussitôt. Avant même de rentrer en faculté, je passe donc mes vacances à trier du courrier.

Puis la rentrée universitaire arrive, je m'inscris à mes premiers certificats ainsi qu'à des cours de théâtre où je vais bientôt commencer un cycle de trois ans en diction et comédie. J'y fais la connaissance de Jack Lang, qui vient de finir ses études de droit. Dans le même temps, je prends des responsabilités dans un mouvement de mutuelle étudiante, où je m'occupe d'activités culturelles, comme je le faisais auparavant. À la faculté, j'ai le sentiment d'accéder à un univers encore plus intéressant que celui du lycée. Et surtout, je deviens complètement autonome. J'obtiens une petite bourse et une chambre à la cité universitaire, et me jette dans le travail. À nouveau, j'ai de bons professeurs, dont M. Levaillant, spécialiste de Baudelaire et de Chateaubriand. Sur ses directives, je plonge dans Baudelaire, dont je dévore le moindre écrit.

Je n'ai pas le temps de m'ennuyer : la journée, fac, théâtre, diction, animation culturelle, la nuit, travail pour financer l'ensemble. Les journées n'ont que vingt-quatre heures, mais comme je repousse sans cesse les limites, je suis victime dès le début de l'année scolaire d'une hépatite qui me coupe bras et jambes. Pendant un mois, je reste cloué au lit, à ronger mon frein dans l'attente de la guérison. Ce qui ne m'empêche pas de travailler dans ma chambre d'étudiant, car je ne veux pas perdre le fil des études. Pas question de laisser passer ma chance. D'ailleurs, le retour sur ma courte vie a de quoi me donner des ailes. De ma vallée vosgienne perdue à la sous-préfecture, où je me suis senti bien parce que tout y était nouveau et marquait un début d'ascension sociale ; et maintenant la ville, Nancy, où je suis libre et où je fréquente à peu près qui je veux, des gens de lettres, des musiciens. Ma vie est belle, je ne l'échangerais contre aucune autre, même si je dois pour l'assumer trier du courrier toutes les nuits.

Je retourne en cours au bout d'un mois. Mais, mal soignée, ma maladie provoque une infection pulmonaire. Direction les Alpes, dans un sanatorium de haute montagne. Pénible souvenir que j'ai longtemps refoulé, et qui n'est ressurgi qu'à l'occasion de l'écriture de ce livre, preuve que la maladie et moi ne faisons pas bon ménage. Il est vrai que la vie m'a gâté. Je n'ai souvenir de passer les portes d'un hôpital que pour y rendre visite à des amis. C'est sans doute mon côté paysan. Dans les Vosges, on dit que les hommes sont du granit. Un paysan ne s'écoute pas. Il se dépense à fond dans ce qu'il fait. Et il a le goût des choses organisées, il anticipe sur le calendrier, les jours se succèdent sans qu'il puisse s'octroyer de véritable repos. Malade ? Rarement !

Je ne tarde pas à recevoir une mini-promotion professionnelle. Désormais, ce ne sont plus les lettres que je trie, mais les disques, qui arrivent de plus en plus nombreux à la station, explosion du marché du vinyle oblige. Et comme j'écoute tout ce que je trie, ma culture musicale se développe rapidement. Il me faut bien cela pour tenir : je me couche vers trois heures du matin, pour recommencer une nouvelle journée dès huit ou neuf heures. À force d'écouter de la musique, mon oreille se forme et je commence à avoir des idées sur ce qui est bon ou ne l'est pas. Je partage mes goûts avec les autres personnes de la station. Lorsque l'été arrive, j'ai ainsi l'agréable surprise d'entendre un réalisateur me proposer : « Puisque tu es malin, il y a un créneau libre, tu vas venir avec moi y travailler, et comme tu suis des cours de diction, tu vas apprendre à parler dans un micro. » J'ai à l'époque un accent de l'Est assez comparable à celui d'un habitant du Valais. On imagine donc les progrès qu'il me reste à faire pour ne pas heurter les oreilles des auditeurs, même nancéiennes !

Ensuite, tout s'enchaîne à merveille. Petit à petit, je commence à enregistrer de brèves interviews avec des musiciens, j'assure une chronique régulière, jusqu'à ce que, l'été suivant, on me confie un petit créneau horaire. J'anime une émission de disques à la demande, musique classique et variétés. J'aime tellement ce que je fais que je me dis : « C'est là que tu vas travailler. » Je me garde cependant bien de laisser tomber la fac et j'enchaîne sans difficulté mes certificats de licence.

Mon énergie se nourrit des passions que le monde m'offre. Comme toujours, je cherche à amplifier mon champ d'expériences. Quand arrive l'été suivant, la priorité est de franchir une étape supplémentaire. Je soumets un nouveau projet d'émission à la radio de Nancy, tout en postulant à Radio Lausanne, je ne sais trop pourquoi, et à celle de Strasbourg. Cette dernière jouit d'une bonne réputation. Outre qu'elle bénéficie d'une audience autrement supérieure à celle de Nancy, elle constitue l'un des pôles de développement de la radio et de la télé que le régime est en train d'installer dans le cadre de la première décentralisation. Il existe ainsi à Strasbourg un orchestre symphonique.

Les trois stations me répondent favorablement. Comment choisir ? D'ailleurs, pourquoi choisir ? Pendant la durée des vacances universitaires, j'anime donc des émissions hebdomadaires à Lausanne, à Nancy et à Strasbourg. Elles proposent un choix thématique de textes littéraires, poésies ou autres, illustrés par de la musique. J'enregistre pour ces émissions les comédiens que mes cours de théâtre m'ont permis de rencontrer. Les échos des auditeurs sont positifs, je me débrouille plutôt bien. Dans le même mouvement, galvanisé par ce nouveau milieu et les possibilités qu'il m'offre, je passe un concours qui me donne accès à la réalisation. J'ai vingt et un ans, et déjà un pied dans l'univers radiophonique.

À la fin de l'été, satisfaite par ma prestation saisonnière, la station de Strasbourg me propose un travail de pigiste plus régulier. J'accepte avec enthousiasme et quitte aussitôt Nancy. Qu'à cela ne tienne, je poursuivrai mes études à la faculté de la capitale alsacienne – qui est aussi la capitale européenne. Je suis alors loin de me douter qu'une quarantaine d'années plus tard, je reviendrais ici en qualité de parlementaire européen, et non plus d'étudiant qui paie ses cours grâce à des piges à la radio et à des cours dans un lycée. Je continue à présenter des variétés, tout en commençant à m'incruster dans la rédaction par de petits reportages que j'accepte de bon cœur.

Mais tout n'est pas toujours aussi rose. Je comprends vite qu'à la radio les places sont chères et qu'il ne faut pas craindre la bagarre pour parvenir à s'imposer. Ça marche. Je ne lâche pas le milieu théâtral pour autant et fais la connaissance d'Hubert Gignoux, à l'époque directeur du théâtre national de Strasbourg. C'est un ancien de l'équipe de Jean Vilar, un esthète rigoureux, un maître de la mise en scène presque janséniste. Je mêle études et ondes radiophoniques, et deviens ainsi une sorte de tête chercheuse qui, des librairies aux planches et aux cours en fac, capte tout ce qui passe à sa portée. Que demander de plus ? On me donne de l'argent pour monter des émissions où je peux faire venir les artistes qui me plaisent. Et je ne m'en prive pas : Ferré, Béart, Brassens, Ferrat, Aznavour et les autres ; la variété française défile devant mon micro. En somme, on me paie pour assouvir mes passions. La boulimie de travail me guette. Si on me propose de réaliser un programme le jour et un autre le soir, j'accepte.

Bientôt s'ajoute à la variété la musique classique, et je propose, sur cette antenne très généraliste, une émission culturelle hebdomadaire, qui est acceptée. Je m'intègre peu à peu aux réseaux de cette ville en plein bouillonnement intellectuel et artistique. Ainsi, le prestigieux maître Charles Münch, qui est à la tête de l'orchestre philarmonique de Philadelphie, vient chaque été diriger le festival de musique classique de Strasbourg. Je deviens un de ses grouillots, je porte ses valises ; de sorte que, lorsque je le sollicite pour une interview à la radio, il accepte tout de suite. Dans ces moments-là me revient toujours l'image du gamin qui, dix ans plus tôt, gardait les vaches. Le décalage est énorme, c'est pourtant la même vie : une enfance aux blessures enfouies, et une jeunesse de travail et d'efforts où je ne vois ni travail ni efforts tellement cela me plaît.

Mon expérience de réalisateur s'avère rapidement très utile. Grâce à elle, je ne suis plus cantonné au rôle de présentateur mais dirige moi-même les émissions, de sorte que j'apprends à veiller à la qualité sonore. Je continue ainsi l'apprentissage de mon métier. J'y mets tout le cœur possible, développant dans ce nouveau champ d'activité mes multiples antennes, afin de capter le maximum d'informations et de connaissances. La vie tourbillonne. Dans ces années-là, je ne suis pas sûr d'avoir vraiment réussi à conserver une dose de sommeil par nuit raisonnable !

Adieux à l'Assistance

Depuis mes seize ans, mes relations avec l'Assistance publique se sont distendues. Plus de cérémonial semestriel de remise de vêtements, c'est moi qui choisis à ma demande, et plus de visite d'assistante sociale. Nous n'entretenons désormais que des rapports administratifs qui se bornent, une fois par an, à l'envoi d'un compte rendu écrit sur mes activités scolaires, ma santé et ma vie en famille. J'imagine que le lycée fait suivre mes bulletins scolaires, mais je n'en ai aucune confirmation. Je ne m'en étonne ni ne le déplore : tout va pour le mieux, je vole désormais de mes propres ailes, et le fait que l'administration ne multiplie pas ses interventions témoigne à la fois de son intelligence et de ma relative réussite. Il y aura une dernière rencontre. Je ne suis pas près de l'oublier. Lorsque je parviens à la majorité, vingt et un ans à l'époque, le directeur de l'Assistance publique d'Épinal me convoque à son bureau. Je m'y rends en soupçonnant de quoi il va être question : il va probablement me remettre les papiers que ses services possèdent sur ma famille. Telle est la règle de l'Assistance publique, le rituel qu'elle a mis en place pour signifier à ceux sur lesquels elle a jusqu'alors veillé leur passage dans le monde adulte.

L'hiver touche à sa fin. La pièce est assez vaste, un feu brûle dans une cheminée. Le directeur me fait asseoir. J'aperçois sur son bureau une chemise de couleur ocre. Je pose alors une série de questions qui me préoccupent, certes, mais ne me taraudent pas.

« Est-ce que Cavada est bien mon vrai nom, celui de mes géniteurs ?

– C'est ton vrai nom.

– Qu'est-ce que vous savez de ma famille ?

– Peu de chose. Tes parents ont probablement été tués pendant les bombardements de la ville d'Épinal. C'est comme ça que tu t'es retrouvé à l'Assistance publique. »

Un moment de silence. Puis :

« Il y a autre chose ?

– Qui serait susceptible de te fournir des indications sur ta famille ? Non. »

L'échange s'achève. Le directeur saisit alors le dossier posé devant et me le tend avec un sourire.

« Tiens, c'est à toi.

– C'est vraiment à moi ?

– Oui, bien sûr. Désormais, ce dossier t'appartient.

– Alors voilà ce que j'en fais. »

Je fis alors un geste dont la brutalité demeure aujourd'hui encore assez mystérieuse à mes yeux, et que je n'aurais eu que quelques années plus tard. Je saisis le dossier, me lève et le jette dans le feu. Le directeur n'en revient pas. À cette époque, seul l'avenir compte, le passé n'est provisoirement plus important. Et pas n'importe quel avenir : celui que j'entends me forger par moi-même.

« Mais tous tes camarades n'ont qu'une seule idée, chercher, savoir...

– Pas moi. »

Je conçois sa surprise. Lui qui ne demande qu'à m'aider éprouve soudain la désagréable impression que je me fiche de tout ce que je peux apprendre. Je lui explique en quelques mots mon attitude. Tout est dit : je possède un nom, mon nom, mais plus de famille. Quant au reste, savoir s'il existe des collatéraux ou pas, où se situe le berceau de ma famille et ainsi de suite, je préfère ne pas le savoir. Qu'est-ce que cela changerait à ma vie ? Mais lui insiste, me confirme ce qu'une assistante sociale m'a confié quand j'avais quatorze ou quinze ans : mes parents, sans doute des paysans originaires de la région andalouse de Jerez, à moins que ce ne soit de Valence, étaient probablement des réfugiés républicains espagnols internés au camp de Rivesaltes, d'où ils se seraient ensuite évadés. Ils seraient alors partis dans l'Est pour trouver du travail. Suis-je né en Espagne, dans l'est de la France, ou même dans le nord de l'Italie, comme on est venu me le dire récemment ? Personne, avant longtemps, ne m'en apportera confirmation certaine. Alors, va pour Épinal. Et restons-en là. Tandis que le dossier se consume dans la cheminée, j'écoute les paroles du directeur d'une oreille prudente. Je poursuis mes études en faculté, je travaille à la radio, bientôt je serai enseignant ou journaliste ; je ne veux pas entendre parler de ce qui est susceptible de me faire dévier du chemin que je me suis tracé. Presque tous ceux qui ont compté pour moi sont morts, à l'exception d'une sorte de demi-sœur que j'aime ; je ne veux pas rouvrir les sales plaies de l'enfance. Et puisque je n'ai pas eu de passé quand il m'était nécessaire, dans cette enfance, mon passé commencera avec moi. Plus tard, ce sera l'œuvre de mes enfants, s'ils le désirent.

Le directeur est stupéfait. Un autre, moins fou que moi, se serait sans doute accroché de toutes ses forces à ses origines ; moins fou, ou moins raisonnable ? Sans doute ma dénégation relève-t-elle d'un système de défense instinctif ; mais ce principe de survie possède l'efficacité des armes les plus simples. En partant sur la piste d'un passé qui n'est pas le mien, Dieu sait ce que je découvrirai, quel risque j'encourrai de paralyser un avenir dont j'entends bien qu'il m'appartienne à 100 %, parce que je l'aurai choisi et construit moi-même. Et que j'en serai responsable. Quant à ce nom, bien que je n'en sois pas le premier porteur, je suis fier qu'il recommence avec moi, puisque les autres sont morts.

« Il n'est même pas sûr que tu sois né à Épinal, mais tu sais, c'était la guerre », ajoute le directeur sans se rendre compte qu'il me conforte ainsi dans mes certitudes.

Aujourd'hui, lorsque je repense à ces instants, j'éprouve à la fois de la surprise et de la gêne. Ce qui pourra paraître à certains une marque de suffisance n'est en fait qu'une manière de me protéger. Je désire alors maîtriser mon destin et mobiliser pour cela l'ensemble de mon énergie intérieure. Mais j'ai aussi le sentiment aigu de ma propre précarité, la peur que tout m'échappe si je découvre, dans mon passé, les signes d'une fragilité quelconque. Je recherche alors en quelque sorte une hygiène intellectuelle, radicale j'en conviens, mais sans avoir besoin de forcer mon attitude : ces histoires ne m'ont jamais tenté. La certitude que seul l'avenir compte m'a toujours habité. Aujourd'hui encore, si quelqu'un évoque devant moi ma carrière dans l'audiovisuel, dont je suis pourtant plutôt fier, je m'en sens extérieur. La page est tournée.

Il y a quelque temps, un collègue espagnol du Parlement européen, mon ami Enrique Baron Crespo, président de la commission du Commerce international, a effectué des recherches sur l'origine de mon nom. Il m'a indiqué que plus de cent trente personnes le portaient dans la seule région de Salamanque. Je l'ai remercié pour ses démarches, qui me touchaient. Mais de là à franchir le pas... Enrique, t'ai-je déçu ?

« Écoute, lui ai-je dis, j'aurai plaisir à saluer le directeur du centre de recherches universitaires si j'ai l'occasion de passer à Salamanque, mais en admettant que cette personne m'apprenne que ma famille a habité à tel endroit, je ne ferai pas un détour pour y aller.

– Donc, tu ne creuseras pas ? a-t-il insisté.

– Non. À vrai dire, je n'en ai pas trop envie. »

Depuis ce lointain après-midi de l'hiver 1961 à Épinal, bien des années ont passé. Un léger doute a remplacé le rejet déterminé, mais j'ai bien vu dans les yeux de mon confrère parlementaire la même réaction que j'avais lue, il y a quarante-cinq ans, dans ceux du directeur de l'Assistance publique : de l'étonnement. J'aurais bien voulu pouvoir montrer plus d'intérêt pour une famille dont je ne sais rien.

Mais j'en suis incapable. Car aujourd'hui encore, je redoute ce partenaire nouveau qui pourrait faire irruption dans ma vie, et avec lequel je devrais compter : un passé que je ne domine pas. Tourné vers l'avenir, je dois me protéger de lui. Quitte à payer cette protection du prix de l'oubli et de la méconnaissance. Peut-être aussi que quitte à en savoir si peu, je préfère choisir, aujourd'hui comme jadis, d'en ignorer tout. J'ai souvent évoqué avec ma fille et mon fils, qui sont tous deux aussi journalistes, ce passé plus mystérieux encore pour eux que pour moi. À chaque fois, je n'ai pu que leur dire : « Vous avez la liberté de chercher, mais ne comptez pas sur moi pour aller tirer les sonnettes, rechercher les papiers administratifs. »

Si mes origines personnelles m'intéressent peu, en revanche, celles d'une collectivité européenne à laquelle je me sens de plus en plus appartenir me passionnent. Alors que je suis plongé jusqu'au cou dans mes études de lettres et mon travail à la radio, je n'ai de cesse de vouloir élargir mon champ de vision et de dépasser les problèmes de mon petit moi. Ainsi, je rentre petit à petit dans les drames et les réalités de l'histoire.

Le germaniste que je suis comprend peu à peu le rôle unique qu'a joué en Europe la culture allemande, sa langue, son théâtre, sa poésie, sa philosophie, sa musique, sans oublier pour autant que cette terre a vu naître la génération nazie. Archétype de ce mélange entre un foisonnement culturel et des massacres terribles : l'Autriche des Habsbourg, un monde artistique et intellectuel parvenu à son apogée à la fin du XIXe siècle et au début du XXe, avant d'imploser dans un suicide collectif qui ne laissera que des ruines. Dans ces années-là, je prends conscience qu'intellectuellement, il y a en moi quelque chose d'un exilé, ce que d'une certaine manière je suis, du moins par ce que j'entrevois de mes possibles origines espagnoles. Non que je souffre d'un quelconque manque de terre natale ; je suis bien là où je vis. Mais la littérature des exilés me fascine, et je parviens sans peine à m'identifier à un de ces républicains espagnols, ou à ces Juifs d'Europe centrale qui vécurent lovés au cœur d'une brillante civilisation, puis en furent chassés avant que celle-ci ne s'effondre.

Dès ces années d'études, la personnalité étonnante de Stefan Zweig me poursuit. Outre l'exceptionnelle qualité littéraire de ses romans et nouvelles, je reste admiratif devant la modernité de ses revendications, par exemple l'égalité entre hommes et femmes, qu'il pose comme principe dès le début du XXe siècle. Ou bien la libre circulation des individus, condition indispensable au brassage des hommes et de leurs cultures. Ainsi, dans *Le Monde d'hier*, Zweig décrit son émerveillement lorsque, tout jeune enfant, ses parents l'emmènent à New York. Ils traversent toute l'Europe en chemin de fer sans qu'on leur demande aucun papier. Ils embarquent au Havre, et, quelques jours plus tard, arrivent à quai à Manhattan, sans subir le moindre contrôle d'identité. Ensuite, ils repartent pour l'Europe, traversent le Vieux Continent en toute liberté et reviennent chez eux sans que quiconque n'ait mis la plus petite entrave à leurs mouvements, ne serait-ce que par des questions comme on en pose aujourd'hui dans tous les ports ou aéroports de la planète. Zweig décrit cet épisode comme l'ode à une liberté désormais morte, puisqu'il rédige ce livre quelques mois avant son suicide, en février 1942, au Brésil. À l'époque, il a dû quitter une Europe dans laquelle ségrégations, exclusions, persécutions sont devenues monnaie courante ; une Europe où, à nouveau, la guerre a anéanti la paix et ce « monde d'hier » dont culture et liberté constituaient encore les piliers. Pour ce qui me concerne, je ne crois pas que ce monde soit d'hier : il est de tous les temps, et peut-être de demain.

Chacun se rappelle la formule lancée par les étudiants en mai 1968 pour soutenir Daniel Cohn-Bendit : « Nous sommes tous des Juifs allemands. » De manière un peu semblable, parce que ces gens-là ont compris de quels sommets vers quels abîmes l'Europe allait bientôt rouler, je me sens proche du sort de ces Juifs autrichiens du premier tiers du XXe siècle. Tous leurs rêves de liberté et de modernité, leur confiance en la civilisation raffinée qu'ils avaient développée se sont fracassés sous leurs yeux ; tous leurs espoirs d'enracinement, d'assimilation, leur fierté d'avoir enrichi le patrimoine austro-hongrois de leurs travaux ont été balayés. À cet égard, il faut lire le discours que Zweig a écrit pour les obsèques de Freud à Londres, le 26 septembre 1939. Par-delà la mort, un exilé s'adresse à un autre en des termes d'une beauté poignante, et nous comprenons que le destin de l'auteur est déjà inscrit dans ce texte d'hommage aux lourds accents de catastrophe historique.

Un tel sens de la fragilité des choses me touche. Elle caractérise à mes yeux la culture de l'Europe continentale, alors que celle de la partie plus atlantique de l'Europe, même dans les pires moments, affiche sa santé et sa conviction d'être indestructible. C'est le célèbre V de la victoire de Churchill au matin des bombardements allemands, courageux, nécessaire. L'Europe centrale se sait plus menacée, et pour cause. Son histoire atteste d'un destin sans cesse prometteur, mais également gros de mille tensions qui peuvent rejaillir à la moindre occasion. L'Europe centrale, c'est le lieu où bat le cœur de l'Europe ; c'est aussi là où il risque de s'arrêter de battre. Plus qu'ailleurs peut-être, j'y lis cette vérité terrible : à l'exception de quelques intellectuels visionnaires, les hommes peuvent facilement se laisser aveugler par le confort de la paix et le bonheur. Puis, lorsque les périls montent, la lâcheté et la paresse font le reste, et quand enfin les consciences se réveillent, il est trop tard. L'histoire ne repasse-t-elle pas les plats ? Bien sûr que si, pour nous Européens. Simplement, ils sont enrobés, dressés, préparés différemment.

Et voilà l'étrange. Ce sentiment de fragilité, qui selon moi caractérise le monde qui nous entoure, m'accompagne dans ma vie de tous les jours. J'ai une conscience diffuse des années qui passent et de mon statut de simple mortel. Tant mieux ; sans doute cette sorte de vibration me permet-elle d'avancer. Paul Valéry affirmait à la fin de la Première Guerre mondiale que désormais, les civilisations se savaient mortelles. L'histoire n'a cessé depuis de transformer cette certitude en évidence. C'est dans les failles de cette fatalité, les interstices, les plages de paix, que nous Européens devons redresser, en portant les valeurs de la civilisation, le cours de notre destin. L'histoire est écrasante, certes, mais je refuse de me sentir écrasé. Il faudra que je vive assez longtemps pour voir l'Europe solidement construite : une façon comme une autre de ne croire en aucune fatalité et de me sentir, toujours et encore, libre – mais surtout, plein d'espoir. Je crois que le continent européen a particulièrement souffert, qu'il s'est fabriqué comme un cancer, régulièrement, obstinément, méthodiquement, portant en lui les germes de sa propre destruction. S'il avait dépensé autant d'énergie, déployé autant d'efforts pour interdire à jamais toute entreprise destructrice, et s'il l'avait fait aussi rapidement qu'il a su inventer le chaos, l'Europe serait construite.

Les échos de la capitale

Le temps passe. Certificats de licence en poche, j'hésite à poursuivre en vue de préparer un jour l'agrégation. Finalement, je renonce. Une carrière à la radio s'ouvre devant moi, et je ne veux pas la laisser passer. Je suis tellement « accro » à ce nouveau travail qu'à la même époque, je décline quelques propositions émanant de la presse écrite. Persévérant, mais pas téméraire : intendance oblige, j'accepte le poste que m'offre l'Éducation nationale. J'enseigne pendant deux ans au lycée de Munster, jusqu'à ce que mes piges à la radio m'apportent une sécurité matérielle suffisante. Cette brève expérience de l'enseignement est un bonheur complet. On ne s'étonnera pas du plaisir que j'ai à transmettre à des jeunes gens les trésors littéraires que j'ai moi-même reçus en dépôt de mes maîtres.

À la radio, la partie journalistique de mon travail prend une importance croissante. Au début, comme dans toute station régionale, je m'occupe de tout, de la politique aux faits divers. Mais les affaires européennes font de plus en plus l'actualité, au point que, en 1966, la station ressent le besoin d'y dédier un poste de correspondant. Je pose ma candidature, et l'obtiens d'autant plus aisément que peu de confrères se montrent intéressés. Parallèlement, je poursuis mon émission culturelle hebdomadaire, pour laquelle je ne suis d'ailleurs presque pas payé. Mais je continue de trouver cela très intéressant ; ça arrange donc tout le monde. On me propose une fois ou deux des contrats qui ne me conviennent pas. Je décline et poursuis mon travail de pigiste jusqu'au jour où, enfin, je reçois une proposition qui me séduit. Je fais enfin partie de la radio en tant que journaliste. J'ai vingt-sept ans.

Lorsque éclate le mouvement de Mai 68, sa portée m'échappe d'abord, pour une raison simple : je ne me trouve pas en France, mais en reportage à Berlin-Est. Je découvre avec stupeur les images et les commentaires de la télévision de l'Allemagne de l'Est, qui n'hésite pas à présenter ce mouvement comme la révolte des travailleurs poussés à bout par l'exploitation capitaliste, l'Occident, les États-Unis, bref, tout ce qui se trouve à l'ouest du mur ! Quand la télévision de l'Allemagne de l'Est montre des chars qui manœuvrent autour de Paris, je m'interroge sur la mise en scène journalistique, digne auxiliaire de la propagande politique, et j'attends pour me forger une opinion de rentrer en France et d'obtenir des informations sans doute plus objectives.

Quelques jours plus tard, je suis à Strasbourg et je découvre que si nous ne sommes pas encore à la veille du grand soir, l'agitation est cependant importante. Certains coins de la ville ressemblent plus au Quartier latin qu'au reste de la calme province française. Je commence alors à saisir l'ampleur du mouvement, sa force de contestation qui s'oppose à ce que des sociologues appellent une « société bloquée ». Peu à peu, l'agitation gagne les médias, et un noyau de journalistes, dont je fais partie, épouse certaines revendications du mouvement. Lesquelles ? D'abord, un changement des rapports hiérarchiques au sein de l'entreprise. Je suis, comme mes collègues de l'époque, très fâché de la manière dont Paris nous traite. Il ne me semble pas que les grands patrons parisiens brillent tous par tant de compétences, si j'en juge par certaines circulaires et notes de service qu'on nous envoie, qu'ils puissent se permettre de nous considérer de haut, comme ils en ont pris l'habitude. Mais le système l'a décidé ainsi : la hiérarchie n'est que parisienne, et elle se construit plus à coups d'ancienneté, de fidélité et parfois de copinage que par de réelles compétences.

Le deuxième point est lié au premier : c'est le rejet du jacobinisme centralisateur dans lequel le gaullisme a fait son nid. Subissant chaque jour les effets de la centralisation, qui nous réduit à n'être que des figurants sans importance, j'y suis très hostile. En outre, m'occupant des affaires européennes, je pressens que les enjeux sont en train de se déplacer des capitales vers un cadre plus large. Paris est donc coincé entre le marteau et l'enclume : à la fois trop écrasant par rapport à la province, et trop léger par rapport à l'Europe. La décentralisation prônée par les jeunes, plusieurs leaders politiques de l'opposition et de nombreux chercheurs en sciences politiques a le mérite de briser le vieux carcan hérité de la monarchie absolue et repris par les républiques successives.

Troisièmement, l'évolution des mœurs. L'image que la société veut donner d'elle-même ne correspond plus à sa réalité. Le gaullisme n'a pas su voir que tout est en train de changer, aussi bien dans la sphère publique que dans la sphère privée : les aspirations de la jeunesse, le rôle de la femme dans la société, sa libération au sein de la famille et dans sa sexualité, les relations de travail.

Tout cela renforce ma conviction que nous vivons dans une France à l'organisation désuète, alors qu'elle est traversée depuis une vingtaine d'années par des mouvements sociaux. La IVe République, engluée dans ses aventures coloniales, n'arrivait pas à créer la dynamique qui épouserait le mouvement nouveau de la reconstruction économique et de l'élan social. L'arrivée du gaullisme a su donner un système politique à cet élan reconstructeur, novateur, mettre en place des institutions solides, retirer aux partis politiques le jeu qui leur permettait de se servir alternativement et inféodait ce pays à un club plus ou moins irresponsable. Il a ainsi permis à la France de rebondir économiquement, d'amplifier les réussites intérieures de la IVe République et de retrouver une place dans le concert des nations. Mais il n'a pas vu venir un autre phénomène : ce progrès économique et cette réorganisation politique ont accéléré l'émergence de nouveaux modes de pensée, et puisque le pays devient politiquement plus solide, il aspire naturellement à se libérer de l'étouffement des années de guerre et de privations. On a créé de la richesse, il faut créer de la vie. Les jeunes et les cadres ne supportent plus les raideurs de l'après-guerre dans l'entreprise, dans les relations familiales et sociales, dans la culture. Ils ne trouvent pas leur compte dans une France politiquement et économiquement redressée mais socialement figée.

Je le constate à l'époque autour de moi, aussi bien dans le milieu universitaire que journalistique : nous sommes nombreux à percevoir ces décalages, devenus de plus en plus criants au fil des années soixante. Des chercheurs ne manquent pas de souligner les bouleversements que les sociétés riches sont en train de vivre. Mais comme souvent, la politique semble inapte à saisir l'ampleur du phénomène. Et parce que l'incendie a longtemps couvé, l'embrasement général n'en est que plus spectaculaire. Il confirme que l'histoire est poussée par les phénomènes de société, par secousses. Dans la mesure où je ne suis pas engagé politiquement, je suis frappé tant par le désarroi de cette droite ambiguë que par la stratégie sommaire et brouillonne d'une gauche fractionnée en tant de courants qu'elle est devenue illisible.

C'est ainsi que, bien que n'étant plus étudiant, pas parisien, pas fils de bourgeois ni même issu des classes moyennes, j'entre dans le mouvement de grève de Mai 68 aux côtés de plusieurs confrères. Nous ne faisons pas démonstration d'irresponsabilité, puisque nous continuons à assurer la préparation des journaux. Mais nous revendiquons nos choix à l'antenne. C'est l'occasion de rendre aux Parisiens la monnaie de leur pièce. Nous sommes d'ailleurs quelques-uns à le faire de manière si appuyée que nous nous demandons si nous n'allons pas nous faire virer. Mais par chance, nous bénéficions de la protection bienveillante du patron de la station, Jean Lefèvre. Lui-même est un journaliste expérimenté, souvent excédé par le sans-gêne des potentats locaux, qui n'hésitent guère à intervenir qui auprès du directeur, qui auprès du rédacteur en chef. Le pouvoir central n'est pas réputé pour sa retenue en matière d'audiovisuel, et beaucoup d'élus de terrain se croient chez eux sur nos ondes régionales.

À force de voir les jeunes Allemands franchir le Rhin pour venir donner un coup de main aux étudiants français, les esprits commencent à s'échauffer. Je n'approuve pas les manifestations très violentes qui se déroulent alors. Elles m'apparaissent excessives et dangereuses. Bientôt, l'ensemble de la rédaction suit les événements en se demandant sur quoi tout cela va déboucher. Il me semble que, face au flou général qui s'installe en France, le temps est venu pour le pouvoir d'arrêter les frais et de négocier avec les salariés et les étudiants. En un mot, je suis partagé ; je n'aime pas l'autisme du régime, mais je n'éprouve aucune sympathie pour le gauchisme qui semble triompher. Et puis, je n'ai aucune honte à le reconnaître : je fais partie des gens qui n'ont pas les moyens de quitter leur travail pour aller déterrer des pavés.

Mais je n'ai guère le temps d'affiner mes analyses politiques. De Gaulle disparaît. Il se trouve à Baden-Baden, à quarante-cinq minutes de route de notre station de radio-télévision – mais nous n'en savons rien. Puis il réapparaît et parle à la radio ; un raz-de-marée d'élus de droite submerge l'Assemblée nationale. Le calme revient au cœur d'une société française où en apparence, rien n'a changé, mais où beaucoup va devoir changer. Je commence à ébaucher quelques idées sur les modifications nécessaires. En sus de mon attachement pour l'histoire, cette dimension plus socio-politique va désormais nourrir ma réactivité aux phénomènes du monde actuel : je découvre la société avec Mai 68.

Car les mouvements profonds qui affectent un peuple m'intéressent plus que l'écume des faits. Dans le monde moderne, la politique est l'art d'encadrer ou de préparer la marche de la société au sein d'un espace, une république, fonctionnant grâce à une constitution démocratique. Préparer, et non pas suivre ou ignorer. Les phénomènes de société m'apparaissent donc plus importants que les moulinets et les déclarations diverses de quelques leaders politiques, souvent suivis de reniements ou de virages spectaculaires. Pour cela, je suis resté longtemps réticent à me fondre dans un parti. Une telle appartenance me semble à la fois très insuffisante, parce que réductrice et parfois mensongère, et en même temps très suffisante, au sens de vaniteux, tant il est vrai que les grands partis ressemblent à des Églises sûres d'elles-mêmes et de leurs dogmes ! Au demeurant, ils se sont reniés tant de fois qu'on a du mal à leur faire crédit d'un peu de noblesse, de grandeur ou simplement d'intérêt légitime. Leurs faiblesses ne possèdent donc qu'une vertu, même si elle est de taille : elles nous les rendent humains. Mais je dirai plus loin quelles conséquences j'en tire.

Mai 68 s'éloigne. Les ouvriers regagnent leurs usines, les étudiants leurs facultés. Maurice Couve de Murville, avec sa mine de bottin froissé, est nommé Premier ministre. À Vincennes et à Nanterre, le subtil Edgar Faure offre des universités flambant neuves aux gauchistes, et la société reprend son train de sénateur. Ou du moins, fait semblant. Je poursuis ma route à un rythme soutenu. Je me rends aux séances du Parlement de Strasbourg en tant que correspondant pour les affaires européennes, potasse les dossiers, rencontre les élus, les membres de la Commission européenne, les hommes politiques de nombreux pays. J'acquiers ainsi une compétence reconnue, y compris, ô victoire, par les instances parisiennes ; on fait régulièrement appel à moi pour les correspondances de France Inter. Il est donc logique que je cherche à quitter Strasbourg pour rejoindre une rédaction nationale. Car le jacobinisme règne toujours en maître, et aucune carrière radiophonique ou télévisuelle digne de ce nom n'est alors possible en région.

Mais preuve m'est donnée que malgré nos réclamations soixante-huitardes et les vagues promesses qu'elles ont suscitées, rien n'a vraiment bougé dans le microcosme audiovisuel : mes différentes demandes restent lettre morte. Agacé par tant de lenteur, et surtout par l'absence de réponse, je décide à l'automne 1969 de partir faire un stage d'un mois à Europe 1. J'y prends le nom de Jacques Pelletier, l'une des identités fantômes sous lesquelles les stagiaires d'Europe 1 se dissimulent alors. Surprise : Roland Dhordain, qui a créé France Inter et amorcé le redressement de la station face aux radios privées, reconnaît ma voix à l'antenne ! Le même Roland Dhordain que, depuis trois ans, je relance pour intégrer une rédaction parisienne ! Il décroche aussitôt son téléphone et me passe un savon.

« Partir faire un stage à la concurrence... Tu te rends compte ? Tu commences à m'emmerder, Cavada ! »

Derrière la colère dictée par les circonstances, sa réaction est plutôt flatteuse ; le patron ne veut pas me voir partir ailleurs. Il est vrai qu'en matière de journalisme, le prestige d'Europe 1 est alors à son zénith ; la seule pensée d'une dissidence possible dans les rangs du service public suffit à donner de l'urticaire à ses responsables, qui peinent à rattraper la locomotive du privé. Dhordain bougonne encore quelques secondes avant de me poser la question que j'attends depuis des mois :

« Qu'est-ce que tu veux, au juste ?

– Entrer à France Inter.

– Accepté. »

Je n'envisageais pas sérieusement de partir à Europe 1, où il m'aurait fallu tout reprendre à la case départ, rester stagiaire pendant deux ans, puis tenter de faire mon trou dans une rédaction où les places sont chères. Le but de la manœuvre était que les gens de France Inter s'en aperçoivent. Elle a fonctionné au-delà de mes espérances puisque, à la fin 1969, je fais mes bagages et, comme on disait alors dans les provinces, « je monte à Paris ».

J'ai vingt-neuf ans, la première étape de mes années de formation est finie. Ce que je suis devenu à leur terme, je le dois à la chance qui ne m'a pas fait mourir, à ma mère nourricière qui m'a éduqué, à quelques efforts aussi, et surtout à cette république dont les travailleurs sociaux et les maîtres m'ont tout apporté, à profusion.

Je me sens désormais armé pour la capitale.

II

UN TÉMOIN DERRIÈRE L'ÉCRAN

« Ô toi, désir, qui vas chanter... » Et ne voilà-t-il pas déjà toute ma
[page elle-même bruissante,
Comme ce grand arbre de magie sous sa pouillerie d'hiver : vain de
[son lot d'icônes, de fétiches,
Berçant dépouilles et spectres de locustes ; léguant, liant au vent du
[ciel filiales d'ailes et d'essaims, lais et relais du plus haut verbe
Ha ! très grand arbre du langage peuplé d'oracles, de maximes et
[murmurant murmure d'aveugle-né dans les quinconces du savoir...

Saint-John Perse, *Vents*.

À France Inter

Je l'ai dit, ma conscience politique ne s'est éveillée qu'à l'approche de la trentaine. Jusqu'alors, je n'avais guère eu le temps de me consacrer à autre chose qu'à des problèmes professionnels ou personnels.

Cette remarque pourra surprendre ; ne s'occuper que de soi à une époque où une génération issue de la guerre accède à la vie citoyenne, embrasse de fortes causes, manifeste contre la guerre au Vietnam avant d'entrer en conflit avec la société bourgeoise de ses parents... Mais les effets de perspective historique sont trompeurs. Quand on n'a pas à lutter pour sa survie personnelle, militer pour des causes lointaines est plus facile. Mon époque n'a pas dérogé à cette règle de bon sens. N'étant pas issu de la bourgeoisie, ni moyenne ni petite, je n'ai pas participé à de tels combats. À titre individuel, j'ai pu parfois avoir l'impression de manquer des étapes, à titre professionnel, j'en ai toujours été plutôt fier. Mon explication n'a pas valeur d'excuse. Du moins se veut-elle sincère.

C'est ainsi que la guerre d'Algérie n'a pas constitué pour moi le puissant révélateur qu'elle fut pour beaucoup de jeunes gens de cette époque. Il faut dire qu'une partie importante du pays n'avait pas réellement d'opinion. En revanche, tout ce qui comptait intellectuellement et politiquement dans la France d'alors avait opté pour une indépendance qui correspondait à la marche du temps et à ses aspirations nouvelles. La liberté était devenue le principe, l'immense espérance, en métropole comme dans la France d'outre-mer. D'une SFIO exsangue montaient les voix de quelques consciences. Le Parti communiste réussissait à se faire entendre sur la torture, l'extrême gauche était inexistante. Ceux qui s'opposaient à l'indépendance des colonies ne parvenaient pas à dépasser le stade de groupuscules brouillons et facilement violents. Ils étaient d'autant plus considérés comme des « fachos » qu'ils avaient opté pour le soutien des terroristes de l'OAS, l'Organisation de l'armée secrète. C'est la lecture des magnifiques écrits de Camus sur l'Algérie qui m'a servi de guide, de direction de conscience pourrait-on dire. Le reste a peu compté, d'autant que j'avais vingt-deux ans quand furent signés les accords d'Évian mettant fin à huit ans d'une guerre qui n'avait jamais osé porter son nom. Un an plus tard, j'entrai dans l'armée de l'air pour y effectuer mes dix-huit mois de service militaire. Je n'allai pas en Algérie, mais fus affecté sur une base aérienne tactique de l'OTAN, celle de Colmar-Meyenheim, en Alsace. Avec quelques camarades universitaires, nous passâmes l'essentiel de notre temps à prodiguer des cours, qui de langue française, qui de mathématiques, qui de langues étrangères, bref, toutes les disciplines nécessaires à ceux qui préparaient des examens ou concours, et que nous aidions. Je redécouvris aussi l'analphabétisme, et aidai quelques « bidasses » à s'en sortir. Nous devions cette utilisation intelligente du temps militaire à un pilote de chasse, le colonel Saulnier, qui devint plus tard attaché militaire du président François Mitterrand.

Mais dès lors que j'embrassai le métier de journaliste, il devenait impossible d'ignorer les enjeux de politique intérieure. Ils s'exprimaient alors en termes partisans marqués : d'un côté la majorité au pouvoir, de l'autre une opposition dont le Parti communiste constituait encore la force principale, malgré les défections de millions d'ouvriers qui avaient rejoint le camp gaulliste. Le reste de la gauche se portait mal, et en dehors de rares cercles universitaires et intellectuels, l'extrême gauche n'avait guère d'existence. L'autre bord n'était pas mieux loti. Ses choix coloniaux avaient bien vite rayé l'extrême droite du paysage politique, chacun étant alors convaincu qu'elle avait jeté ses derniers feux. On était loin de se douter qu'elle renaîtrait vingt ans plus tard, et de quelle façon. Quant aux centristes qui n'avaient pas rallié les rangs gaullistes, ils s'étaient découverts un leader à l'américaine en la personne de Jean Lecanuet. Celui-ci avait réalisé une belle percée lors des élections présidentielles de 1965, incarnant une sorte de Kennedy normand : souvenez-vous de cette photo où il apparaît en homme jeune, vêtu d'un ciré jaune, un large sourire étalé sur son visage heureux.

Les lignes d'une vie politique qu'on avait pu croire figées depuis le retour de De Gaulle et l'instauration de la Ve République commençaient donc à bouger. Pourtant, je conservais une distance avec ce que certains avaient déjà coutume de nommer la politique politicienne. Non pas que j'aie jamais jugé cette activité stérile ou dangereuse ; mais j'y ai rarement reconnu mes préoccupations de citoyen ou mes soucis de journaliste. Pour dire les choses simplement : mon attention s'est toujours portée sur des phénomènes à la fois plus lointains, ceux par exemple concernant la construction européenne, et plus proches : les multiples signes dans lesquels il me semblait pouvoir deviner les changements en profondeur qui allaient bientôt affecter toute la société.

Mes choix intellectuels me portaient vers ceux qu'on appelait « les chabanistes de gauche ». J'avais le sentiment que c'était de ce côté que les choses bougeaient, que des idées originales mais réalistes prenaient corps, qu'une nouvelle génération de pensée naissait. Mes références se nommaient alors Pierre Mendès France, Simon Nora, Jacques Delors, et quelques autres. Tous tentaient de bâtir un réformisme moderne, un modèle de social-démocratie à la française, débarrassé de toute trace de marxisme et des principes jacobins et dirigistes que socialistes et communistes d'un côté, gaullistes de l'autre s'obstinaient à prôner. Cette « deuxième gauche », souvent issue de la CFDT et plus tard des milieux rocardiens, prônait un autre modèle démocratique aux allures décentralisées, mais acceptait la loi du marché.

Tout cela créait un mouvement d'idées qu'on aurait eu du mal à qualifier de gauche ou de droite au sens traditionnel de ces termes. J'en veux pour preuve que bientôt, au sein de la majorité néogaulliste, Jacques Chaban-Delmas caresserait le projet d'ouvrir la France à une « nouvelle société », se heurtant ainsi au conservatisme bonhomme du président Pompidou et de ses conseillers rapprochés. Les deux blocs antagonistes, gauche et droite, se renforçaient et la politique française ressuscitait, une fois encore, ses démons manichéens, empêchant la naissance d'une recomposition politique originale qui aurait uni déçus du gaullisme, démocrates chrétiens et gauche libérale. Une chance de voir naître un grand centre moderne, dynamique, avait sans doute été manquée. Nous allions en subir les conséquences pendant plus d'une génération. Les luttes partisanes ne m'ont jamais enthousiasmé. D'un point de vue intellectuel autant que politique, je n'y ai jamais trouvé mon compte. Il est vrai qu'elles stimulent la plupart de mes confrères commentateurs politiques, comme le démontrent depuis des décennies les grand-messes des soirées électorales. Mais ce théâtre n'aboutit guère qu'à caricaturer des réalités infiniment plus complexes. Sans doute est-ce la raison pour laquelle, tout au long de ma carrière de journaliste, j'ai refusé de diriger les affaires de politique intérieure, dans quelque rédaction que ce soit, de radio comme de télévision, publique ou privée. Outre que je ne voulais pas subir les pressions du pouvoir en place, il me semblait que l'essentiel se déroulait ailleurs. Le minimum consistait donc à accorder mes idées et ma pratique professionnelle.

Dès mon arrivée à Paris à la fin des années soixante, mon travail journalistique s'est trouvé marqué par les affaires européennes. Celles-ci prenaient alors une importance croissante, car la Communauté négociait son passage de six à neuf membres. En conséquence, les rédactions cherchaient des spécialistes capables de traiter ce nouveau type d'actualité dans l'ensemble des pays de la Communauté, au Parlement, à Bruxelles, à Strasbourg, partout où l'événement l'exigeait. Tel allait donc être mon travail à France Inter. Je pris l'habitude de résider quinze jours par mois à Bruxelles, et quinze jours à Paris, d'où il était fréquent que je parte à nouveau pour des grands reportages à travers l'Europe. Je n'avais pas vraiment le temps de m'ennuyer. D'autant plus que, pendant les rares périodes où je n'étais ni à Bruxelles ni en reportage, je présentais les journaux du matin avec le rang de rédacteur en chef adjoint.

C'était une époque où un jeune journaliste qui ne voulait pas rester les deux pieds dans le même sabot voyait s'ouvrir devant lui toutes les opportunités professionnelles. De quoi avait-il alors besoin pour faire sa route ? D'un minimum d'expérience, de se tenir à l'affût de l'actualité et, surtout, de bien vouloir travailler au-delà du raisonnable. Debout dès quatre heures, je fonçais de Mantes-la-Jolie, où j'habitais, jusqu'à la Maison de la radio. Vers cinq heures débutait la lecture des dépêches, puis celle des journaux, priorités absolues pour tout vrai travail de journaliste. Puis l'écoute des reportages préparés, l'écriture et la présentation de l'un ou l'autre des journaux de sept et huit heures, parfois les deux. Un petit café au bistrot d'en face, avant de rejoindre à neuf heures la conférence de rédaction. Nous y faisions le point sur le travail du matin avant de transmettre le relais aux confrères qui assuraient la journée. Ensuite, le plus souvent, je partais en reportage. Le retour à Mantes-la-Jolie s'effectuait entre dix-huit et vingt-deux heures, selon les obligations de l'actualité. Ce n'étaient pas les horaires de travail éreintants de la paysannerie vosgienne, mais cela y ressemblait. Nostalgie du passé, désenchantement du présent ou simple illusion d'optique ? Ce temps est révolu. Dans les médias comme ailleurs, l'esprit pionnier des années soixante et soixante-dix a peu à peu laissé place à une mentalité plus fonctionnelle. Bien sûr, il reste des fonceurs, mais le système est devenu globalement plus lourd, moins ouvert à l'esprit d'aventure.

Je n'étais pas le seul journaliste à mener cette vie trépidante, loin de là. Une demi-douzaine d'excités sévissait alors à France Inter, sous la houlette très professionnelle et ô combien exigeante de Roland Dordhain. Il faut croire que l'école était bonne et les élèves appliqués, car presque tous ont accompli une belle carrière. Parmi eux, Dominique Bromberger, aujourd'hui chroniqueur de politique internationale, Paul Lefebvre, devenu par la suite spécialiste des questions judiciaires, Didier Lecat, l'un des plus brillants d'entre nous, aujourd'hui disparu, Alain Bédouet, le futur « Monsieur téléphone sonne » de France Inter, Patrick Poivre d'Arvor, qui nous a rejoints rapidement, quelques autres encore, tous formés au creuset de la station. Plusieurs d'entre nous ont été attirés par le mouvement des mendésistes du cabinet Chaban. Ces hommes nous ont inculqué les grands principes de l'économie sociale, un apprentissage nécessaire car les affaires sociales commençaient à trouver leur place sur les ondes. On parlait beaucoup d'économie, on se mit à parler de ceux qui la produisaient.

À tout point de vue, l'époque avait donc de quoi susciter l'enthousiasme. Le mien ne connaissait pas de limites. Existe-t-il plus beau métier que celui où on vous verse un salaire pour parler de divers sujets dont quelqu'un d'autre se préoccupera en sortant de son travail ? En résumé, je gagnais ma vie en travaillant à mon enrichissement personnel. J'appréciais aussi l'extraordinaire souplesse et l'efficacité du support. Un journaliste, c'est quelqu'un qui, pour traiter un problème, en fait la description, produit des témoignages grâce à des interviews, puis essaie de l'analyser avec le maximum de rigueur et de minutie, toutes choses rendues possibles à la radio, média si souple que la technique parvient presque à s'y faire oublier.

Qu'est-ce qu'un bon journaliste ? m'a-t-on souvent demandé. C'est d'abord un homme en qui le citoyen a une telle confiance que petit à petit il ne s'aperçoit plus qu'il existe ; une sorte de passeur nécessaire mais invisible. C'est ensuite un être cultivé, qui sans cesse travaille à accroître cette culture. Soit parce que, comme c'est souvent le cas au début de sa carrière, il est amené à parler de sujets multiples, et donc se retrouve soumis aux jugements des connaisseurs. Soit parce qu'ensuite, il va se spécialiser et qu'alors on lui pardonnera encore moins ses erreurs ou ses faiblesses. Enfin, le journaliste doit acquérir une certaine assurance dépourvue de suffisance, afin d'aller à l'essentiel dans son questionnement, et être capable d'anticiper. S'il domine suffisamment son sujet, le journaliste connaît en gros l'esprit des réponses avant qu'elles ne lui soient données. Enfin, il lui faut veiller à utiliser le minimum de mots inutiles et à s'interdire toute forme gratuite dans le langage comme dans le ton. Peu à peu, son expérience lui permettra de trouver spontanément l'intonation, le rythme, le vocabulaire le mieux adapté à sa pensée, de mettre en un temps record le radar mental en marche et de trouver sa cible. Un bon journaliste, c'est une sorte de missile à tête chercheuse. Des techniques lui viendront bien sûr en aide. Une interview tout autant qu'un papier se construisent selon des méthodes précises ; les deux ont un début, un milieu, une fin, racontent une histoire avec ses pleins et ses déliés. Un exemple concret : si on a l'impression qu'on va exprimer quelque chose qui demande du recul, un peu d'hésitation, il faut trouver un artifice pour le faire comprendre à l'auditeur. Car la radio ne s'arrête pas, et si l'auditeur ne saisit pas d'instinct ce qu'on veut lui dire, c'est que le journaliste a raté l'opération.

C'est pourquoi j'ai toujours essayé de varier le recrutement des journalistes des équipes dont j'avais la responsabilité. Je suis allé chercher des agrégés dans les facs aussi bien que des diplômés des écoles de journalistes, en veillant toujours à ce que le moule des études n'ait pas formaté les esprits de manière rigide. Et j'avais coutume de rappeler aux jeunes que la culture ne s'apprend pas plus dans les entreprises de presse que l'intelligence ne s'apprend dans les écoles de journalisme.

Ensuite débute le mystère : l'équation personnelle de chacun. Je ne suis toujours pas parvenu à déchiffrer la mienne, et je crains de ne jamais y parvenir. Pourquoi, par exemple, au fil des années, grâce à *La Marche du siècle,* ai-je pu acquérir une légitimité spécifique, et la confiance de l'auditoire ? Je ne saurais le dire. L'énergie que j'ai pu déployer, les qualités de l'équipe que j'ai constituée, l'intérêt des sujets abordés, cela n'explique pas tout. Dans le domaine audiovisuel, les recettes de fabrication constituent une condition nécessaire, mais non suffisante. Elles seules ne permettent jamais d'expliquer l'impact de telle ou telle émission sur le téléspectateur, et certainement pas d'en garantir la qualité. L'essentiel se joue ailleurs, dans un irrationnel que nul ne maîtrise. Au temps de *La Marche*, une relation forte s'est instaurée avec notre public, une confiance, peut-être une complicité dont les ressorts m'ont toujours échappé. Par ma naissance, mon enfance, mon itinéraire professionnel, sans doute dois-je faire partie de ces bribes dispersées d'un moment de l'histoire dans lesquelles tant de gens parvenaient à se reconnaître. À mon insu, je devais transmettre plus et mieux que des connaissances : l'envie même d'acquérir ces connaissances. Je n'étais ni un chanteur de charme ni un bateleur de foire, dont tant d'animateurs de talk-shows se croient aujourd'hui obligés d'emprunter les recettes. De mon itinéraire personnel, quelque chose devait sans doute filtrer malgré moi. Le spectateur en ressent plus sur vous que l'on ne croit. Mon destin, qui aurait pu être cruel, avait basculé du côté positif, et je me retrouvais physiquement mêlé aux pulsions du continent sur lequel j'étais né, du pays et de l'époque où je vivais. L'émission fonctionnait donc en partie sur des ouvertures de perspectives inconnues, mais également grâce à ces effets de miroir. Elle intéressait d'autant plus les téléspectateurs qu'ils se sentaient chez eux, à leur place qui se trouvait être également la mienne, au même niveau, et c'est bien là ce que je recherchais.

Je me suis toujours efforcé d'être un passeur ; comme animateur culturel au temps de mes études, puis durant ma courte période d'enseignement, enfin comme journaliste. Ma capacité de caméléon y est pour quelque chose. Je prends la couleur de ce qui m'intéresse jusqu'à m'en imprégner et à ne plus faire qu'un avec mon sujet. Avant de me mêler d'apprendre aux autres, j'ai commencé par apprendre moi-même. Ensuite, je me suis fait le plus discret possible. Aussi me suis-je efforcé de me tenir en retrait de mes interlocuteurs, loin des affirmations péremptoires et des conclusions hâtives. J'ai préféré découvrir de nouveaux sujets plutôt que de toujours revenir aux anciens, et les portes que j'ai ouvertes m'intéressent plus que celles que j'ai refermées. Quant aux êtres, plutôt les comprendre que les expliquer. D'où cette empathie avec mes interlocuteurs, ce respect auquel je me suis toujours tenu. Dans les relations humaines, la bonne place m'a toujours paru située entre cortex et sentiment.

Vous l'aurez compris à la lecture de ces lignes : j'ai toujours eu la passion du journalisme, et particulièrement de la radio. D'ailleurs, même lorsque ma vie a pris un autre tour, je ne l'ai jamais complètement abandonnée. Pendant neuf ans, j'ai produit sur France Inter une émission, *Philo j'aime*, qui demeure un joli souvenir. Son format était particulier : douze minutes. L'horaire aussi : juste avant le journal de neuf heures, le samedi matin. Le pari était risqué. Cela ne ressemblait ni à une émission importée de France Culture ni à du journalisme traditionnel. Il s'agissait d'un objet radiophonique étrange, destiné à un large public. Je voulais vulgariser, au bon sens du terme, c'est-à-dire mettre à la portée des auditeurs des choses assez haut de gamme, dont ils n'avaient pas forcément connaissance. J'en ai parlé à Yvan Levaï, alors patron de l'information d'Inter, et l'idée l'a tellement séduit qu'il en a même trouvé le titre. Pendant neuf ans, *Philo j'aime* n'a plus quitté la grille du samedi matin.

À la même époque, j'ai été frappé de voir que les

ouvrages que je citais en référence à la fin de *La Marche* rencontraient un vaste public, qui se précipitait pour aller acheter les livres recommandés. Il existait donc chez le télé-spectateur un réel besoin de comprendre et d'approfondir, quitte à se pencher sur des textes parfois pointus. Mon objectif pouvait se résumer en une formule : « Je vous montre le livre, à vous d'aller l'acheter s'il vous fait envie. » Tel était le but de la manœuvre. À l'heure du petit déjeuner le week-end, j'invitais donc à la table de l'auditeur de France Inter des gens inattendus : certains déjà médiatisés, comme Michel Serres ou Yves Coppens, d'autres non, par exemple des thésards inconnus dont les travaux bénéficiaient soudain d'une audience inespérée. Et l'alchimie a fonctionné à plein. Le public n'était pas préparé à ce type d'émission, surtout à 8 h 48 le samedi matin, mais il s'est montré tout de suite disponible et réceptif aux découvertes qui lui étaient proposées.

J'en ai éprouvé une vraie joie. Nous faisions un travail bien ficelé et surtout, nous constations émission après émission que la majorité des gens avaient une réelle envie de connaissance. Pour ma part, j'en étais déjà convaincu, n'ayant jamais rencontré personne qui souhaite devenir de moins en moins intelligent, apprendre de moins en moins, transmettre le minimum de choses à ses enfants. Mais il restait à en faire la démonstration. Elle fut faite. Il nous revenait d'expliquer dans un langage compréhensible ce qui pouvait l'être, de ne pas simplifier certains sujets qui ne pouvaient pas l'être. Ce pari humaniste, un peu romantique, en tout cas chaleureux, n'a jamais été démenti. Malgré le caractère inattendu de l'offre et de l'endroit où elle était proposée, l'audience se révélait aussi bonne que celle de n'importe quelle émission musicale.

J'y vois une leçon à retenir pour tous ceux qui émettent des jugements définitifs sur les goûts supposés bas de gamme de l'auditoire. Elle prouve que même en termes d'audimat et de critères quantitatifs, la qualité paie et que nul n'a besoin de descendre toujours plus bas pour monter un peu plus haut dans les sondages. Aujourd'hui encore, l'usure n'a pas affecté *Philo j'aime.* Sous sa forme actuelle et animée par ma fille Laurence, *Parenthèse* reste un petit bijou.

La télévision de Sabbagh

En août 1972, je passai des vacances familiales en Tunisie. Le hasard a voulu que nous y fassions la connaissance de Philippe Séguin, de retour au pays natal pour ses vacances. Il occupait alors le poste de conseiller au cabinet du président Georges Pompidou, et les récents événements politiques survenus en France fournissaient de quoi alimenter les échanges des jeunes gens nourris à l'actualité que nous étions. Nous faisions des pronostics sur l'avenir du gouvernement en place.

Après des mois de lutte qui l'avaient opposé au président Pompidou, Jacques Chaban-Delmas avait fini par quitter Matignon. Son départ sonnait le glas de sa « nouvelle société ». Et pour ceux qui en doutaient encore, la nomination au poste de Premier ministre du gaulliste historique et ancien ministre des Armées Pierre Messmer avait souligné la volonté de reprise en main des affaires par le président. Aussi, lorsque nous dressions la liste des changements à prévoir, Philippe et moi conjecturions que la liberté dont jouissait l'audiovisuel depuis trois ans, parce que Chaban-Delmas l'avait voulue dès son arrivée à Matignon, serait bientôt remise en cause.

Mais les événements allaient nous rappeler que les choses se déroulent rarement comme les hommes politiques les prévoient. Depuis 1968, l'audiovisuel avait pris l'habitude de mener sa propre vie, en grande indépendance face aux gouvernements qui entendaient le maintenir sous contrôle. Ce mouvement d'émancipation pouvait encore être freiné, mais nul ne pourrait plus l'interdire. J'allais bientôt en être le témoin.

Un matin, le téléphone sonna au club où nous résidions. C'était Jean Lefèvre, mon ancien patron de Strasbourg.

« Pierre Sabbagh me propose la direction de l'information sur la deuxième chaîne. Est-ce que vous me suivriez ? » me demanda-t-il.

Surprise. À peine quelques secondes d'hésitation, et je m'entendis répondre :

« Bien sûr. On commence quand ? »

Le nouveau plan télé voulu par Messmer était facile à comprendre. Sous Pompidou, la première chaîne, dirigée par des réformistes, dominait de la tête et des épaules sa petite sœur. Le nouveau gouvernement entendait donc y contrôler d'un peu plus près les choses. Pour cela, il venait d'en débarquer le directeur de l'information Pierre Desgraupes, et de nommer à sa place Jacqueline Baudrier, réputée plus proche des gaullistes. Conséquence directe : la rédaction de la Une était en train de voler en éclats. C'est alors qu'en fin professionnel qu'il était, Pierre Sabbagh, responsable de la Deux, s'employa à récupérer la plupart des membres de l'équipe Desgraupes. En tant que directeur de l'information de la première chaîne, ce dernier avait, trois années durant, suscité des poussées d'urticaire chez les gens au pouvoir. Mais nul ne contestait la valeur de son équipe, Sabbagh moins que quiconque

À l'époque, je n'étais pas un novice en matière de télévision, mais presque. Même si j'avais réalisé beaucoup de reportages en région, je n'avais jamais travaillé dans une rédaction nationale. J'en aurais pourtant eu la possibilité, un ou deux ans plus tôt, alors que Pierre Desgraupes recrutait de jeunes journalistes. En 1971, alors que je me trouvais à l'aise à France Inter, il m'avait convié dans son bureau afin de faire connaissance, mais l'entretien s'était mal déroulé. Alors que je lui expliquais que je montrais quelques compétences dans ma spécialité, l'Europe, et que j'y tenais, Desgraupes avait bougonné, selon son habitude quand les choses ne se conformaient pas à ses idées :

« Moi, l'Europe, ça m'emmerde. Tu t'en occuperas si tu veux, mais à côté d'autre chose. »

Erreur de jugement. Dire à un jeune journaliste passionné par son métier que ce dont il s'occupe présente peu d'intérêt relève de la faute élémentaire. Le mépris de Desgraupes m'avait donc heurté. Comment un homme aussi intelligent que lui, de surcroît pétri de culture et fin connaisseur du monde contemporain, ne voyait-il pas que tout allait bientôt se jouer au niveau de l'Europe ? J'avais donc refusé sa proposition. Et je ne le regrettais pas. Dans ses fonctions successives, Desgraupes avait su montrer son sens professionnel et user de son autorité pour élargir la place de l'information à l'antenne et protéger sa liberté. Il avait acquis une respectabilité incontestée. Mais les défauts de l'homme étaient à la mesure de ses qualités professionnelles.

À ce moment-là, les conditions n'étaient plus les mêmes. Je connaissais Jean Lefèvre et l'appréciais. Et la proposition qu'il venait de me faire au téléphone tendait à prouver que la réciproque était vraie. Je passai donc de la grande maison ronde des bords de Seine aux studios de la rue Cognacq-Jay, avec ses couloirs tarabiscotés, ses bureaux malcommodes, son ambiance survoltée. Une nouvelle aventure commençait. Elle allait durer vingt-cinq ans. La radio m'avait fait connaître tous les délices et les contraintes de la polyvalence journalistique. Du moins le croyais-je. Lorsque j'entrai à la télévision, cette polyvalence devint frénétique. Les années soixante-dix confirmèrent en effet la naissance de l'information moderne en matière audiovisuelle. Et comme lors de toute époque de changement radical, les énergies individuelles étaient décuplées. La période que je m'apprêtais à vivre s'avérerait donc fascinante à tout point de vue.

Avec deux autres journalistes, je continuais à « couvrir » les affaires européennes, plus particulièrement dans le domaine économique, ce qui me conduisait à effectuer de nombreux reportages hors de France. Dans le même temps, je dirigeais le service de politique étrangère de la Deux, qui comprenait vingt-six personnes. J'avais trente-deux ans. Pour la première fois, j'assumais la direction d'un service. C'était ce à quoi, au fond de moi-même, j'aspirais depuis mon entrée à la radio. Enfin, histoire de ne pas courir le risque de m'ennuyer, j'acceptai de présenter le journal de vingt heures par roulement hebdomadaire avec deux confrères : une semaine sur trois.

Je sentais que le vingt heures constituait un passage nécessaire pour affirmer sa signature et mieux se faire connaître des téléspectateurs, mais l'exercice ne m'a pas amusé très longtemps. À l'époque, la marge de manœuvre du présentateur n'était pas celle qu'elle est devenue par la suite. Il était soumis à son rédacteur en chef, avait peu de prise sur le choix et la hiérarchie des sujets, et donc n'imprimait guère sa marque au journal. Or je me voulais passeur d'informations, non de plats. J'ai assumé la présentation des journaux pendant toute la période Sabbagh, mais mon intérêt essentiel n'était pas là.

Je ne tiendrais pas forcément les mêmes propos aujourd'hui, où les modes de fabrication du vingt heures ont changé. Les présentateurs actuels possèdent une autorité dans le choix des contenus dont nous étions dépourvus. Non pas que la personnalité des journalistes vedettes de l'époque, les Elkabbach, Lescure, Desjeunes et autres, ait été moins forte que celle des présentateurs d'aujourd'hui. Mais leur travail s'effectuait au sein de rédactions très exigeantes, de sorte que la signature du journal était plus collective et anonyme qu'elle ne l'est devenue ensuite. Pierre Sabbagh privilégiait d'ailleurs un principe journalistique que beaucoup de stars de la télé auraient peine à admettre aujourd'hui : « Je ne veux pas de vedette chez moi, affirmait-il. La vedette, à la télé, c'est l'écran. » J'ai toujours trouvé cette démarche éthique si forte que, plus tard, je me suis efforcé de la mettre en pratique dans mes propres rédactions et dans les émissions que j'ai réalisées.

Mais entre-temps la télé a changé, passant de trois chaînes à une offre si diversifiée que beaucoup s'y perdent. Pour exister dans un tel paysage et y prendre du relief, Patrick Poivre d'Arvor ou ses collègues en vue sont obligés de faire le journal qu'ils veulent, de le personnaliser. Non par fantaisie individuelle, mais par nécessité, pour répondre aux attentes du téléspectateur qui cherche une différence : la « griffe PPDA », le « style Pujadas », le « ton Chazal ». D'où ces écarts entre les différents journaux du midi, du soir, de la nuit, de la semaine, du week-end. Cette personnalisation s'effectue par petites touches, mais au total, indique bien les préférences d'une présentatrice ou de son homologue masculin. Un reportage fera « l'ouverture » du journal plutôt qu'un autre, une chronique élargira ou non le champ de la réflexion, un invité fera passer une opinion différente, un commentaire apportera une mise en perspective, un « sujet » plus léger donnera la ponctuation d'humour qui manquait. Certains critiqueront ce qu'ils considèrent comme une vedettarisation excessive des présentateurs des journaux télévisés. Cette évolution vers une plus forte personnalisation des journaux d'information télévisée fait l'objet de débats réguliers dans les rédactions, qui préfèrent souvent un travail plus collectif. Mais on ne peut à la fois reprocher aux journalistes de suivre en boucle les agences de presse qui tendent à formater l'information écrite, parlée et télévisée, et déplorer la personnalisation de cette même information. Ce sont les journalistes qui créent la diversité dans l'offre, et personne d'autre.

Dans ces années déjà lointaines, ce n'était pas le divertissement, le spectacle qui constituaient le cœur du système, c'était l'information, et donc les rédactions. Nous vivions sous le régime de cette exigence collective. Pierre Sabbagh connaissait d'autant mieux le métier qu'il avait été le pionnier du journal télévisé, à la caméra, à la réalisation, aux grands directs événementiels. Les jeux, les fictions, les émissions de plateau, il avait tout fait. Il jouissait donc de l'autorité et des compétences d'un véritable imperator, jovial de surcroît. Il ne laissait rien passer, une attitude que chacun acceptait de bonne grâce, car il possédait le don de la pédagogie. « Là, ça n'allait pas, tu aurais dû faire mieux... », jugeait-il lorsqu'il venait participer à la conférence du soir pendant laquelle nous faisions le « débriefing » du journal de vingt heures. Puis il nous expliquait comment nous aurions pu procéder. Nous l'écoutions, d'autant plus attentifs à ses conseils que nous formions une bande exaltée fermement décidée à battre la Une et à ne pas laisser passer une seule occasion de nous perfectionner.

Le professionnalisme de notre équipe finit par payer. Peu à peu, à force de grignoter des parts d'audience, nous nous sommes mis à inquiéter les seigneurs de la Une, mais aussi le pouvoir, qui avait cru nous marginaliser sur la « petite » Deux et se retrouvait face à des trublions de plus en plus regardés et peu contrôlables. Les magazines de société, notamment, dérangeaient en haut lieu. Entre autres sujets brûlants, nous y traitions de l'avortement ou de la peine de mort. La leçon infligée était sévère. Ce que Pierre Messmer avait essayé de mettre en place lui échappait à nouveau. La télévision était bel et bien en passe de s'affranchir des pressions politiques et de s'affirmer comme le quatrième pouvoir qu'évoquaient les sociologues. D'où les coups de gueule de certains membres de cabinets ministériels. Nous écoutions poliment et n'en faisions qu'à notre idée. Quant aux ministres, y compris celui de l'Information, ils se montraient plus discrets. Mai 68 était passé par là, et malgré les velléités de maintien d'un certain contrôle du gouvernement, quelques verrous avaient volé en éclats. Et puis nos patrons avaient appris à nous protéger. Cela n'empêchait pas les esclandres au téléphone ou dans les bureaux feutrés de la direction de la chaîne. Nous le savions, mais au total, cela ne nous affectait pas et nous poursuivions sur notre lancée, comme nous l'entendions.

Quant à moi, je conduisais le service de politique étrangère du mieux que je le pouvais, et avec un plaisir sans mélange. D'où me venait ce besoin que j'avais ressenti, très jeune, de prendre de telles responsabilités ? Était-ce si important, à mes yeux, de diriger une équipe ? Oui, parce que cela donnait à mes idées sur l'évolution de la télévision une force que je n'aurais pas eue en solitaire, dans ces époques où il fallait deux armures pour progresser : une pour défendre son indépendance, une pour faire bouger exigence de fond et modernité de forme. Ne pas avoir peur de porter au plus haut le résultat de son travail. Cette exigence me venait de la classe sociale qui m'avait élevé. Les paysans étaient durs à la peine ; ils puisaient en eux le maximum de forces pour obtenir de la terre ce qui leur était nécessaire. Ensuite, à l'école, au collège, au lycée, à la faculté, cette même exigence m'avait permis de triompher des obstacles en arrachant, non plus de la terre cette fois-ci mais de moi-même, tout ce que je pouvais en extraire. Ma ténacité vient de là. Comme tous les gens qui nagent à contre-courant de leur destinée, j'ai eu la certitude d'avoir à mener un combat de tous les instants.

Ce furent des années magnifiques, parce que je pouvais toucher à des genres différents malgré la spécificité des affaires extérieures et notamment européennes, enrichissantes parce que Sabbagh et Lefèvre protégeaient nos audaces, et parce que, aussi, nos dirigeants savaient jusqu'où tendre la corde. Fidèle à ma stratégie, je me tenais à distance de la politique intérieure dont je sentais qu'elle faisait parfois l'objet d'une certaine circonspection du pouvoir. Petit à petit, l'idée que nous marchions sur les traces de l'équipe Desgraupes prenait corps, ce qui n'était pas faux. Nous en fîmes l'expérience dans mon équipe lorsque trois semaines avant la rencontre Pompidou-Brejnev de Pitsounda, en Crimée, nous réussîmes à obtenir, malgré la vigilance du KGB, une interview du dissident Andreï Sakharov, pourtant quasiment séquestré par la terrible police politique de Moscou. Pierre Lavigne, grand reporter talentueux et obstiné, avait réalisé cet entretien dans lequel le grand savant soviétique décrivait son sort et celui de tous les persécutés de son pays. L'Élysée l'avait rapidement appris, et s'effrayait de l'atmosphère prévisible de la rencontre de deux chefs d'État : on allait selon eux au devant d'un gros incident diplomatique. Je ne sus jamais quelles furent les discussions, mes patrons souhaitant nous tenir à l'abri de cette vigoureuse pression. Nous étions abasourdis, et assez écœurés, de devoir réduire au silence sur le sol français un intellectuel héroïque qui était muselé chez lui. Héroïques, nous ne le fûmes pas, l'entretien qu'on nous recommandait de diffuser après la rencontre franco-soviétique ne le fut jamais, parce qu'il nous semblait qu'il n'offrait plus la même valeur protestataire. Comble de l'humiliation, c'est la chaîne américaine CBS qui réalisa un court entretien avec Sakharov quelques semaines après. Cette affaire nous a servi de leçon, et son souvenir conditionnera six ans après une décision que j'eus à prendre à propos du Premier ministre iranien Hoveida.

Le monde que nous avons décrit à la télévision était en pleine gestation, sur le plan intérieur en France parce que le poids des revendications sociales et sociétales précédait la décision politique dans le sillon creusé par Mai 68, mais également sur le plan extérieur.

Il y eut en premier lieu l'affaire du pétrole. Je fus expédié à Alger, où se réunissait la première conférence menaçante d'une association en plein éveil : l'OPEP (Organisation des pays exportateurs de pétrole), qui était loin d'être homogène, mais qui faisait planer la peur d'un baril de pétrole... au-dessus de dix dollars. Au moment où j'écris ces lignes, il est à quatre-vingts, et on l'annonce frôlant bientôt les cent dollars. L'Europe prit peur, la bicyclette fut ressortie, la France se lança avec autorité et un certain secret dans un programme d'énergie nucléaire sur lequel nous vivons encore en partie aujourd'hui. Pour faire bonne mesure, on incita à l'économie d'électricité, mais le mouvement dura ce que durent les contraintes chez les gens repus : quelques mois. Il y eut cependant deux conséquences importantes pour nous : l'inflation s'accéléra, et la croissance fut stoppée, avec ses séquelles connues sur l'emploi. Georges Pompidou me répéta dans une interview que jamais notre pays ne tolérerait les cinq cent mille chômeurs ; on vécut avec les trois millions pendant les trente ans suivants ! La classe dirigeante, en France comme ailleurs, en fut pétrifiée, on joua intellectuellement avec l'idée d'énergies alternatives : vous savez ce qu'il en est, encore aujourd'hui. Pour ma part, je commençai à rencontrer régulièrement les gouvernants et chefs d'État qui comptaient, en Europe, au Maghreb, en Afrique et au Proche-Orient. Parmi tous ceux avec qui j'ai eu des entretiens pour préparer des émissions de télé, ou tout simplement pour satisfaire mon inépuisable besoin de comprendre le monde, quelques personnages m'ont vraiment marqué, dans cette première partie des années soixante-dix.

D'abord, Léopold Sédar Senghor, pur produit des deux cultures, africaine et française. Il était de petite taille, se déplaçait lentement, était d'une urbanité accomplie, truffait ses développements sur l'égoïsme des pays du Nord de citations de ses amis poètes de la Sorbonne ou de Saint-Germain-des-Prés, les surréalistes notamment. Il se dégageait de lui beaucoup de sérénité, de malice, et ses rares méchancetés verbales avaient de la classe. Il fut le premier à me faire toucher du doigt ce que veut dire la misère, et à prédire qu'un jour, les pays riches seraient le voyage ultime des Africains faméliques, enfermés dans la misère. « Vous serez impuissants, vous aurez beau bâtir des barrières, rien n'y fera. Il faut aider les Africains avant qu'il ne soit trop tard », prophétisait le sage Senghor.

Tous les gens raisonnables sentaient bien que c'était une vérité, mais aucun plan massif et maîtrisé ne fut mis en place ; le sida vint s'ajouter à la malnutrition au milieu des années quatre-vingt, et quand vous lirez ces lignes, des dizaines de milliers de miséreux succéderont à d'autres cohortes de pauvres dans l'Ouest africain, attendant des embarcations de fortune gérées par des trafiquants dans l'espoir de rejoindre une des îles qui forment la proue de l'Europe : Malte, Lampedusa, les Canaries, et les enclaves de Ceuta et Melilla. Durant ces voyages de la nuit, beaucoup se seront noyés. Le monde est plein d'armes, les bourses mondiales regorgent de fortunes artificiellement créées par l'évolution des cours, mais la mort des crève-la-faim a sans doute encore un bel avenir. Pourtant, nous savons un peu ce que c'est, nous Européens, que d'être aidés après la destruction. Que serions-nous devenus sans le plan Marshall, après la Seconde Guerre mondiale ? Les États membres de la première Europe, celle des Six (dont la France et l'Allemagne au premier chef) auraient constitué un laborieux conglomérat de pays de seconde zone, avec une industrie, une agriculture et un commerce faibles, largement dépendants de leurs importations. C'est à cette projection qu'il faut songer pour se souvenir de la dette envers les États-Unis, mais surtout pour évaluer les solutions d'aide à l'Afrique, non pas à leurs gouvernements souvent corrompus, mais à des projets financés et contrôlés en direct, de nature à fixer une élite et une main-d'œuvre.

Senghor se retira des affaires au milieu des années quatre-vingt, confia le pouvoir à celui qu'il avait choisi pour Premier ministre, Abdou Diouf, un géant taciturne de près de deux mètres dix devenu aujourd'hui le grand patron de la francophonie, puis s'installa dans son petit manoir de Normandie avec son élégante épouse. J'ai continué à aller voir de loin en loin le Sage, et suis triste qu'à sa mort les plus hautes autorités de l'État ne soient pas venues l'honorer pour ses obsèques. De tous les dirigeants africains que j'ai rencontrés, Senghor est celui qui m'a fait le mieux comprendre que l'Afrique était aussi au Nord, puisque le Nord était en Afrique, que nos sorts étaient liés, et qu'il fallait en tirer de nouvelles conséquences pour le développement et la stabilisation d'un continent aujourd'hui exsangue.

Un autre grand leader est l'Égyptien Anouar el-Sadate. Pour être franc, je n'avais jamais entendu parler de lui avant ce jour de novembre 1970 où plusieurs millions de Cairotes firent flotter le cercueil de Nasser au-dessus d'une marée humaine. Un conseil de commandement s'était formé pour nommer son successeur, et ce fut Sadate. Les commentateurs disaient que les militaires avaient choisi le plus pâle, qu'il ne tiendrait pas longtemps. Il ne tarda pas à démontrer le contraire, en écartant ses rivaux, en nouant des contacts avec l'Occident, en expulsant d'Égypte quelques milliers de « conseillers » soviétiques qui se croyaient chez eux, à la barbe du Kremlin qui ne broncha guère. Après quoi, il se lança dans une politique équilibrée entre l'Est et l'Ouest, planifia des grands travaux, et, surtout, envoya à son rythme des signaux en direction d'Israël afin d'apaiser une tension qui durait depuis 1967, et avait valu à cette région deux guerres meurtrières et humiliantes pour le monde arabe. Je lui rendais visite une à deux fois par an, l'entretien durait parfois des heures, le temps ne comptait pas pour lui. Il me déclara un jour qu'il attendait tout de l'Europe, qu'elle devait s'ériger en puissance négociatrice au Proche-Orient, qu'il ne voulait pas se retrouver dans un tête-à-tête dangereusement vassal avec Washington, et que la France avait un pouvoir de paix dans sa région. Ni la France ni l'Europe ne furent hélas en pointe au Proche-Orient. Un jour, il m'emmena dans son hélicoptère visiter les travaux impressionnants du barrage d'Assouan, et l'aménagement hydraulique de la vallée du Nil. Sa pipe éternellement vissée au bec, il expliquait l'avenir fertile de cette région du fleuve, et le rêve de puissance qu'il avait pour son pays dans la géopolitique régionale.

Mon meilleur souvenir fut lors de sa deuxième visite en Israël. Un an après son discours au Parlement israélien, il revenait en Terre sainte, non plus pour proposer la paix, mais pour la faire. Son interlocuteur était Menahem Begin, vieux soldat comme lui, dirigeant madré, petit de taille et presque chétif, le regard caché derrière des carreaux, parlant peu, mais un homme de poigne qui avait appris dans le « terrorisme » le prix de la terre conquise. Cette nouvelle rencontre avait eu lieu à Haïfa, sous un merveilleux soleil d'automne. Avec mon équipe, nous avions demandé une heure de débat entre les deux leaders. Les Israéliens, dont les services de sécurité étaient sur les dents, n'étaient pas très chauds, et ce fut le président Sadate qui convainquit le Premier ministre Begin. Ils débarquèrent à la mi-journée sur une pelouse où nous avions placé nos caméras, s'assirent chacun devant son drapeau, et l'émission fut enregistrée : quarante-cinq minutes où l'un et l'autre se prononcèrent sur l'avenir du Proche-Orient, les efforts à accomplir, leur foi en la paix comme seule issue possible ; deux hommes d'État qui débattaient ensemble pour la première fois – et d'ailleurs la dernière. L'émission fut diffusée en France avec un succès moyen, mais elle fit le tour du monde. Trois ans après, Sadate était assassiné.

Dans la liste de personnages qui peuplent mes notes, mes documents et carnets, figurent deux personnalités iraniennes que l'angélisme occidental rangea vite aux oubliettes, avant de déchanter.

Le premier était le shah d'Iran. Il régnait en despote plus ou moins éclairé sur un pays immense, tenait la dragée haute aux Occidentaux, à qui il délivrait souvent des leçons de géopolitique reçues avec agacement, vivait dans des fastes d'un autre âge, et faisait peser sur toute forme d'opposition une police de sinistre réputation, dont les crimes ne furent oubliés qu'à cause de la dictature sanguinaire et aveugle imposée au pays par les mollahs. L'Occident le courtisait, parce qu'il détenait des réserves de pétrole parmi les plus importantes du monde, et qu'il freinait les ardeurs des dirigeants arabes rangés dans le camp des nationalistes peu ou prou liés à Moscou. L'argent du pétrole lui servait à développer des infrastructures, écoles et hôpitaux, mais surtout à mettre sur pied une armée dont il était fier, qu'il voulait hisser au rang de troisième force mondiale. Il prédisait que les dirigeants nationalistes, les islamistes et les soviétiques qui recherchaient un passage vers les mers chaudes n'hésiteraient pas à déstabiliser la région, mettant au passage à genou les économies occidentales. C'était un homme aussi arrogant que timide, qui avait une puissante mémoire et n'oubliait rien. En particulier, il ne pardonnait pas aux Britanniques et à leur industrie pétrolière d'avoir fomenté un coup d'État qui le chassa du pouvoir une première fois, quelques années après qu'il avait succédé à son père.

Chaque fois qu'il me recevait en son palais des hauteurs de Téhéran, le cérémonial était le même : des services de sécurité omniprésents, des conversations très organisées sur la montée de l'arme pétrolière, l'inconstance de l'Occident selon lui, la duplicité ou la faiblesse de Washington et, comme Sadate, l'inexistence diplomatique de l'Europe, que lui aussi aurait souhaitée plus forte. Puis, parfois, son épouse Farah Diba nous rejoignait pour un déjeuner auquel il ne manquait qu'un peu de simplicité. C'était un homme d'une volonté de puissance totale, il m'intéressait par son rôle de gardien orgueilleux et inflexible, je n'ignorais pas la dureté de son régime, et à chaque fois que je l'évoquais, il balayait d'un revers de main mes arguments souvent tirés des rapports d'Amnesty International, qui n'étaient pas tendres. J'eus assez rapidement l'impression qu'il modernisait l'Iran à marche forcée, et que la corde était si tendue qu'elle pouvait casser : le pays vivait sous la loi des mollahs bien plus qu'il ne se l'avouait, et ceux-ci ne voulaient pas d'une occidentalisation de leur vie et de leurs mœurs, et ils ne voulaient surtout pas perdre leur pouvoir.

Son homme de confiance était le Premier ministre Amir Abbas Hoveida. Aussi altier était le port de Reza Pahlavi qui s'était fait couronner empereur, aussi rondouillard était Hoveida. C'était une sorte d'Edgar Faure, un esprit pointu, rusé, dans un corps de bon vivant. Son français, appris à Paris, était parfait, il parlait au moins quatre langues, et ne se lassait pas de me faire la pédagogie de la région selon ses vues, ses dangers, son avenir prometteur. Quand je lui demandais des précisions sur tel récent agissement de la Savak, la redoutable police secrète, il baissait la voix d'un ton, ne niait pas ses atrocités, me faisait comprendre que la police, c'était l'affaire « du palais », disait que leurs adversaires étaient dangereux, islamistes d'un côté, communistes de l'autre, et seraient bien plus cruels si d'aventure ils parvenaient au pouvoir. Il me parla, bien avant que son nom ne fasse la une de l'actualité, d'un certain ayatollah Khomeini réfugié derrière la frontière kurde, d'où il inondait l'Iran de cassettes audio contre l'Occident et le shah. Hoveida était passionnant, me recevait soit à Téhéran soit à Paris, où il venait très souvent.

En 1979, la révolution des mollahs eut raison du shah, qui dut une nouvelle fois s'exiler, fut lâché par tous ceux qui l'avaient courtisé, la France comprise, qui avait hébergé à Neauphle-le-Château, près de Paris, Khomeini et sa cour. L'empereur déchu partit d'abord aux États-Unis, qui le tinrent à distance, puis en Amérique centrale, avant de venir mourir d'un cancer en Égypte, où Sadate acceptait de l'héberger. Hoveida connut un sort encore plus tragique, j'y reviendrai plus loin. Le shah était allé trop vite dans sa volonté de faire entrer l'Iran dans l'ère moderne, il avait sous-estimé le poids des religieux, le frein de la tradition, surtout dans les campagnes de ce splendide pays. Il avait aussi été victime du double jeu américain qui voyait en lui un allié incommode, et l'avait déstabilisé lors d'une visite à Téhéran du président Carter et de son secrétaire d'État, au Nouvel An qui précédait l'abdication de l'empereur. La nuit allait s'abattre sur l'Iran. La manne du pétrole finança une longue guerre contre l'Irak qui fit des millions de morts. Et l'on voit aujourd'hui la tentation totalitaire de ce pays, qui finance des organisations terroristes à vocation mondiale, sombre dans le révisionnisme le plus abject et veut se doter de l'arme atomique, quoi qu'il prétende.

En Europe, l'homme public pour lequel j'ai éprouvé le plus d'attachement fut le Luxembourgeois Pierre Werner, alors chef du gouvernement de son pays. Il y avait l'homme, son style, et sa politique. Werner était un vrai grand Européen. Au Luxembourg, les dirigeants le sont presque tous, à des nuances près : le pays tire sa force des banques, et de sa vocation fervente pour plus d'intégration européenne. Le Premier ministre des années soixante-dix se situait en plus à un carrefour de l'histoire de notre communauté. Allait-on se contenter d'un marché commun, trouverait-on la voie d'une accélération avant même qu'un élargissement à de nouveaux membres rende cette machine ingouvernable ?

Avec le soutien de ses pairs, dont le président français Giscard d'Estaing et le chancelier allemand Helmut Schmidt, il fut chargé de mettre sur pied un plan d'unification économique et monétaire qui constitua la véritable rampe de lancement de l'euro quelque vingt ans plus tard. Il administrait la preuve que, en Europe, on ne peut pas parler de grands ou de petits pays en termes de poids politique, mais plutôt de grands Européens, et des autres. Ses successeurs lui ont d'ailleurs emboîté le pas, et parmi eux l'actuel chef du gouvernement, l'excellent Jean-Claude Juncker. Mes rapports avec Pierre Werner étaient fréquents, riches, et d'une grande simplicité. Car il était un homme modeste, pénétré de cet humanisme aux racines chrétiennes issu en droite ligne de son illustre voisin, le Mosellan Robert Schuman, un des pères fondateurs de l'Europe. Quand j'avais besoin de comprendre, d'aller chercher de l'information plus profonde que les déclarations ou effets d'annonce, je lui téléphonais. Parfois, c'est lui qui décrochait, et il me faisait une place sur son agenda très rapidement. À écouter ses analyses, j'avais le sentiment que la grande aventure de la construction européenne irait vite, je comprenais le fond des dossiers, et il m'insufflait également une sorte de foi dans ce projet.

Quand notre rendez-vous se prolongeait un peu tard, un coup de fil chez lui, et nous terminions cette discussion à la table simplissime et accueillante de Mme Werner, où trônait comme par hasard un petit vin de Moselle. Leur fils Jean avait été mon compagnon de chambrée à la cité universitaire de Nancy, ceci facilitait sans doute cela. Ces gens-là restent dans mon cœur, enrobés d'une dose d'affection. Vous imaginez un journaliste en France, appelant Matignon, obtenant directement le Premier ministre, et le rencontrant quelques heures plus tard ?

Et puis, il y eut Willy Brandt. Élu une première fois en 1968, réélu en 1972, il ne terminera pas son mandat, se sentant contraint de démissionner après une sombre histoire d'espionnage. Elle incriminait un de ses collaborateurs à la chancellerie, Günter Guillaume, qui allait ouvrir une longue liste de révélations et de scandales, tous destinés à torpiller la fameuse Ostpolitik, la politique que le chancelier avait décidé de pratiquer avec l'Allemagne de l'Est, afin de faciliter les relations entre les deux Allemagnes, notamment pour réunir les familles séparées par le mur de Berlin. Ce mur impitoyable, je l'avais souvent vu ; nombre de ceux qui avaient essayé de le franchir d'est en ouest furent abattus par les « *opos* ».

Je n'étais pas un familier du chancelier, mais j'avais appris à le connaître par son ministre des Affaires étrangères, l'affable Walter Scheel, président du parti central FDP, et par Mme Ruth Brandt, son épouse, qui facilita mes demandes. Brandt était impressionnant par la relative rareté de sa parole, il se déplaçait d'une façon hiératique malgré une taille moyenne, front dégarni et cheveux coiffés en arrière, prenait son temps pour vous répondre, et parlait d'un ton monocorde mais quasi solennel. Clairement, cet orphelin résistant qui avait passé sa guerre dans les pays nordiques avait l'intuition que, un jour, le mur tomberait. Je ne sais s'il sentait possible une réunification, mais son passé d'Allemand irréprochable lui donnait de l'autorité.

Le 10 décembre 1970, il désarma toutes les critiques en un geste stupéfiant : il alla s'agenouiller sur la dalle érigée à Varsovie en mémoire des victimes juives des nazis, ceux du ghetto et tous les autres, demanda pardon au nom de la nation allemande, ce qui lui valut un surcroît de respect. De ma demi-douzaine de rencontres avec lui, j'emportai le sentiment qu'il était européen lui aussi, mais que ce n'était pas un but, seulement un moyen : celui d'arrimer à l'Ouest les projets stratégiques qu'il entreprenait à l'Est. En Europe, plusieurs dirigeants le tenaient pour suspect : n'allait-il pas un beau jour, avec la théâtralité grave qui était sa marque, nouer une alliance avec Moscou, alors que la guerre froide se développait de plus en plus ? Georges Pompidou s'en méfiait. Un jour où je croisai le président français à la faveur d'une cérémonie à l'Élysée, il fonça sur moi, et me balança, sourcils froncés et voix rauque : « Votre chancelier, jusqu'où ira-t-il ? » Puis il tourna les talons. C'était quelques jours après la diffusion d'une interview de Willy Brandt qu'il n'avait pas digérée.

Beaucoup d'autres dirigeants, chercheurs, spécialistes du monde de l'économie auquel je me suis toujours intéressé de près, intellectuels de renom ou plus anonymes, et grands artistes, m'ont enrichi l'esprit, et m'ont nourri d'une culture du monde contemporain qui ne se trouve pas dans les livres. Si je n'en fais pas l'inventaire dans ces lignes, c'est que j'ai plus à cœur de faire comprendre comment je suis devenu qui je suis, que d'étaler un bottin mondain. Un peu comme un compte rendu à ceux qui, tout au long de ma vie professionnelle, m'ont fait confiance et dit leur estime par le seul biais de mon travail alors que, me devinant, ils ne me connaissaient pas. Et pour dire aussi quelle jubilation fut cette période où il m'était confirmé que je travaillais pour continuer d'apprendre, et que j'apprenais pour améliorer mon travail.

Quelle que soit la raison, j'aime agir, comprendre comment les êtres et les choses fonctionnent, pénétrer au cœur des systèmes. Pour moi, la direction d'une équipe reste un moyen de faire avancer les choses plus vite, ce n'est jamais une fin en soi ; un travail enrichissant, à la fois libérateur et frustrant : j'ai du bonheur à contempler les résultats du travail d'une équipe, je n'en ai guère à regarder les miens.

La cour des grands

Les trois années suivantes furent des années de responsabilité, mais aussi de nouveaux apprentissages.

Je veux d'abord raconter un moment émouvant. Le 22 décembre 1973, je réalisai un nouvel entretien télévisé avec Georges Pompidou. Il portait essentiellement sur les affaires internationales, lourdes d'incertitudes. Les États-Unis menaient depuis deux ans une sorte de guerre contre les monnaies européennes. Convertibilité de l'or, réserves de devises, dévaluations, la bataille était dangereuse pour nos économies. Pour Washington, il s'agissait bel et bien de doper ses exportations et de créer une instabilité, une perte de confiance envers le mark allemand et le franc français, donc de saper les économies de notre continent. Sur fond de hausse du chômage, de crise pétrolière, les pays européens traversaient un passage difficile, et ils avaient inventé une parade sophistiquée : le serpent monétaire. En gros, cela signifiait que les membres de la Communauté économique, la CEE en vigueur à l'époque, s'entraidaient quand leurs monnaies étaient attirées en deçà d'un cours plancher ou au-delà d'un seuil plafond par rapport à la valeur du dollar, monnaie impériale de cette période.

La veille de l'enregistrement de l'interview, j'avais rencontré le président pendant un long moment, afin de préparer cette émission. Il m'avait paru plutôt décontracté, résolu à dire son fait à Nixon et à rassurer l'opinion. Le lendemain, ce n'était plus le même homme : replié sur lui-même, sombre, presque détaché. Pendant les ajustements techniques préliminaires, pour le son et la lumière, je l'entraînai dans des questions sur les années à venir. Et à chacune d'entre elles, après quelques vagues explications, il lançait, le regard perdu vers l'horizon, quelques variantes de cette phrase : « Vous êtes jeune, vous ! » Cette plainte me mettait mal à l'aise : était-ce une allusion à mes trente-trois ans, était-il fatigué ? Que voulait-il insinuer par ces mots débités avec nostalgie ?

Je n'ai compris que bien plus tard qu'il ne s'agissait pas de moi : l'homme bouffi de médicaments que j'avais devant moi se savait condamné, comptait dans sa tête les mois ou les années qu'il lui restait à vivre, sans pouvoir en parler, puisqu'un chef d'État est constamment épié. Je ne comprenais pas, intoxiqué comme toute la presse française par les fables qu'on nous racontait sur sa santé pourtant compromise par une maladie des os que les communiqués de l'Élysée habillaient régulièrement en mauvaise grippe. Pourtant, quelques mois plus tôt à Reykjavík, un ami recruté dès sa sortie de l'université comme analyste par la CIA m'avait averti : « Ton président est très malade, nous en avons la preuve ! » Et de fait, l'image de sa descente d'avion à l'arrivée en Islande était catastrophique. Pompidou s'accrochait péniblement à l'échelle de coupée, en s'appuyant sur le rebord, jusqu'à rejoindre sur le tapis rouge, d'un pas hésitant et lent, un Richard Nixon bronzé, sans manteau ni écharpe malgré le froid ambiant. Mais on parla ce jour-là de mauvaise grippe, et tout le monde s'en tint à cette version.

Après mon interview, Georges Pompidou changea d'attitude, sembla recouvrer plus de forces, m'entraîna vers le salon attenant, me proposa une boisson, alla se servir lui-même un whisky et reprit la conversation. Ce fut la dernière fois que je le vis en tête à tête. Je sais que la question de la vérité sur la santé des gouvernants est difficile à trancher, mais le même mensonge d'État nous tint lieu d'information pendant les quatorze années de règne du président Mitterrand, qui apprit pourtant quelques mois seulement après son élection qu'il était atteint d'un cancer. La France ne le sut que quelques mois avant la fin de son deuxième mandat. Quel pays !

Georges Pompidou se sentait très mal, souffrait atrocement et, dès les premières semaines de 1974, dut décommander plusieurs rendez-vous officiels incombant à sa charge. Le vendredi 31 mars, il voulut aller se reposer pour le week-end dans sa maison de campagne d'Orvilliers, dans les Yvelines. Sa maladie avait empiré, et il fut ramené dans son appartement parisien de l'île Saint-Louis au seuil de la mort. Ce n'est que le mardi soir, pendant *Les Dossiers de l'écran*, que les Français interloqués virent apparaître un bandeau au bas de leur téléviseur annonçant : *M. Georges Pompidou, président de la République, est mort.* Le pays en fut choqué, car partisans ou adversaires de sa politique reconnaissaient en lui un homme de caractère, d'une profonde honnêteté, qu'une voix rauque de fumeur et un langage facilement railleur avaient rendu populaire. Une époque se terminait, une nouvelle ère allait commencer, et la radio-télévision allait être bouleversée elle aussi.

Jacques Chaban-Delmas annonça aussitôt sa candidature à l'Élysée, pendant que les grands de ce monde assistaient au service funéraire à Notre-Dame de Paris, ce qui produisit un très mauvais effet. Il fit une mauvaise campagne, un peu comme s'il n'y croyait pas lui-même. Valéry Giscard d'Estaing, encore ministre des Finances, confirma sa candidature presque naturellement. On poussa le Premier ministre Pierre Messmer à faire de même, mais il se retira vite, tandis que François Mitterrand se lançait derechef dans la bataille, doté cette fois d'un puissant Parti socialiste. Jacques Chirac, qui savait où il voulait aboutir, concocta depuis son ministère de l'Intérieur, où il venait d'être nommé, un manifeste signé par quarante-trois députés gaullistes, défiant Chaban et appelant les électeurs à voter Giscard. Il prenait ainsi une sérieuse option sur le fauteuil de Premier ministre, si cette équipe gagnait. Ce qui fut le cas. Giscard s'installa « à la barre », selon sa formule de campagne, et Jacques Chirac descendit dans la soute : entendez Matignon. Giscard commit sa première erreur en conservant la majorité précédente : elle avait rejeté Chaban, elle n'allait pas tarder à freiner le nouveau président, et à lui mesurer de plus en plus chichement son soutien.

Quels étaient mes rapports avec le nouveau pouvoir ? À vrai dire, ambigus, car il y avait plusieurs Giscard. D'un côté, le Giscard international, le ministre des Finances héritier d'un grand argentier du général de Gaulle, Wilfrid Baumgartner, dont il fut vers la trentaine secrétaire d'État. Puis le Giscard nommé par le même général, patron de « Rivoli », avant que ce ministère qui gouverne tout en France ne déménage à Bercy. Mais aussi le Giscard qui avait défié de Gaulle lors du référendum sur la réforme des Régions et du Sénat, avec son fameux « oui, mais ». Le Giscard de la politique économique et monétaire européenne en crise, lui, m'était connu, et je l'étais de lui. J'étais assidu à Bruxelles, mes commentaires ou reportages étaient régulièrement diffusés sur ma chaîne, et cette matière prenait de plus en plus de place dans les journaux. À Londres, Rome, Luxembourg, Bruxelles évidemment, mais aussi Washington et même Tokyo ou Kuala Lumpur, et naturellement Paris, où il attirait les grandes conférences internationales, je le voyais, nous discutions un peu, et il se battait avec l'énergie d'un seigneur qui en a sous le pied, plus exactement dans les neurones. Quand ces marathons souvent dramatisés se terminaient, entre minuit et quatre heures du matin, Giscard faisait merveille : jamais fatigué, un art consommé pour vous expliquer le problème de telle sorte qu'à la fin, vous en oubliiez la question, tant il excellait dans l'art de vous rendre intelligent. Pas tout à fait autant que lui, ça aussi il savait vous le faire comprendre, mais après tout, chacun a sa place. Un jour où je me trouvais à Bonn, capitale fédérale de l'Allemagne avant que la réunification ne la ramène à Berlin, je reçus un coup de téléphone de mon directeur de l'information :

« Nous avons une interview de Giscard dans le journal de vingt heures, il aimerait que ce soit vous qui l'interrogiez. Vous avez un avion dans une heure, vous arriverez à dix-huit heures, et à dix-neuf heures, nous la mettons en boîte ! »

Ne soyez pas étonnés : partout à travers le monde, aujourd'hui encore, les entretiens se négocient. On vous dira le contraire, on fera les fanfarons, mais c'est la réalité ! Jusqu'à Londres ou Washington, on discute de qui fera quoi. Je ronchonne, parce que je dois annuler mes rendez-vous avec les dirigeants de la CDU, le solide parti de l'opposition au chancelier Brandt, qui s'apprête à lui lancer dans les jambes son chef, Rainer Barzel, avec quelques chances semble-t-il. Mais à Paris, tout le monde s'en moque, l'urgence, c'est Giscard. J'obtempère, me retrouve à Orly et une heure plus tard devant le ministre des Finances. Il me donne l'impression qu'il n'attendait que moi, et me dit avec un sourire charmeur : « Mais, on ne m'avait pas dit que vous étiez en Allemagne ! »

Il avait préparé ses petits croquis sur des cartons avec feutres de couleur et trépieds ; il justifia l'inflation, fut brillant, encore qu'un peu long, comme me le fit remarquer perfidement ma hiérarchie. Sur le plan de la politique intérieure, il avait organisé, en octobre 1973 à l'Unesco, une remarquable réunion de deux jours présidée par des réformateurs démocrates du centre-gauche venus de toute l'Europe. Le Premier ministre réformateur suédois Olof Palme, le président du Club de Rome (un visionnaire des relations avec l'hémisphère Sud), des intellectuels de la deuxième gauche française et Françoise Giroud, entre autres, présidaient les réunions. Nous n'étions pas loin du mendésisme. Imaginez un pays dirigé par Pompidou qui s'était débarrassé dix-huit mois auparavant du réformateur Chaban, gouverné par le classique Messmer, et dont le numéro 2 du gouvernement s'offrait tout à coup une vaste réflexion publique sur les réformes à effectuer. Car tout y était : les femmes, la contraception, l'avortement, les prisons et la peine de mort, l'âge de la majorité, la drogue, l'aide au tiers-monde. Du grand travail, attestant d'une vraie volonté de changement, qui brouillait le jeu de la droite, donnait des boutons à la gauche réformatrice, et constituait la rampe de lancement de l'idée du gouvernement au centre. Avec en outre Jean-Jacques Servan-Schreiber en embuscade, qui assurait la promotion de cette volonté de changement dans son hebdomadaire *L'Express*, un des trois grands hebdomadaires d'information de ces années.

Il souffla donc sur la France un vent de jeunesse, une fringale de réformes que le nouveau gouvernement conduit par Jacques Chirac entreprit de satisfaire, sous l'exigence sourcilleuse du nouveau président. Parmi elles, la refonte de la radio-télévision, évidemment.

Il faut dire que depuis le début des années soixante-dix, cet outil d'information, de distraction et de culture appartenant d'abord aux Français avait été secoué par des crises politiques. Après le limogeage de Chaban, Pompidou avait fait nommer à la tête du puissant ORTF un député de ses amis qu'il croyait raisonnable, Arthur Conte, élu catalan qui roulait les *r* d'une manière truculente. Mais « Arthur », comme nous l'appelions, se prit au jeu, se mit à défendre ses équipes contre les interventions de tout poil, et s'offrit un esclandre public savoureux avec un incertain ministre de l'Information du nom de Philippe Malaud, qui s'était permis de traiter de « maboules intellectuels » tous ceux qui ne partageaient pas ses vues. Or ses vues étaient réactionnaires, et son attitude stupide. Arthur Conte pensait pouvoir exciper de ses bonnes relations avec le président de la République pour envoyer paître les fâcheux : mais au bout de quelques mois, ce fut lui qui sauta.

On le remplaça par un grand commis d'État, inconnu du grand public et de la majeure partie d'entre nous : Marceau Long. L'homme était intelligent, se révéla habile, discret, et fit par la suite une très grande carrière dans la haute fonction publique, grâce à son incontestable droiture et sa grande hauteur de vues. C'est à lui qu'échut la lourde tâche d'appliquer la réforme que la nouvelle équipe au pouvoir avait en tête, dans un climat délétère, tellement l'instrument audiovisuel avait été ballotté et malmené par des crises successives qui avaient toutes la même origine : l'intrusion incessante du pouvoir politique et de ses petites mains zélées dans la marche de la radio et de la télévision publiques. Il fut donc décidé de scinder l'office en autant d'établissements nouveaux qu'il y avait de fonctions. Ainsi allaient naître, sous la forme d'entreprises commerciales à capitaux strictement publics, TF1, Antenne 2, France Régions 3, Radio France, l'Institut national de l'audiovisuel pour les archives, avec un peu de production et de la formation, TDF pour les instruments de diffusion, c'est-à-dire les émetteurs et les futurs satellites, la Société française de production, héritière des célèbres « Buttes-Chaumont », de ses émissions prestigieuses, de ses remarquables équipes rompues aux grands directs et de son bouillonnement syndical réputé immaîtrisable, et qui ne fut d'ailleurs pas maîtrisé puisque les grèves de cette deuxième moitié de 1974 partirent de là, et gagnèrent progressivement tout l'audiovisuel. Mais le 7 août, la réforme fut votée, une nouvelle page allait s'ouvrir.

C'est de loin que j'allais suivre la mise en place de cette réforme. Une autre crise couvait, et j'allais me retrouver détaché à Washington pour la suivre : le scandale du Watergate, du nom d'un bâtiment assez laid où une équipe de pieds nickelés s'était fait prendre après avoir cambriolé l'état-major du Parti démocrate en pleine période d'élections. Ces monte-en-l'air n'étaient pas n'importe qui, puisqu'on apprit qu'il s'agissait d'agents des services secrets américains, que des « conseillers » du Parti républicain et de la Maison-Blanche avaient recrutés pour de basses besognes qui allaient finir par coûter très cher à l'administration Nixon. L'affaire couvait depuis deux ans, car elle avait été imaginée lors de la campagne électorale de 1972 à la suite de laquelle Nixon avait été réélu, mais il ne se passait pas de jours sans que la presse, et surtout le *Washington Post*, qui avait sorti le scandale, ne publie de nouvelles révélations signées conjointement par deux remarquables limiers dont le nom a fait le tour du monde : Bob Woodward et Carl Bernstein. L'affaire avait commencé de la manière la plus bête : le concierge de l'immeuble, un certain Frank Mills, avait constaté l'effraction des bureaux, l'avait signalée à la police, laquelle commença son enquête sans savoir qu'elle venait de mettre les pieds dans une crapulerie intolérable qui allait ébranler l'Amérique et stupéfier le monde.

En ce début d'été 1974, il faisait une chaleur accablante sur la capitale fédérale, mais la météo orageuse n'était pas la seule à alourdir l'atmosphère. Pas un dîner, pas une conversation, pas un journal qui ne tourne autour de cette poisseuse affaire. Je m'étais d'abord installé sur Wisconsin Avenue, qui sépare l'État où se trouve Washington DC de celui de Virginie, guidé par un bon confrère qui m'avait recommandé d'être attentif aux mouvements du locataire d'une villa voisine. Ce n'était autre que le procureur Jaworski, qui instruisait la procédure, un homme réservé qui partait travailler aux aurores et rentrait chez lui en début de soirée, en bon père de famille, pour donner un coup de tondeuse à sa petite pelouse. Chaque matin, je surveillais son départ, et fonçais derrière lui pour voir qui il allait recevoir, s'il allait quitter son bureau pour un « transport de justice » ou non. Mais ceux qui me rendirent les plus grands services furent les gens du *Post*, comme on les appelait avec snobisme.

Ce quotidien était devenu La Mecque des journalistes du monde entier, et allait le rester pour une génération. Pensez : des reporters qui ébranlent « la présidence impériale », selon la formule d'un politologue respecté, alors que l'équipe Nixon est en train de mettre un terme à la guerre contre le Vietnam et le Cambodge par des pourparlers secrets en banlieue parisienne ! Impensable ailleurs, en tout cas en France : le scandale déclenché par la mise en place d'écoutes téléphoniques dans les bureaux du *Canard enchaîné* par des « plombiers » à la solde du pouvoir, destinées à connaître à l'avance les révélations du journal et surtout à identifier ses informateurs, n'avait pas vraiment prêté à conséquences ! Ce fut d'abord le directeur de la rédaction du *Post* qui me reçut, à plusieurs reprises. Ben Bradley était un bel homme, taille moyenne, voix grave, une abondante chevelure poivre et sel ramenée sur le côté. Il avait été longtemps en poste à Paris pour son journal, parlait un français très convenable et me demandait à chaque fois des nouvelles de tel ou tel ami de la presse parisienne. Il m'invita à dîner avec la propriétaire de cette publication, l'impressionnante Katherine Graham, femme au port altier, pur produit de l'aristocratie de la côte Est, qui m'expliqua les pressions qu'elle subissait, et qu'elle faisait illico publier dans le *Post*, de telle manière qu'elles cessaient rapidement.

Carl Bernstein me prévint un soir que la procédure d'*impeachment* (« destitution ») allait être déclenchée. Mais le président prit les devants, pour éviter cette humiliation suprême. Coincé par ses mensonges, sa garde rapprochée prise dans les filets de la justice (Bob Haldeman et John Erlichman, qu'on appelait « les Prussiens »), Nixon apparut finalement à la télévision dans un discours pathétique qu'il conclut par *« I shall resign »*, « Je démissionne ». Et le lendemain, en fin de matinée, il s'en alla, sans autre forme d'adieu, devant le personnel de la Maison-Blanche massé aux fenêtres ou réuni sur la pelouse et toute la presse. Je n'oublierai jamais la mine accablée de l'ex-homme le plus puissant du monde, essuyant furtivement des larmes, soutenu par sa femme Patricia, marchant le dos voûté sur un étroit tapis rouge pour gagner l'hélicoptère qui l'éloignerait une dernière fois du bureau ovale qu'il avait mis toute sa vie à atteindre. Au moment du décollage de l'appareil, on vit derrière le hublot une main hésitante faire un dernier signe. La démocratie américaine avait chassé « tricky Dicky », Richard le tricheur. Son vice-président, Gerald Ford, lui succéda ; il fut à la hauteur de ce que les journaux prédisaient de lui : falot et maladroit. Un beau jour, il se prit les pieds dans le tapis en descendant d'*Air Force One*, l'impressionnant avion des présidents américains, et se cassa la figure. Une plaisanterie commença alors à courir : « Ford, c'est celui qui ne peut pas à la fois mâcher du chewing-gum et marcher dans la rue. » Washington n'a pas de leçon de cruauté à recevoir de Paris. Là où siège le pouvoir, rôde la férocité.

Je partageai le reste de l'année entre des reportages en Europe et au Proche-Orient, la conduite de notre service de politique étrangère et mon tour de présentation des journaux. À vrai dire, l'ambiance était irrespirable au sein de la rédaction : dirigeants ou journalistes essayaient de faire leur métier du mieux possible, mais l'harmonie de l'équipe et son goût de la compétition n'y étaient plus. Les dirigeants se savaient sur le fil du rasoir, certains prenaient des gages auprès des nouveaux maîtres, d'autres jouaient les martyrs parce qu'ils avaient comploté en sous-main, et la rédaction était tendue, dans un univers audiovisuel traversé par des grèves de protestation contre le démantèlement de l'ORTF. On se surveillait mutuellement, on se mit à parler de listes de journalistes qui déplaisaient au nouveau gouvernement ; quelques-uns quittèrent effectivement leurs fonctions. Plusieurs centaines d'employés, des agents administratifs essentiellement, durent accepter une préretraite, n'étant pas « repris » dans les nouvelles sociétés. Méthodes louches, sale période où l'on vit un conseiller du nouveau ministre de l'Intérieur se vanter de tenir des comptes, affirmant sans vergogne sa connivence avec l'Élysée.

Trente ans s'étaient écoulés depuis la Seconde Guerre mondiale, les grandes démocraties comme les États-Unis, le Canada, la Grande-Bretagne et même l'Allemagne avaient réglé depuis longtemps, chacune à sa manière, le problème épineux de la relation entre gouvernement et chaînes publiques ou privées. La France figurait dans ce concert de nations puissantes et modernes, sauf sur ce point. Le pouvoir se mêlait moins directement d'audiovisuel que sous le gaullisme, mais couper définitivement le cordon lui était insupportable. Dans ce climat, fabriquer des journaux télévisés devenait parfois pénible, la suspicion s'installait entre les groupes tentés par la grève et les autres. Pourtant, la loi était bel et bien en vigueur, les décrets d'application ne tardèrent pas à sortir. TF1 trôna à Cognacq-Jay, Antenne 2 ne put y maintenir que sa rédaction, mais le siège de notre nouvelle société alla s'installer un peu plus loin, rue Montessuy, en location, tandis que FR3 se partageait entre l'avenue du Recteur-Poincaré et un étage de la Maison de la radio. Ce qui était frappant, c'est que toutes les sociétés issues de l'ancienne entité avaient reçu en dotation un siège immobilier, à l'exception de la nôtre, la Deux, ce qui nourrit de pesants fantasmes sur d'occultes projets de privatisation. Y pensait-on discrètement dans les allées du pouvoir ? Il y eut tellement de démentis que j'ai tendance à penser qu'il en fut question, mais qu'on y renonça, parce que la majorité gaulliste n'était pas chaude, qu'elle était travaillée par les syndicats, et que l'opinion n'aimait pas beaucoup cette perspective. Pourtant, je me souviens bien que Paris bruissait de rumeurs de « tours de table » financiers qui se préparaient.

Antenne 2 se distingua tout de suite ; elle reçut un président inattendu, original : Marcel Jullian. C'était un « saltimbanque », comme on aime à les nommer par opposition aux « géomètres » (entendez « énarques »). Grand résistant, pilote, il avait failli être fusillé dans les geôles luxembourgeoises pendant la guerre. Ami du Paris des lettres et des arts, il donna un coup de torchon dans les programmes, et apporta avec lui un vent d'audace et de liberté qui souffla pendant vingt-cinq ans sur cette chaîne. Avec quelques amis, Jacques Chancel d'abord, mais aussi Armand Jammot, Claude Barma et quelques autres, ils donnèrent un fameux coup de jeune au mot « culture », dont ils firent leur credo et leur image de marque. Le 6 janvier 1975, chaque nouvelle chaîne fit son entrée en scène. Jullian avait demandé au peintre Mathieu de dessiner un logo et des décors, Chancel avait réquisitionné le merveilleux Jean-Michel Folon, et l'on vit voler dans l'univers ses poétiques petits bonshommes sur les génériques en ouverture ou fermeture de chaîne : tout était dit.

Jullian, qu'on allait bientôt appeler affectueusement par son prénom, Marcel, était un auteur, mais aussi un éditeur respecté. Chez Plon, il avait publié les Mémoires du général de Gaulle, ce qui en imposait chez les gaullistes, qu'il n'appréciait guère. Le cœur plutôt à gauche, il se disait ouvertement royaliste, et même plus tard, lorsque nous devînmes de vrais amis, je ne réussis jamais à savoir si c'était une posture pour avoir la paix ou une vraie position politique. De toute façon, cela n'avait aucune importance, Marcel n'était jamais là où on l'attendait. Il avait une pensée, une belle et vraie culture, qu'il aimait partager avec la rage d'un jouisseur et l'onctuosité d'un archevêque. Il était irrésistible, ne s'accommodait guère de l'intendance, voyait grand et parfois même au-delà des moyens de la chaîne et de ses règles. Un jour, il décida de confier à Jean-Paul Sartre, en pleine ivresse, *Cause du peuple*, une série d'émissions retraçant l'histoire du XXe siècle. Le philosophe se fit prier, et déclencha avec son étrange entourage une guerre des nerfs. Il invectiva finalement « la télé du pouvoir » sur la place publique, pour le plus grand bonheur de tous ceux qui craignaient le désordre imaginatif de Jullian. La politique s'en mêla, et ce fut un fiasco. Mais au moins, il avait osé. Car ces documentaires auraient fait date. Ce n'était pas de neutralité qu'il s'agissait, mais d'archives pour l'histoire. Jullian était un esprit libre qui se faisait beaucoup d'ennemis en raillant la médiocrité ambiante. Son credo : faire partager le goût des belles choses. Sa méthode : réussir à faire adopter Saint-Germain-des-Prés par la France entière, en confiant la réalisation de grandes œuvres aux créateurs les plus doués de l'époque. D'autres l'avaient expérimenté avant lui, mais il en fit une constante de ses programmes, films, séries, émissions de plateau où défilaient intellectuels, artistes en tous genres, écrivains réputés ou nouveaux. Il était le roi des projets « hénaurmes ». Beaucoup n'aboutissaient jamais, mais ceux qui voyaient le jour ne passaient pas inaperçus. Il voulait donner du souffle à la télévision, et réussit si bien que malgré sa brève présidence, trois ans et hop, dehors, il reste encore aujourd'hui sur cette chaîne quelque chose de l'esprit Jullian et de sa belle équipe.

L'exemple de Bernard Pivot est parlant. Il avait débuté comme chroniqueur au *Figaro*, était apparu sur le petit écran avec *Ouvrez les guillemets*, avant que Marcel ne lui confie, dès son arrivée, la tranche du vendredi soir : le célèbre *Apostrophes*. L'alchimie avait tout pour surprendre. Alors qu'avec le réputé *Lectures pour tous* des années soixante, Pierre Dumayet jouait sur la rigueur et l'ascèse de l'interview individuelle cadrée en plans serrés, Pivot choisit de construire son émission sur le modèle des salons littéraires du XVIIIe siècle, intelligents, spirituels, parfois vachards, snobs, où la conversation des beaux esprits était souveraine, le tout diffusé à 21 h 30. Et mené avec une intelligence gourmande, et une façon de « rattraper » le public par un jeu subtil de naïveté et de faconde, d'amour du foot et du beaujolais. Résultat : la France entière s'est enthousiasmée. Le succès fut tel que des intellectuels vendirent bientôt plus de livres au lendemain d'une émission de Pivot que durant toute leur carrière antérieure.

L'influence de Marcel Jullian a été considérable. Il fit venir les grands auteurs de la littérature sur le petit écran, privilégia les séries de qualité, les entretiens, les arts. Il confia à Armand Jammot des jeux pédagogiques, tandis que Barma attirait des créateurs prestigieux et que Chancel redéployait son *Grand Échiquier*. Les trois années de présidence de Jullian ont réconcilié prestige, audience, qualité et quantité, la synthèse la plus délicate à réaliser à la télévision.

L'information intéressait moins notre président que les programmes. Elle fut d'abord confiée à Jacques Sallebert, puis à un ancien de *France Soir* que Jullian sollicitait beaucoup pour toutes sortes de missions, ce qui lui laissait peu de temps pour la rédaction. Il fallut donc clarifier les responsabilités. Un ancien directeur d'Europe 1 lui succéda, et je vis tout de suite qu'il n'était pas à son affaire. Très compatible avec le nouveau pouvoir, certes, mais la télévision, sa machine plus grosse et plus lourde que la radio d'où il venait, lui firent peur, ainsi que le caractère bien trempé de cette équipe.

Ne me sentant pas en confiance avec cet équipage, je décidai de continuer à me tenir à l'écart, et négociai avec mon président la mise en chantier du grand magazine dont je rêvais. Je constituai une équipe de responsables, après avoir mis au point une formule : trois séquences de trente minutes chacune, la première consacrée à la chose publique, la deuxième à un grand fait de société, la troisième aux arts, aux divertissements ou aux sports. L'émission s'articulait autour d'un invité central, qu'on appela, faute de mieux, « grand témoin ». Il occupait la première séquence, et devait livrer sa pensée sur les deux autres thèmes évoqués, ce qui lui faisait obligation de travailler ces sujets et de nous dispenser de ce bavardage qu'on appelle maintenant communication. Plusieurs ingrédients donnaient du mouvement à cette émission : sondages de popularité, interventions contradictoires extérieures au plateau, en direct, pour donner liberté et mordant au contradicteur, et même des croquis humoristiques livrés en direct à la fin de l'émission. Ainsi naquit *C'est-à-dire*, dont je livrai une centaine de numéros en compagnie de deux compères, Jean-Claude Paris et Benoît Gelot, disparu depuis. La réputation de cette émission programmée – déjà – le mercredi soir, s'installa rapidement : il faut dire que le mélange d'interviews denses, d'excellents reportages que la rédaction se mit de plus en plus à me réserver, d'invités de premier plan, donnèrent rapidement du poids à ce magazine d'un genre nouveau, et les demandes de participation affluèrent.

Progressivement pourtant, se produisit un fait étrange que j'avais sous-estimé : des journalistes, parmi les meilleurs grands reporters de cette rédaction qui en comportait d'extrêmement doués, des chefs de rubrique qui voyaient dans ce magazine l'occasion d'attirer vers nous les invités les plus en vue, créèrent une sorte de courant vers mon équipe, au risque d'affaiblir les éditions quotidiennes. C'est du moins de cette manière que le directeur de la rédaction, avec qui j'avais pris mes distances, constatant qu'il n'avait pas l'épaisseur requise pour gouverner l'information de notre chaîne, vit les choses. Vers l'été 1975, il fallut donc trouver une solution. Pour moi, c'était clair : je n'allais pas renoncer au magazine que nous avions mis sur les rails avec succès, ce qui eût été mauvais pour la chaîne et son président, inacceptable pour mes hommes et moi, et inexplicable aux yeux des téléspectateurs. Marcel Jullian m'invita à dîner, convocation élégante qui laissait présager de bons sentiments. Encore fallait-il apporter de la clarté à une organisation qui en manquait, et ne pas se laisser enfermer dans quelque rouerie dont Jullian savait faire usage quand les situations l'obligeaient à trancher entre des hommes.

« L'information, ça ne marche pas bien. Une partie de l'équipe se détourne des responsables des quotidiens, j'enregistre des plaintes, qu'en penses-tu ?

– Je pense ce qu'on t'en dit : le souffle n'y est pas, la séparation entre journaux et magazines n'est pas forcément en cause, mais l'équipe ne respecte pas son directeur. Diriger en second la rédaction d'Europe 1 est une chose, acquérir la légitimité de celle de la Deux en est une autre. L'homme a peur, préside les conférences de rédaction en transpirant derrière son journal, son crédit est épuisé.

– Accepterais-tu de l'épauler ?

– Je ne peux rien faire de pareil, car ce rafistolage ne tranchera pas la question de fond : comment rétablir la sérénité au sein de cette équipe ?

– Et si je t'en nomme responsable, penses-tu pouvoir ramener de la cohésion ?

– Président, soyons clairs. Que me demandes-tu au juste : jouer les infirmiers, ou remettre tout cela d'aplomb ? Pour le pansement, c'est non, je préfère continuer à fabriquer mon magazine avec des gens solides que de m'épuiser dans des conflits de personnes inévitables. Tu as essayé une équipe, si ça ne fonctionne pas, change-la. Prends ton temps, reparlons-en demain. »

Jullian avait tenté une microchirurgie pour éviter l'amputation. Je ne lui avais rien demandé, mais lui-même n'y croyait plus, et je m'aperçus très vite, au cours de la soirée, qu'il avait pensé à la suite jusque dans les détails. Mais je ne rentrai pas dans le jeu, je ne dévoilai pas ce soir-là mes idées d'organisation, ni les noms des hommes que je pensais les plus capables de relancer harmonieusement le travail de cette rédaction. Un peu de méditation lui ferait le plus grand bien. Comme convenu, je tins notre discussion secrète, mais le lendemain matin déjà, j'avais de « nouveaux amis ». Pas de doute, quelqu'un avait parlé, ce que je déteste, et ce n'était pas moi. Était-ce pour Jullian une façon de tester ma solidité ? Le lendemain, silence radio, ainsi que les jours suivants. Pas de nouvelles de Jullian. Je me rangeais à l'idée que ça allait traîner, que le climat allait se détériorer, et qu'il serait trop tard si l'on continuait d'attendre. Mais après tout, ce n'était pas mon affaire, la décision ne pouvait m'appartenir, elle était au-dessus de moi. Puis, un beau matin, appel de Marcel :

« J'ai réfléchi, tu as les mains libres, tu prends la responsabilité de l'ensemble de l'information, journaux et magazines. Tu exerceras la direction, mais tu n'en auras pas le titre.

– Pas de problème, ça m'est égal, mais je dépends de toi et je garde mon magazine, en m'organisant différemment.

– Ça mon petit vieux, c'est ton affaire, me lâche-t-il, grand seigneur.

– Une chose encore, je commence dès que tu auras publié ta note d'organisation, pas avant. Je veux que la décision porte ta marque, et qu'elle soit claire aux yeux de tout le monde. »

C'est ainsi qu'à trente-cinq ans, je me suis retrouvé, après y avoir bien réfléchi, à conduire la rédaction audiovisuelle la plus inventive de Paris. Il fallait réconcilier des clans, confirmer aux responsabilités les gens sérieux et compétents, faire monter des responsables nouveaux, si possible issus de cette équipe lorsqu'il y avait nécessité de changement. Et je déléguai en confiance la préparation de *C'est-à-dire* à ceux qui l'avaient conduit à mes côtés jusqu'alors. Comme à l'ordinaire, je me tins le plus loin possible de la politique intérieure, en nommant comme chef de service un brillant journaliste proche de la CFDT, Christian Guy, à qui j'adjoignis Patrick Poivre d'Arvor en qui j'avais aussi confiance, et dont j'avais mesuré le talent et l'attachante personnalité à France Inter. Cette décision fit jaser, la partie droitière de la majorité tordit le nez, et Mitterrand me fit parvenir par un ami commun ce commentaire : « Je vous félicite, mais prenez garde, "ils" ne vous le pardonneront pas. »

Ces deux années m'ont beaucoup appris. D'abord, sur la fiabilité de mon président, qui nous a protégés aussi longtemps qu'il l'a pu – deux années de liberté totale et d'invention sous sa houlette. Ensuite, sur le doigté nécessaire à la conduite de grosses équipes. J'aime les gens, même si je n'ai pas toujours su le dire, et je sais que mon perfectionnisme, une sorte d'addiction au « toujours mieux », a pu en agacer plus d'un. C'est pourtant à mes yeux la plus grande preuve d'estime. Ce fut une leçon de qualité pour moi, parce que ma volonté de bien faire a suscité des réponses au-delà de mes espérances : cette collectivité m'a fait comprendre qu'elle attendait de moi que j'incarne une ambition professionnelle, et qu'un patron, c'est quelqu'un qui trace un cadre, pas un petit chef qui cherche à tout faire lui-même. Pour tout dire, cette rédaction m'a appris à diriger, et je lui en sais gré aujourd'hui encore.

Durant cette heureuse époque, notre magazine hebdomadaire a poursuivi son chemin, m'apportant la satisfaction de conduire des journaux quotidiens – à vrai dire, cette machine tournait toute seule grâce à mes adjoints – tout en prenant de la hauteur par rapport à cette actualité quotidienne, en distillant en quelque sorte chaque semaine pour en conserver l'essentiel et le présenter sous des éclairages nouveaux que la jeunesse et le talent de mes équipiers ne manquaient pas d'inventer.

J'ai aussi gardé le souvenir émouvant de rencontres impressionnantes, comme celle avec Mme Golda Meir, Premier ministre d'Israël. J'avais pu la contacter par l'intermédiaire de sa fidèle assistante, une femme d'origine hongroise je crois, Lou Kadar. Elle m'avait prévenu : « Pas de retard, elle vous attend chez elle. » Malheureusement, je pris pour me rendre à ce rendez-vous le premier vol commercial du tout nouvel Airbus. Brutalement, quelque part au-dessus des Alpes, l'avion « décrocha » de trois mille pieds, soit une soudaine perte d'altitude d'un millier de mètres, ce qui soulève les estomacs les mieux accrochés. Il alla prudemment se dérouter vers Marseille, où nous attendîmes un autre appareil pendant une dizaine d'heures. Nous finîmes par embarquer la nuit suivante ; je n'étais pas frais en arrivant à l'aéroport Ben-Gourion de Tel Aviv. Le temps de foncer à l'hôtel me rafraîchir, il était l'heure du rendez-vous avec « Golda ». Elle nous attendait, mes camarades et moi, dans son modeste appartement de deux pièces à Ramat-Aviv, dans la banlieue. Elle nous fit elle-même le café du matin, et la discussion préparatoire put s'engager. Sous l'apparence d'une grand-mère tranquille, c'était un personnage plein de force. Dès qu'elle prenait la parole, on sentait la détermination forgée par l'exil, les guerres d'indépendance et quarante ans de vie politique. Vingt minutes superbes, lumineuses. Je la revis une dernière fois quelques années plus tard, après qu'elle eut quitté le pouvoir ; c'était alors une vieille dame, tout affaissée, parlant peu, et qui posait sur vous un regard pénétrant à peine soutenable.

Et puis, le climat politique français se gâta. Depuis quelques mois, je savais que Jacques Chirac manifestait de plus en plus de réserves sur la conduite des réformes voulues par Giscard. Au mois d'août 1976, de retour d'un voyage au Japon, quelque part au-dessus de la Sibérie, celui qui était encore Premier ministre se laissa aller à des confidences désabusées, sans aucun doute soigneusement calibrées à destination des quelques journalistes qui l'accompagnaient, et fit comprendre qu'il était au bord de la rupture. Quelques jours plus tard, il démissionnait avec fracas, arguant dans un communiqué féroce qu'il n'avait pas les moyens de sa politique. Désormais, Giscard était coincé entre l'opposition de gauche qui s'avançait vers l'union, et sa majorité globalement solidaire de Jacques Chirac, décidé à lui mesurer son soutien jusqu'au moment opportun où il pourrait lui faire défaut. Bien sûr, les députés issus pour cinq ans des élections de 1973 n'entendaient pas se saborder sur l'autel du fractionnisme, mais la guérilla intra-majoritaire était déclenchée, privant le président et son respectable nouveau Premier ministre, Raymond Barre, du soutien sans faille que la montée de l'inflation et du chômage nécessitaient. Giscard payait un choix qui m'avait étonné lors de son élection : puisque sa volonté de réforme était réelle, pourquoi donc n'avait-il pas pris la précaution de dissoudre une assemblée plus conservatrice que lui, d'en demander une nouvelle au pays par le biais d'élections anticipées, et de se donner ainsi les moyens de sa politique ?

Pour afficher clairement ses intentions, Chirac créa un nouveau parti, le RPR, avec les troupes d'hier, et fit même de son lit de l'hôpital Cochin à Paris une déclaration vengeresse à l'adresse de son ancien patron, dans laquelle il l'accusait de mener une politique, européenne en particulier, digne d'un « parti de l'étranger ». Rien de moins ! Giscard traître aux intérêts nationaux, cela faisait beaucoup, et le Parlement se transforma en un champ de bataille où Raymond Barre dut conduire sa politique à coups de 49-3, l'article constitutionnel qui fait passer en force les textes de loi, malgré les humeurs des députés. Une spécialité française dont le gouvernement dispose, même en temps de paix, et qui en dit long sur le mépris du compromis entre gouvernement et Parlement, pourtant nécessaire à toute grande action politique. Le paradoxe était que ces coups de canon devaient être tirés par un homme aussi éloigné que possible des partis, profondément démocrate, un ancien universitaire ayant derrière lui une brillante carrière de commissaire européen à Bruxelles. Georges Pompidou l'en avait tiré pour le faire entrer au gouvernement français, ce que sa maladie ne lui laissa point le temps d'accomplir. Giscard sut en tirer profit, en le faisant entrer dans le premier gouvernement comme ministre du Commerce extérieur, avant de le propulser à Matignon.

Comme il se doit dans notre bon pays, la question de l'information fut remise sournoisement sur le tapis, et on parla notamment de la rédaction d'Antenne 2, qui ne chantait pas tous les soirs, il est vrai, les louanges du gouvernement. Raymond Barre me fit comprendre que quelques conseillers, « au château », s'en agaçaient beaucoup, mais qu'il refusait de s'en mêler, promesse qu'il tint crânement, je dois lui en rendre justice. Il faut dire qu'au siège des institutions européennes, d'où il venait, les « briefings » quotidiens de presse tenus par les responsables de la Commission européenne devant les correspondants permanents s'inspiraient des bonnes pratiques anglo-saxonnes, ce qui se révéla très formateur aussi bien pour les fonctionnaires européens que pour les journalistes. Conservateur éclairé, il montra de la hauteur de vues dans bien des situations difficiles. Ce n'était pas une surprise pour moi, qui l'avais bien connu à Bruxelles, où il était respecté : il a beaucoup contribué à nous faire comprendre des dossiers réputés difficiles, par sa disponibilité et son sens de la pédagogie.

Si le nouveau Premier ministre s'interdisait toute intervention, il n'en fut pas de même de la part d'une petite équipe élyséenne dirigée d'ailleurs par un ancien chabaniste, qui se mit en tête de « reprendre en mains » l'information de la Deux, soit que le président ait manifesté son irritation, soit qu'il ait voulu devancer les désirs d'une majorité parlementaire rétive aux réformes giscardiennes qu'elle qualifiait volontiers de « gadget ». À la fin de cette année 1976, la bataille faisait rage à l'Assemblée nationale entre des groupes de député réputés appartenir à la majorité et le gouvernement. Antenne 2, son président aussi insaisissable que provocateur et son information qui gênait furent-ils pris en otage dans ce règlement de comptes ? Je ne sus jamais vraiment le fin mot de l'histoire, mais les désagréments allaient se précipiter dès le début 1977. Jullian s'en ouvrit à moi, décrivit ses rapports avec Giscard comme mouvants, et avec le Parlement comme détestables. Je sentis que l'orage se rapprochait, que les projets du président de la République soulevaient la grogne à l'Assemblée, parce qu'au fond, elle restait dans l'esprit la « chambre introuvable » d'après Mai 68, et que toute perspective de profond changement la glaçait de peur. Elle n'y croyait pas, n'en voulait pas. Et comme toujours, haro sur la télévision. Un beau soir du début février 1977, Marcel m'invita de nouveau à dîner. Il était tendu, moi aussi.

« Je dois changer la direction de l'information, on me le demande.

– Qui, “on” ?

– L'Élysée !

– Le président ?

– Tu penses bien que non. Deux étages en dessous, me dit-il, se voulant sibyllin.

– Nous avons fait du bon travail, tu ne cesses de le dire. Il n'y aura pas de compromis, je quitte l'information, attends-toi à la même chose de la part d'une bonne partie de mes adjoints. Qui pour me succéder ?

– Elkabbach, lâcha-t-il sans me laisser le temps de préciser mes souhaits. Je souhaite que tu restes sur la chaîne, fais-moi une proposition d'émission. Elle prendra sa place dans le programme, tu dépendras de moi directement, et du directeur général pour les moyens.

– Marcel, merci, mais je veux être plus net. Rupture de contrat : la chaîne, c'est légal, doit m'indemniser. Ces indemnités, je n'en veux pas comme victime. Affecte-les à me rémunérer comme producteur : tu auras une bonne émission, et tu justifieras d'une bonne utilisation de l'argent public. »

Marcel essaya d'être gentil, mais je ne décolérais pas. Il me donna force détails sur le rapprochement qui s'était opéré entre mon successeur et l'Élysée. On le disait indésirable à la télé en janvier 1975, la patronne de Radio France l'avait protégé en le prenant à France Inter, mais visiblement, le pouvoir avait changé d'avis. En attendant de démarrer ma nouvelle émission, je me retrouvai donc sans emploi pendant quelques semaines. Je n'oublierai pas cette période. Plus que le chômage, c'était l'humiliation qui me rongeait. Nous étions traités comme des valets. Passons sur le téléphone qui ne sonne plus et les gens qui changent de trottoir. Mais surtout, la politique intérieure française m'avait rattrapé, moi qui m'en étais tellement méfié, et avait décimé sans vergogne une rédaction dont les neuf cadres rendirent, de gré ou de force, leur tablier. Début mars, enfin, le téléphone sonna. Jean Farran, patron de RTL, me dit avec humour : « Je crois que vous avez un peu de temps libre. Venez me voir rue Bayard. »

L'adresse était mythique, c'était celle de la première station de radio que j'aie écouté, enfant dans les Vosges. La révolution hongroise, la rupture de 1958 et l'arrivée de De Gaulle au pouvoir, les barricades d'Alger, c'était RTL qui me les avait fait vivre. Le patron m'y accueillit dans son étrange bureau du premier étage. Imaginez un mur totalement recouvert de miroirs, Farran assis devant, et vous en face, dans une lumière sombre qui avait quelque chose d'un confessionnal ou plutôt de l'antichambre d'un psychiatre. Sans détour, il me proposa la rédaction en chef des journaux du matin, avec charge d'en présenter moi-même deux, plus l'interview de 8 h 20. Il ne fut même pas question d'argent, je lui fis confiance, et je commençai rapidement mon nouveau travail. Ce fut un bain de fraîcheur, je retrouvais la radio, sa souplesse et sa légèreté ; cette station en particulier asseyait son image de marque sur son indépendance absolue. Bien sûr, l'État rôdait à la périphérie, par l'intermédiaire d'un actionnaire, Havas, mais le statut luxembourgeois de la station garantissait une liberté absolue vis-à-vis du gouvernement français. Quelques chroniques, dont celles de Philippe Alexandre, volontiers vachard à l'occasion, de Georges Penchenier ou de Jacques Chapus, provoquaient des sueurs froides dans les cabinets ministériels, mais toute tentative d'intervention était invariablement bloquée par des seigneurs qui ne parlaient qu'aux ministres, pour leur dire : « J'ai bien compris, mais nous n'intervenons jamais dans les contenus ! »

Et c'était vrai. Libres au point de batifoler de temps à autre. Un jour que la fatigue nerveuse d'hommes et de femmes qui se levaient à quatre heures du matin était plus forte qu'à l'ordinaire, nous décidâmes, Roger Zabel (journaliste sportif) et moi, de glisser systématiquement les noms de quelques amis, ou de parfaits anonymes que nous inventions, en chute de chaque papier. Cette semaine-là, derrière un compte rendu sérieux de réunion, ou à la suite d'un reportage, on entendit dans les journaux matinaux, cette étrange information : « Georges X (ou François Y) n'a pas souhaité faire de commentaire. » Les jours se succédèrent ainsi sans que personne à la direction ne pipe mot. C'était même désespérant, à croire qu'à ces heures matinales, aucun des dirigeants ne nous écoutait. Jusqu'à la fin de la semaine, où Farran, la mine gourmande, m'interpella : « Au fait, votre M. Z, comment va-t-il ? » La leçon était magistrale : bien sûr que ces patrons-là, venant eux-mêmes du journalisme, n'en perdaient pas une miette. Mais on ne s'abaissait pas à de subalternes remontrances s'agissant de blagues de potaches. Classe !

Côté télévision, Jullian avait su tenir sa promesse, et je démarrai une émission mensuelle à caractère historique, appelée *Un homme, un jour* et programmée le dimanche soir, face au film de la Une. On respectait une vague « harmonisation des programmes » ; en tout cas, pas deux films ou deux variétés face à face. Le principe de mon émission : approfondir la mémoire de quelques grands faits de l'histoire contemporaine, du temps que les principaux acteurs étaient encore vivants. Avec J.-C. Paris et Michel Thoulouze, nous avons fait revivre quelques passionnantes pages de notre passé récent : Diên Biên Phu avec le général Bigeard, la première opération du cœur au Cap avec le professeur Barnard, le Watergate évidemment avec les journalistes du *Washington Post*, le ghetto de Varsovie avec son dernier responsable survivant, le professeur polonais Marek Edelmann, entre autres.

À l'été 1978, épuisé par le rythme du matin, je partis en Californie, me replonger dans un bain salvateur d'Amérique, vider ma tête et reprendre des forces. Je me trouvais à Carmel, la ville dont Clint Eastwood fut maire, lorsque le téléphone sonna en pleine nuit. Au bout du fil, à Paris, Claude Contamine, président de FR3, qui m'annonce :

« Je veux développer une vraie équipe d'information, j'ai pensé à vous pour la diriger, quotidiens et magazines, qu'en dites-vous ?

– J'en dis qu'il est deux heures du matin pour moi, que c'est intéressant, mais qu'il faut nous rencontrer à mon retour à Paris, dans une semaine par exemple. Sinon, c'est un oui de principe.

– À la semaine prochaine ! »

Contamine avait la réputation d'être un gaulliste orthodoxe (la précision s'impose, maintenant qu'il y a tant de nécessiteux !), d'une culture raffinée et d'un caractère difficile. On le disait sujet à des emportements. Mais ceci ne m'effrayait pas, dès l'instant que je dépendais d'abord de lui. Après tout, j'étais moi aussi doté d'un caractère bien trempé. Plus intrigant était son projet : allait-il se lancer dans une concurrence frontale contre la Une et la Deux ? Je découvris vite que l'homme était trop avisé pour déclencher sur ce terrain une guerre qui ne pouvait que mal se terminer pour nous. Nous tombâmes facilement d'accord quand je lui proposai d'étoffer sa chaîne avec une information volontairement en décalage, qui encadrerait les journaux de nos deux concurrents. Ainsi naquit le journal de dix-neuf heures, suivi d'un second vers 22 h 30, baptisé *Soir 3*, composé sur le modèle du fameux *News at ten* britannique, qui rendait un grand service à tous ceux qui avaient manqué le vingt heures et pouvait aussi attirer les accros d'info. Le dix-neuf heures connut un deuxième souffle dans les années ultérieures, lorsque Jeannine Langlois-Glandier, devenue à son tour présidente de la Trois, étoffa cette édition pour en faire le fameux *19-20* qui dure encore actuellement. Je décidai d'en enrichir le contenu, de privilégier l'analyse de l'actualité, d'explorer l'actualité prévisible du lendemain et d'y ajouter régulièrement des dossiers régionaux illustrant concrètement une décision politique, économique, sociale, scientifique, artistique ou autre, prise au niveau national. En somme, un journal moyen-haut de gamme, comme disent les gens de marketing.

Preuve de l'allant de cette petite équipe, nos journaux firent rapidement grincer des dents mes confrères des autres télés, sur le thème : « Il y a déjà deux services d'information, à quoi bon un troisième ? », comme si une chaîne n'était pas un tout. C'est toujours bon signe, et celui-là nous réjouissait. Je n'avais plus qu'à remodeler le magazine du vendredi, programmé en début de soirée, et le tour était joué. La faiblesse des moyens ne freinait pas l'ardeur de cette équipe, jeune et joyeuse, qui voulait prouver qu'elle était digne d'estime. J'y fis la connaissance de Christine Ockrent, qui affectionnait la politique étrangère, et lui demandai de conduire et de présenter des journaux : ce furent ses débuts dans cet exercice, qui la conduisit trois ans après à la tête du vingt heures de la Deux, où elle fit merveille. J'ai encore en mémoire un déplacement en Californie, où je l'avais invitée à interviewer à mes côtés le candidat républicain à la Maison-Blanche, quelques mois avant son élection. Un certain Ronald Reagan, que j'avais rencontré alors qu'il était encore gouverneur de Californie. On remarquait tout de suite l'intelligence de ma consœur, et notre collaboration fut d'abord un vrai bonheur.

Je dis d'abord, parce qu'un beau jour, ce fut le drame. La révolution iranienne jetait Téhéran sens dessus dessous. Le shah venait de s'exiler définitivement, et son Premier ministre Hoveida avait été jeté en prison. Le malheureux n'avait pas voulu quitter Téhéran, il était allé lui-même se constituer prisonnier, déclarant ne pas redouter la justice de son pays. Je craignais pour sa vie, nos conversations étaient encore dans ma mémoire, et je ne faisais aucune confiance au nouveau régime, plus soucieux de faire des exemples que de tenir compte des pressions internationales, pourtant nombreuses, pour obtenir au moins son expulsion vers l'étranger. C'est alors qu'un grand reporter du journal *Le Point*, Jean-Louis Reverier, vint m'affirmer qu'il avait décroché une autorisation pour aller interviewer le prisonnier, accompagné d'une équipe de télévision.

Je décidai de tenter cet entretien dont je confiai la réalisation à Christine. Avec son confrère de la presse écrite, elle se rendit aussitôt en Iran, put avoir accès à Hoveida dans sa prison, et lui posa quelques questions dont le ton fut ressenti comme agressif. Avec des gardiens en armes dans le couloir, il ne fallait pas s'attendre à une conversation de salon. Quand l'équipe rentra quelques heures plus tard, nous regardâmes le résultat. C'était émouvant, mais on était tout de suite mal à l'aise : l'ancien Premier ministre du shah était maintenant un petit homme recroquevillé dans un coin de sa cellule, qui donnait l'impression de parler sous la contrainte. Pourtant, je savais qu'il aurait pu décider de ne rien dire, de ne pas recevoir cette équipe de télévision. S'il l'avait fait, c'est parce qu'il nourrissait encore l'espoir que ses amis français lui viendraient en aide. C'était donc bien une forme d'appel au secours pour qu'on négocie sa liberté avec Khomeini. Ou alors, il était sans illusion sur le caractère sanguinaire de ce nouveau pouvoir, comme il me l'avait dit à plusieurs reprises, et dans ce cas, je ne me sentais pas le droit de classer ces paroles, peut-être ses dernières, dans un tiroir, le réduisant ainsi au silence. Je me souvenais de l'affaire Sakharov cinq ans plus tôt, et en déduisis que la seule façon d'aider un prisonnier de ce niveau, c'était de créer un mouvement de solidarité internationale pour le tirer de là. Je demandai à ma direction générale de visionner le reportage. Nous étions un jeudi midi, un peu plus de trente heures avant sa diffusion. Le président de la chaîne le regarda en ma compagnie, et nous donna raison. *Le Nouveau Vendredi* diffusa l'interview.

J'étais mal à l'aise, je ne sentais pas bien la situation. Le lendemain samedi, je me trouvais à la rédaction vers seize heures. J'étais à peine assis que tomba une dépêche terrible de l'AFP : « M. Hoveida, Premier ministre du shah, a été exécuté. » Ce fut un coup de massue. Dès le lendemain, une campagne de presse démarra, qualifiant d'indigne l'interview de Christine Ockrent. C'est tout juste si nous n'étions pas responsables de sa mort, si nous n'avions pas diligenté le peloton d'exécution. La tempête qui s'abattit sur nous résultait des forces conjuguées des donneurs de leçons habituels, de quelques réseaux maçonniques dont Hoveida était proche et, il faut bien le dire, de tous ceux qui n'avaient pu ou voulu bouger le petit doigt, en éprouvaient du remords, et s'en vengeaient sur nous. Un déchaînement ignoble. Christine en fut meurtrie pour longtemps, malade même, et je dus menacer de démissionner. Le président de la chaîne nous soutint. Je n'ai jamais voulu remettre les pieds en Iran, par respect pour la mémoire d'un homme que j'avais apprécié. Et je n'en ai guère l'envie pour l'instant, quelle que soit la fascination que j'éprouve pour l'empire des Perses.

Un an plus tard, durant l'été 1980, une autre aventure me fut proposée : redéployer l'information de TF1, la première chaîne du pays, qui ne fonctionnait plus bien, mais disposait de moyens qui me faisaient cruellement défaut sur la Trois.

Avec mes amis Jean-Claude Paris, Michel Thoulouze et Norbert Balit, mon plus proche compagnon, je soupesai les risques, et pris finalement la décision d'accepter. C'était un gros chantier, car les équipes étaient divisées en clans, journalistes étiquetés gaullistes, d'autres giscardiens, d'autres encore de gauche, avec heureusement une majorité qui n'était rien de tout cela. Il restait un an à peine avant les élections présidentielles, et j'avais besoin d'un encadrement efficace, d'une équipe responsable, dont les journalistes les plus éminents se remettraient au travail au profit de la collectivité, pour les trois quotidiens comme pour les magazines.

Nous avons donc décidé de tout changer dans nos locaux de Cognacq-Jay, à commencer par l'ambiance, qui n'était pas bonne, du fait de rumeurs déstabilisatrices et des rancœurs du passé. Ce qui me frappa, ce fut la vétusté et le cloisonnement des locaux. Tout le monde vivait enfermé, ce que je n'aime pas dans une équipe d'information. Nous avons donc abattu les murs, remplacé le béton par des cloisons vitrées et dégagé de grands espaces paysagers. L'équipe dirigeante était à peine en place que l'année 1981 s'annonçait.C'est alors que se produisit une incroyable série d'événements majeurs, inattendus et dramatiques pour la plupart. Ils allaient nous permettre de nous jeter à fond dans le direct, et de tirer parti à l'antenne d'une réforme qui fonctionna très bien.

Lech Walesa, le héros polonais de Solidarność, fut enfin autorisé à sortir pour la première fois de son pays et à rendre visite au pape. Grâce à un confrère de notre rédaction, fin connaisseur de la Pologne, nous avons obtenu son accord pour le recevoir dans un studio de la radio-télévision italienne, pour une interview en direct d'une heure en début de soirée. Nous sommes partis à Rome, l'émission était annoncée dans la presse française, tout était prêt. Deux heures avant le direct, patatras. Un monsignore du Vatican vint nous prévenir que Walesa ne viendrait finalement pas, que « Sa Sainteté » ne le souhaitait pas, en tout cas pas avant qu'il ait reçu lui-même son hôte en audience à deux reprises successives, comme prévu. Bataille de coups de téléphone, rien n'y fit. Le non était définitif, l'émission fut différée de quarante-huit heures. Et me voilà obligé d'annoncer sur la chaîne, plutôt penaud, qu'elle aurait lieu, mais dans deux jours. Ricanements de quelques petits camarades !

Le jeudi, Walesa tint promesse, et l'interview réalisée par François Gault et moi fut vraiment passionnante. L'homme avait du charisme, du courage, de la détermination. Le chef de la dissidence polonaise annonçait tranquillement la transformation sans heurts que ses camarades et lui entendaient conduire dans leur chère Pologne, répétait que rien ne les arrêterait, et qu'il misait sur le patriotisme du Premier ministre, le général Jaruzelski, pour parvenir à un accord de gouvernement. Cette tranquille assurance faisait froid dans le dos : nous avions tous en tête la révolution hongroise matée dans le sang en 1956 et celle de Prague réprimée de la même manière en 1968. Pourtant, tout s'est passé comme Walesa l'avait annoncé. Aujourd'hui, ironie du sort, je siège au Parlement de Strasbourg aux côtés de Bronislaw Geremek, ami de longue date, médiéviste reconnu, éminent théoricien de l'époque Solidarność, qui comptait aussi des hommes tels que Jacek Kuron, Adam Michnik, devenu un grand patron de presse, et le professeur Tadeusz Mazowiecki. Toutes ces années de lutte contre la dictature communiste, ses polices et son armée, toutes ces morts, celle du supplicié père Popielusko, pour gagner la liberté et rejoindre l'Union européenne le 9 mai 2004, dans une vraie liesse populaire. Puis pour brutalement sombrer dans les bras des deux frères populistes et dangereusement racoleurs qui président aujourd'hui l'État et le gouvernement. Comme me l'a confié récemment Geremek : « Je suis triste. La Pologne ne méritait pas cela ! »

Après Walesa, quelques semaines passent en ce début 1981, et l'incroyable se produit sous nos yeux. Le 24 février, le Parlement espagnol est brutalement pris d'assaut par quelques militaires nostalgiques de la dictature. Il est à peine plus de midi, des coups de feu sont tirés en plein hémicycle des Cortès par un certain colonel Terjero ; les députés se réfugient à quatre pattes derrière leurs pupitres, et le séditieux se met à poser des conditions baroques, en assortissant chacune d'elles de coups de revolver. Par le plus grand des hasards, un de nos journalistes spécialiste des affaires ibériques, Jacques Grignon-Dumoulin, était venu me demander mon accord quelques jours plus tôt pour effectuer une tournée de contacts en Amérique du Sud, après un passage par l'Espagne. Je ne sentais pas l'urgente évidence de ce périple un peu coûteux, mais je savais l'homme réputé dans cette spécialité. Comme pour faire taire mes réticences de gestionnaire du budget de l'information, il avait ajouté : « Ne t'en fais pas, je pars seul, c'est moins cher. S'il se passe quelque chose, je louerai une équipe de tournage sur place ! »

Ce matin-là, il se trouvait à la buvette du Parlement, en rendez-vous avec un homme politique espagnol. Il entendit les coups de feu, appela tout de suite la rédaction à Paris, où le responsable de l'édition spéciale que je venais de mettre sur pied le transféra sur la régie son du studio. En régie, le chargé de production, qui se battait avec la télévision de Madrid et les différents relais nécessaires pour assurer la diffusion directe de ces images surréalistes, décrocha le téléphone et entendit :

« Grignon-Dumoulin...

– Il est à Madrid, je n'ai pas le temps ! » hurla-t-il dans son téléphone.

Et le pauvre Grignon, au beau milieu des coups de feu, ne put que constater que Paris venait de lui raccrocher au nez. Il fallut un long moment pour qu'il réussisse à rappeler et puisse faire la description de la dangereuse pantomime dont il était le seul témoin français. Finalement, avec beaucoup de sang-froid, Juan Carlos, tout pâle dans son uniforme de chef des armées, mettra un terme aux espoirs des putschistes en affirmant dans une allocution télévisée sa ferme opposition au coup d'État et la vocation définitivement démocratique de l'Espagne.

Fin mars 1981, vers 21 h 20, je venais de rentrer chez moi lorsque l'équipe de nuit qui prenait le relais après la conférence critique du vingt heures m'annonça au téléphone une information alarmante : des coups de feu avaient été entendus devant un hôtel de Washington où le président américain Reagan venait de prononcer un discours. Une dépêche venait de nous l'apprendre, nous ne savions pas s'il y avait des victimes et nous n'avions pas encore d'images. Les attentats politiques contre les présidents américains, nous connaissions, mais pour l'heure nous craignions le pire, et nous manquions d'information. Il fallait être prêt dans tous les cas de figure.

« Battez le rappel d'un maximum de journalistes, alertez nos correspondants, et si cela se confirme, nous allons ouvrir l'antenne pour une soirée de direct ininterrompu. J'appelle tout de suite le président pour qu'il nous autorise à arrêter le programme dès que nous serons prêts. Et surtout, prenez toutes les images américaines ou autres que vous trouverez sur les faisceaux. J'arrive dans un quart d'heure. »

Je fonçai à Cognacq-Jay ; plusieurs journalistes étaient déjà là. Nous nous sommes lancés dans une émission spéciale, donnant immédiatement chaque nouvelle information que les services officiels américains distillaient au comptegoutte. Il fallut attendre près de trois heures avant de pouvoir rassurer les téléspectateurs de manière fiable.

Ce fut une soirée aussi rythmée qu'inquiétante. Des résumés à l'intention des gens qui rejoignaient la chaîne en cours de route étaient réalisés tous les quarts d'heure. En effet, je fus vite informé que le drame suscitait une très vive compassion et que les spectateurs téléphonaient à leurs parents et amis pour les avertir et leur dire de regarder la Une. Cet attentat contre le président américain faisait ressurgir le spectre de l'assassinat de Kennedy. Nos collègues et concurrents de la Deux avaient eu moins de réactivité : ce soir-là, ils recevaient dans le cadre de la campagne électorale le président de la République sortant et à nouveau candidat. Ils étaient déconnectés, isolés dans leur débat, et ne prirent ou ne purent prendre la décision de changer l'antenne. L'information aussi développe la concurrence ! Les images de Washington arrivèrent une demi-heure après le début du drame. On voyait Reagan s'apprêtant à monter à l'arrière de sa voiture, brutalement plié en deux par le service de sécurité, le visage grimaçant de douleur. Puis la charge de la garde présidentielle, d'abord affolée, plaquant un type à terre pendant que la limousine officielle démarrait en trombe vers l'hôpital. Nous ne rendîmes l'antenne que vers une heure du matin, épuisés, effarés par un drame dont nous ne connaissions pas encore l'issue de façon certaine, soulagés d'avoir fait notre métier de la façon la plus complète possible.

À cette époque, ce n'était pas encore dans les mœurs de la télévision d'interrompre un programme pour développer à sa place une information très importante. Le portable n'existait pas, les satellites étaient moins nombreux qu'aujourd'hui ; on ne recevait pas encore sur le sol européen les chaînes américaines ou britanniques, et les chaînes d'information continue n'étaient pas nées en France. Tout juste un Américain génial commençait-il à réfléchir à un réseau de cette nature, qui allait voir le jour un peu plus tard à Atlanta. Cet inventeur, c'est Ted Turner, et ce réseau, CNN (initiales de Cable News Network, « Réseau d'informations par câble »). Quand je lui rendis visite pour découvrir sa chaîne, au début des années quatre-vingt, il me fit cette prophétie : « Cette chaîne révolutionnera l'information, et la politique ! » Il ne croyait pas si bien dire : l'instantanéité allait tyranniser l'action publique, et la communication devenir la finalité de toute intervention des responsables. C'est le mauvais revers de la médaille, qui en comporte un très bon : une plus grande transparence démocratique dans les décisions publiques.

Quelques semaines plus tard, le 13 mai 1981, coup de tonnerre : alors qu'il traversait la place Saint-Pierre en voiture découverte, Jean-Paul II fut victime d'un attentat. Un jeune homme avait fendu la foule, s'était porté à la hauteur du pape et avait tiré sur lui à plusieurs reprises. Nous décidâmes d'ouvrir l'antenne au direct après avoir obtenu de mon président l'autorisation de bousculer les programmes, pour traiter les différents aspects et les conséquences de cet événement planétaire. Et notre rédaction réagit à merveille, apportant aux spectateurs, minute après minute, toutes les informations et tous les éclairages possibles. Nous étions dans l'action, et pourtant très émus. Dans cette panique, il a fallu attendre plusieurs heures avant d'apprendre que la vie de ce pape courageux n'était plus en danger. Quant à l'auteur de ce geste, on découvrit assez rapidement que sa main avait été armée par les services secrets bulgares, et donc qu'au minimum, les services russes étaient au courant. Voire avaient donné l'ordre...

J'étais stupéfait, car j'avais rencontré ce fameux cardinal Wojtyla dix ans plus tôt exactement. Il n'était alors qu'évêque de Cracovie, et c'était monseigneur Wyszynski qui avait organisé ce rendez-vous. Le primat de Varsovie était un homme courageux. Pour ses homélies du dimanche à la cathédrale bourrée de monde, dans la vieille ville, il sonorisait ses prêches avec des haut-parleurs extérieurs. Et dans cette dictature rouge, j'ai pu entendre le prélat dire à ses ouailles que si le salut était dans l'au-delà, le bonheur et la liberté devaient commencer sur terre, ici, tout de suite. Le régime n'osait pas l'attaquer, et le pays vécut dans cette étrange lutte sourde entre les communistes et les catholiques. Ce bras de fer ne pouvait durer que si chacun montrait sa force, sans jamais franchir la ligne, afin de ne pas avoir à s'en servir, et de ne pas déclencher les inévitables massacres qu'aurait engendrés une révolution mal maîtrisée, comme ce fut le cas dans les ports de la Baltique durant l'hiver 1970, où l'on vit des hélicoptères tirer sur la foule et tuer des centaines de civils. Le futur pape, homme de contact, affable avec les journalistes, vous fixait de son regard bleu acier et expliquait que seule la ferveur des catholiques de son pays pourrait avoir raison de la tyrannie communiste. Quand je lui demandai de me confirmer que les Églises allemandes finançaient la survie de l'Église dans sa patrie, il se fit évasif, me vanta le courage des fidèles, qui n'avaient pas hésité à construire une imposante église à Nova-Hutta, juste en face des aciéries Lénine, dans un face-à-face hautement symbolique. Mais j'en fus pour mes frais sur le circuit de financement. C'est cet acrobate de la géopolitique, cet homme qui était en train de détricoter le honteux partage de l'Europe à Yalta, et qui ne s'écarta de son temps que sur les questions de société, notamment l'usage du préservatif dans les années sida, dont la survie était maintenant incertaine. On sait avec quelle énergie il s'en remit, et avec quelle magnanimité il se rendit en prison pour accorder son pardon à Ali Agça, son agresseur turc aujourd'hui libéré.

Vers le début de l'été 1981, nous fûmes à nouveau mis à l'épreuve. L'Égyptien Sadate présidait une imposante cérémonie officielle au Caire, avec revue des troupes et défilé militaire. Tout à coup, l'un d'entre eux, arrivé à la hauteur de la tribune, sortit des rangs et se mit à tirer à l'arme automatique sur les officiels, visant le « raïs », qui bascula en arrière. Panique générale. Il fallut quelques instants aux services de sécurité pour se ressaisir et transporter en ambulance le corps pantelant du président égyptien, assassiné par des putschistes qui n'atteignirent même pas le but ultime, puisque Sadate fut immédiatement remplacé par Moubarak, encore chef de l'État aujourd'hui. Ce fut pour quelques-uns d'entre nous une grande tristesse. Nous décidâmes de nourrir en direct, deux heures durant, une antenne exceptionnellement ouverte pour que chacun puisse voir, comprendre et obtenir des éléments de réflexion.

Pendant ce premier semestre 1981 nourri d'une actualité internationale violente, un grand chambardement se préparait sans bruit en France : les élections présidentielles.

Giscard avait décidé de se représenter pour un nouveau septennat, malgré une image très dégradée – du fait notamment de quelques campagnes ciblées sur sa personne plus que sur son action, dont la lamentable « affaire des diamants » (un don de l'inénarrable Bokassa, de Centrafrique, un mégalo redoutable que j'avais refusé de recevoir dans nos émissions, tant son « couronnement », en réalité une autodésignation, avait été ridicule, provocatrice et insultante pour un continent misérable).

En face de lui, le président sortant retrouvait François Mitterrand pour une sorte de revanche sur l'élection de 1974, que le leader de la gauche avait perdue de 540 000 voix, et une cohorte de candidats bigarrés dont déjà la pittoresque Arlette Laguiller, qui rôdait sa formule « Travailleuses, travailleurs, on vous ment ». Pendant un an, les sondages donnèrent invariablement Giscard en tête, mais les jeux étaient loin d'être faits. Déjà à l'automne 1980, l'hebdomadaire *Le Point* avait senti l'instabilité de la situation de Giscard, en titrant en couverture un énigmatique « Giscard peut-il être battu ? », qui n'avait pas fait que des heureux. À gauche, Rocard n'avait pas encore renoncé devant Mitterrand, et son élimination par les jeunes sabras du PS, Fabius en tête, n'avait pas encore été perpétrée au congrès de Metz. Mon vieil ami Attali ne cessait pourtant de prédire : « Tu verras, Mitterrand l'emportera et largement ! »

Pour l'heure, ce qu'on voyait, c'était la discorde à gauche, et la droite, d'apparence plus unie, était le théâtre d'une de ces implacables batailles feutrées dont la vie publique regorge. En effet, qu'allait faire Chirac à la tête d'un puissant parti, le RPR, tout fraîchement regonflé, à côté d'une création plus frêle mise sur pied en 1978 pour défendre Giscard, et qui avait été nommée... UDF. D'autant que le président de la République devait justifier d'un bilan, et se trouvait sous le feu nourri des attaques, tandis que l'homme de Château-Chinon se pavanait, se donnant l'air de se forcer à se présenter. Fin janvier 1981, il s'offrit même le luxe de partir en Chine. Il promena un air mystérieux sur la Grande Muraille et esquiva avec adresse toute question électorale : c'est bien connu, on ne parle pas des vulgaires questions intérieures sur le sol étranger. À son retour, il se déclara, se mit en campagne et, dès le mois de mars, faisait presque jeu égal dans les sondages avec son principal concurrent. Il m'avait dit, le regard noir, en désignant un livre sur l'architecture de l'Élysée qu'il gardait près de son bureau sous les combles de la place du Palais-Bourbon : « Je lui montrerai que moi aussi, j'ai du cœur ! » Allusion à cette fameuse phrase décochée par Giscard lors du débat télévisé de la campagne de 1974, qui l'avait laissé sans voix et que cet homme rancunier n'avait pas digérée : « Monsieur Mitterrand, vous n'avez pas le monopole du cœur ! »

Pour notre équipe d'information, cette campagne était une aubaine. De l'adrénaline à l'état pur. Nous décidâmes donc d'employer les grands moyens : des émissions spéciales de débat, dans un décor superbe commandé au regretté Raymond Moretti, qui inventa des portraits saisissants des candidats, nimbés d'un fond tricolore. Le décor était beau, solennel, comme le résultat de cette élection allait le montrer. Pierre Sabbagh, qui avait repris son métier de réalisateur, accepta de mettre en images toutes ces soirées, y compris celles des deux tours de l'élection présidentielle, comme des législatives qui suivirent.

Le 10 mai 1981, vers 18 h 40, les sondeurs m'apprirent que Mitterrand semblait légèrement devancer Giscard. Vers 19 h 10, même tendance, mais un peu plus nette. À 19 h 30, les jeux étaient faits. Je l'annonçai au conditionnel au public de trois cents invités qu'avec France Inter, nous avions réunis dans le grand studio de la Maison de la radio. Les uns avaient la mine défaite, les autres exultaient, et je fus obligé de rappeler publiquement notre exigence de neutralité. Quelques proches de Mitterrand, dont un futur ministre de l'Intérieur, lancèrent des invectives déplacées à l'égard d'un confrère réputé proche du président vaincu. Ça commençait bien ! À la Bastille, des militants enflammés s'en prenaient à Jean-Pierre Elkabbach et à Étienne Mougeotte, alors directeur de l'information d'Europe 1. C'était hideux, écœurant, même si quelques bonnes âmes cherchèrent à excuser cette attitude au motif d'une si longue absence d'alternance entre la droite et la gauche au gouvernement de la France. Pierre Mauroy, quittant notre plateau, me glissa : « J'espère que nous allons travailler ensemble ! » Il savait probablement déjà qu'il allait être nommé Premier ministre, et sentait que le démarrage serait difficile : c'était un homme sérieux, expérimenté, il connaissait son monde.

Les présidents de chaîne furent débarqués, la plupart sans ménagement. La France fit sa révolution de velours, et cette nouvelle constellation donna un bon aperçu du genre humain. Quelques énergumènes, qui ne s'étaient guère signalés jusqu'alors, devinrent des censeurs implacables, coururent les ministères, se découvrirent de nouveaux amis, protestèrent qu'ils avaient souffert sous « des directions de droite », qu'il devait y avoir une alternance partout. Bref, au nom de la liberté nouvelle dont ils se réclamaient, ils voulaient tout simplement obtenir de bonnes places. C'était l'époque où le nouveau président de TF1, un haut fonctionnaire aussi sympathique que peureux, enregistrait toutes les volontés des nouveaux ministres, qu'il précédait même souvent. Un jour, il m'annonça qu'au nom du pluralisme, nous allions engager quatre journalistes communistes, non pas parce qu'ils étaient bons, mais parce qu'ils étaient communistes. Ils figuraient sur une liste que le grand démocrate Georges Marchais avait lui-même établie. Il est vrai que le secrétaire général du PC français ne faisait pas dans la nuance. À Noël 1979, lors de l'invasion de l'Afghanistan par les troupes soviétiques, il s'était précipité à Moscou pour défendre la politique du Kremlin. Ce soir du 10 mai 1981, je ne pus m'empêcher de citer à un confrère le commentaire du porte-parole du PC, Pierre Juquin. Apprenant les chiffres quasi définitifs du deuxième tour, il nous avait lâché, dans une conversation discrète au téléphone, cette prévision défaitiste : « Nous sommes tous fichus ! »

Dès l'automne, l'atmosphère devint détestable. Les petits marquis roses se livrèrent à la délation. Ils travaillaient – un peu – dans la journée et, le soir venu, faisaient antichambre chez le nouveau ministre de la Communication, un ancien rédacteur en chef d'Europe 1, bon journaliste d'ailleurs, et qui avait choisi de longue date de franchir le pas en se faisant élire député de la Drôme. Les regards se tournaient vers moi. Pourquoi n'avais-je pas été débarqué avec les autres ? Quelle était la réalité de mes rapports avec les dirigeants de la gauche et leur chef nouvellement élu ? Étaient-ils aussi bons qu'on le disait, depuis les années d'opposition ? Dans la même semaine, un journal de droite, *Le Quotidien de Paris*, à présent disparu des kiosques, titrait : « La cabale à Cavada », tandis qu'en écho quelques jours plus tard, *Libération* affichait en une : « Et s'il n'en reste qu'un, ce sera Cavada. »

Un incident violent me décida à ne pas m'en laisser compter. Depuis notre arrivée l'année précédente sur cette chaîne, nous avions développé une politique de grands magazines de reportages, cinquante-deux minutes produites par les meilleures signatures, et portant aussi bien sur des questions nationales qu'internationales. Ils étaient diffusés le mercredi soir, mon jour fétiche, en première partie de soirée. Ainsi naquirent *Charters pour l'enfer,* signé Hervé Chabalier et Jean-Pierre Moscardo, pour lequel nous allions obtenir quelques semaines plus tard à New York un Emmy Award, la plus haute récompense en matière de télévision. Avec un autre document, les couteaux sortirent des fourreaux. *Les Trottoirs de Manille*, reportage réalisé par François Debré, montrait la misère d'enfants philippins livrés à la prostitution organisée, et notamment les conditions dans lesquelles de jeunes garçons servaient de chair fraîche à de vénérables messieurs, venus en toute impunité chercher à bon compte leur lot de frissons. Le reportage était pudique, mais évidemment impitoyable. Aurait-il pu en être autrement ? Nous savions que quelques fonctionnaires français, non des moindres, avaient là-bas leurs détestables habitudes exotiques. J'en eus bientôt la confirmation, peu après avoir fait visionner par la presse de télévision le contenu de ce reportage et avoir annoncé la date de diffusion. Un débat, aux motifs plus ou moins louables, s'engagea sur la place publique. Nous fûmes pris à partie d'un côté par ceux qui ne voulaient pas qu'on dévoile leur répugnant manège, de l'autre par ceux qui voyaient là une trop belle occasion de nous faire trébucher. Le ministre signa une lettre demandant au président de la chaîne de nous licencier sur-le-champ, Michel Thoulouze, le patron des magazines, et moi-même.

François Mitterrand lui-même eut à se prononcer lors d'une interview télévisée conduite par Pierre Desgraupes, nouveau patron de la Deux, et Michèle Cotta, qui commençait un bref passage à la tête de Radio France :

« Monsieur le président, une polémique vise la direction de l'information de TF1, qui s'apprête à diffuser un reportage sur le tourisme sexuel aux Philippines, dans lequel seraient compromis des Français. Faut-il diffuser ce reportage ?

– Ma femme a vu ce reportage, elle l'a trouvé excellent », répondit le président.

Et d'ajouter, perfide pour quelques militants qui en furent dépités :

« Cavada est un professionnel sérieux, qu'on le laisse faire son travail. »

Un partout, la balle au centre. Cette réponse avait dû siffler aux oreilles des apprentis conjurés. Mais, me méfiant du double langage, je décidai de verrouiller l'affaire, d'autant que j'avais eu vent d'un dîner où le ministre de la Communication avait lâché imprudemment : « Cavada ne pourra pas diffuser son reportage, et il en sortira affaibli ! »

Il avait à peine prononcé ces phrases qu'un participant de mes amis s'éclipsa et me prévint par téléphone. J'appelai le président de la chaîne et lui demandai, malgré l'heure tardive, de réunir dès le lendemain matin quelques membres du conseil d'administration, « aux fins de m'éclairer dans ma décision de diffuser ou non ce reportage ». Les statuts de la chaîne stipulaient en effet que le directeur de l'information pouvait, en cas de doute, demander à son président de réunir au minimum le quorum et de recueillir son avis, qui n'était d'ailleurs qu'indicatif.

Nous nous retrouvâmes donc dès le lendemain, huit heures du matin, à visionner ce film. Les membres ignoraient le dîner de la veille, et devant la qualité du sujet, donnèrent tous un avis favorable. Je n'en réclamai pas plus, fis paraître aussitôt un communiqué de presse confirmant la diffusion de cette enquête pour le soir même, comme prévu, « avec l'aval du conseil d'administration de TF1 ». Cette fois, l'affaire était bouclée : intervenir contre l'avis des administrateurs aurait créé un méchant scandale. Deux à un.

Cette émission fit grand bruit. C'est ce soir-là, pendant que les images défilaient sur l'écran, que je pris la décision de quitter, au jour où je l'aurais choisi, ma fonction. Les valeurs professionnelles étaient battues en brèche par de petits intrigants, les syndicats prétendaient diriger à la place des responsables, je prévoyais que le nouveau régime allait enregistrer sur le chapitre de la télé, devenue chaotique, sa première défaite populaire. Quelques semaines plus tard, je prévins discrètement le directeur de cabinet du président de la République que j'allais mettre en place un successeur et partir au printemps.

« Ne faites pas cela », me répondit André Rousselet.

Je le connaissais bien, il avait une sainte horreur du désordre.

« Vous verrez, ça passera, et nous avons besoin de vous. Le président vous apprécie, ajouta-t-il en guise d'onguent, et il ne veut pas de bazar à la télévision !

– André, dites-le à votre ministre, mais moi, je m'en vais. »

Je savais que TF1 allait se casser la figure, que la Deux, dirigée sérieusement par Desgraupes, prenait le dessus. C'est en effet ce qui se produisit, d'autant plus vite qu'un haut fonctionnaire, paraît-il de gauche, venait de prendre la tête de la Une et de lui porter, par manque de compétence et de sang-froid, le coup de grâce : deux présidents en un an, c'était une catastrophe. Il fallut faire appel, quelques mois plus tard, à Hervé Bourges assisté de Pascal Josèphe, proches de Mitterrand, professionnels intelligents et déterminés : ce sont eux qui remirent finalement TF1 sur pied. On les remercia finalement au moment de la privatisation de 1987... Mais dès le vote de la loi audiovisuelle de 1981, Mitterrand allait prendre une décision importante pour ce secteur, avec la création d'une haute autorité qui ne fut certes pas parfaite, mais qui fit franchir un pas fondamental à la radio-télévision. De la privatisation et de cette autorité, je proposerai plus loin une analyse.

Pour ce qui me concerne, j'avais tiré trois conclusions. D'abord, à quarante-deux ans, j'avais acquis une expérience suffisante de la radio et de la télévision pour tenter de faire évoluer le système, avec d'autres si je pouvais les rassembler. Ensuite, je devais compléter ma formation dans le domaine du spectacle de l'écran : l'information est essentielle, mais elle n'est pas tout. Pour avoir une parole autorisée sur la gestion du paysage audiovisuel et selon l'idée que je me fais des responsabilités, je devais tout connaître : fictions, films, achats de droits sportifs, publicité. Enfin, je savais que ce parcours n'irait pas sans secousses, je devais donc assurer mon indépendance économique pour livrer en toute sécurité les grandes batailles qui se profilaient.

Je décidai donc de créer une société de conseil privée, afin d'avoir financièrement les mains libres. Elle allait vivre plus de dix ans. Pour compléter ma formation, mon ami Serge Siristky me proposa le poste de numéro 2 dans la société fondée par son père, et dont il était devenu le P-DG : Parafrance, troisième compagnie française de cinéma, comportant la production de films, l'exploitation d'un très grand réseau de salles, dont nous allions agrandir le périmètre en entrant dans le dessin animé, et la fiction télévisée. Serge est un être étonnant : énarque, c'est un fou de presse et d'audiovisuel. Jamais vaincu, modeste, il poursuit aujourd'hui son chemin à la tête d'*Écran total*, le journal professionnel de référence sur les métiers du son et de l'image qu'il a fondé. Après quoi, je décidai de m'exprimer sur le système. J'étais partisan de l'autorisation à brève échéance des radios et télévisions privées dans notre pays. Ma vue des choses était et reste, vingt-cinq ans après, le juste équilibre entre secteur public et secteur privé, pour que les gens aient une gamme de choix. Pour les radios, la gauche avait astucieusement réglé l'affaire en autorisant les radios libres, même si, par démagogie politique, elle avait laissé croire au foisonnement des radios associatives, qui déchantèrent vite devant les nécessités des fins de mois et les appétits du « grand capital ». Le plus agile, bien conseillé par Max Guazzini, ami de Dalida qui fut très utile en raison de sa proximité avec le nouveau président, était Jean-Paul Baudecroux. Son réseau, NRJ, est devenu un quart de siècle plus tard la première radio de France.

Comment peser ? En militant pour l'arrivée de télévisions privées. Rousselet tira la première salve en créant, en 1984, Canal +. Bien sûr, des réserves s'imposaient sur la méthode. Les amis du prince se servaient d'abord, et on développait, après bien des tribulations, le premier réseau de télévision cryptée en confisquant une chaîne d'émetteurs hertziens, qui auraient donc été plus utiles pour une nouvelle télévision gratuite et en clair, d'autant que si l'on veut bien réfléchir honnêtement, ces émetteurs appartenaient au public. Bien sûr, cette création s'effectuait avec l'aide d'une structure d'État, l'agence de publicité Havas, dans un mélange de genres heureusement passé de mode. Aujourd'hui, Bruxelles gronderait. Mais c'était fait, la voie était tracée.

D'autres allaient tenter de s'y engouffrer : Robert Hersant et le redoutable Silvio Berlusconi. Je travaillai en 1985 et 1986 à la conception d'un projet qui devint, en 1987, La

Cinq. Je les quittai avant l'attribution officielle des fréquences par le nouveau gouvernement de droite, issu des législatives de 1986 qui portaient Jacques Chirac à Matignon pour la deuxième fois. Les propriétaires de La Cinq étaient devenus des drogués de l'audiovisuel, perdant tout sens du réalisme. Ils se mirent à imaginer qu'en débauchant les stars de TF1, en surenchérissant sur des catalogues de films ou de fictions, ils récupéreraient en un clin d'œil l'audience magistrale de la Une. Après un dîner effrayant avec Berlusconi, où des gardes du corps obstruaient l'entrée de sa salle à manger, j'allai voir Hersant pour l'informer de ma décision de partir.

« Mais pourquoi partez-vous maintenant ?

– Monsieur, lui dis-je, vous allez perdre un bon milliard de francs en moins de deux ans. Votre partenaire ne suivra pas. Vous finirez ruiné. Très peu pour moi ! »

Dix-huit mois plus tard, il me fit savoir par le doyen des animateurs sa triste vérité :

« Dites à Cavada que ce n'est pas un milliard, c'est plus de deux ! »

Le groupe Lagardère prit la relève, faillit y laisser sa peau et ferma la chaîne début 1992. Ce n'est que grâce à l'aide de solides banquiers et à son propre courage que Jean-Luc Lagardère n'y laissa pas le groupe dans son entier.

Pour moi, retour dans le secteur public à l'automne 1986, où l'on me proposa la direction de l'antenne de la Deux. C'était un poste nouveau à la télé, dont j'obtins la création en prenant exemple sur l'étranger et sur RTL. Le but : mettre un terme aux rivalités classiques entre les directions de l'information, du programme et de la programmation, finances comprises. L'entreprise, surtout la rédaction, était traumatisée par l'intrusion de plus en plus lourde de la politique, surtout après la malheureuse affaire Malik Oussekine. Jeune manifestant contre la loi universitaire Devaquet, il fut poursuivi un soir par un peloton de policiers voltigeurs motorisés et tabassé à mort au fond d'un couloir.

Nous vivions sous une cohabitation forcément impitoyable : la conquête du pouvoir allait se jouer moins de deux ans après. Jacques Chirac s'activait en vue de ces présidentielles de 1988, où il serait candidat, mais en tant que chef de gouvernement, il était à portée de toutes les flèches. À l'Élysée, Mitterrand fit d'abord profil bas. Il observait, et n'entama son travail de sape contre un Premier ministre imposé par les urnes qu'avec ses visiteurs les plus sûrs. Puis il passa à la phase deux : discours en demi-teinte, critiques de moins en moins voilées, déplacements symboliques contre l'action du gouvernement. Phase trois, il flatta certains membres de ce gouvernement, essayant de créer des dissensions au sein de l'équipe au pouvoir. La France produisit alors cette étrange image d'une nation dotée d'un président et d'un gouvernement avec des visions exactement opposées. Puis François Mitterrand passa à l'action institutionnelle, il refusa de signer des ordonnances, critiqua publiquement les décisions prises par un exécutif somme toute légitimé par le suffrage universel. Bref, il savonna la planche de ses rivaux, comme s'il ne s'agissait que de rivalités d'hommes, pendant que le pays souffrait. Il fut une époque où les présidents désavoués par le suffrage s'en allaient. Mitterrand, lui, cohabita. J'ai noté que Chirac a compris la méthode, qui, plus tard, cohabita avec la gauche.

Le président sortant de 1988 réussit à se représenter presque naturellement, et fut évidemment réélu : il était président sortant, mais n'était responsable de rien ! Arriva la loi de privatisation de la télévision, au printemps 1987. De mon poste de directeur de l'antenne de la Deux, je vis quelques-uns de nos animateurs filer brutalement avec leurs émissions sur la Une, un match de foot passer en une semaine de quatre cent mille francs à plus de trois millions malgré l'aide de Platini, ou encore l'équipe jeunesse de Jacqueline Joubert partir en face, où l'on n'avait pas hésité à doubler les salaires en quelques heures. Jacqueline en fut ulcérée et vécut cet épisode comme une trahison personnelle. Désormais, l'argent allait couler à flots. Il est vrai que l'on venait de changer d'époque en quelques semaines : le groupe Bouygues avait arraché à Lagardère l'acquisition de TF1 désormais privée. Les méchantes langues racontaient que le ministre en charge, l'atypique et attachant Léotard, souhaitait privatiser la Deux, que le conseiller de Chirac, d'ailleurs successeur de Jullian à la tête de la Deux en 1978, y était opposé et préférait vendre la Trois, et que puisque personne n'était d'accord, quelqu'un eut la lumineuse idée de dire : 3-2 = 1.

Et c'est ainsi que la France privatisa la première chaîne publique du continent européen, fruit de quarante ans de redevance du contribuable, pour faire entrer le secteur privé dans l'activité audiovisuelle. Dans les autres pays de l'Union, on avait depuis longtemps permis aux investisseurs privés d'obtenir des fréquences, de créer ex nihilo et de faire monter en puissance des entreprises aujourd'hui solides – en Grande-Bretagne par exemple, dès 1955. Mais aucun n'avait utilisé notre contestable méthode, qui créa un déséquilibre brutal entre secteur public et secteur privé, car les nouveaux dirigeants de TF1 surent s'entourer et créer les conditions d'un bond en avant. Naturellement, la mariée était belle, mais ils allaient rapidement faire la preuve qu'ils savaient diriger des entreprises, qu'elles soient ou non de télévision. Depuis le début des années quatre-vingt, j'avais observé à travers nos rendez-vous l'évolution de Francis Bouygues, un roc étonnant, curieux de tout, madré et raisonnant juste, usant de tous ses réseaux, fils spirituel d'un grand des travaux publics de l'entre-deux-guerres, l'ingénieur Freycinet. Francis accepta, au mois de mai 1987, de venir dire en public, dans une longue émission de deux heures consacrée au cancer, qu'il était atteint, qu'il était en rémission, qu'il gardait l'espoir. Quelle trempe ! Chapeau !

En 1989, je partis pour prendre la direction générale des antennes de la Trois. Et j'y emportai avec moi *La Marche du siècle*, après l'avoir rodée deux ans sur Antenne 2.

Durant l'exercice de ma responsabilité, je fus témoin d'un sale bidouillage. Philippe Guilhaume, neveu par alliance de Chaban et plutôt classé à droite, venait d'être élu nouveau président des chaînes publiques (la loi venait de les réunir sous l'autorité d'un P-DG unique), sous un gouvernement de gauche, au nez et à la barbe des autres candidats plus proches du pouvoir en place. L'homme était fantasque, c'est vrai, mais le gouvernement lui savonna copieusement la planche en étranglant son budget, en allant de critiques en mises en garde. Il tint moins de deux ans. Ce capharnaüm ne me convenait pas, je mis un terme à ma responsabilité, et je repris *La Marche*, avec mon équipe, pour une émission en « prime time », comme on dit. Elle connut le succès que vous savez, pendant treize années au total. J'essaie encore aujourd'hui d'en analyser les raisons.

Il y eut d'abord la régularité du rendez-vous : tous les mercredis, en première partie de soirée. Je ne concevais pas alors de servir les spectateurs au-delà de 22 h 45, quand ne restaient plus que 10 à 15 % de l'auditoire : Paris oublie souvent que les trois quarts du pays se couchent tôt, car on se lève de bonne heure et on « embauche », comme le dit le monde ouvrier, entre sept et huit heures du matin. Ça, c'est la radio qui me l'avait appris. Ensuite, la formule a rencontré son public. Cette émission a d'ailleurs une histoire.

Au début des années quatre-vingt, je me rendais régulièrement aux États-Unis pour les besoins de mon travail. J'y avais découvert dans la presse l'existence d'une maladie nouvelle, décrite par des médecins californiens réunis en congrès à Atlanta : le sida. Avec le recul, on commençait à percevoir l'influence que cette pandémie avait sur les habitudes des groupes sociaux, spécialement les homosexuels, parmi lesquels ce terrible fléau avait d'abord fait son nid. Ce qui frappait, devant l'impuissance médicale, c'est que les patients en savaient autant que leurs soignants, et qu'il fallait pouvoir compter, dans une thérapie, sur leur totale coopération. Bien plus, quelques années plus tard, on s'aperçut que les comportements sexuels annonçaient d'autres changements. Le fatalisme des jeunes générations, homo ou hétérosexuelles, transformait ces personnes en citoyens exigeants, qui en apprenaient aux clercs et entendaient mener leur vie dans la vérité, sans honte ni faux-semblant. On ne pouvait qu'être frappé par la similitude qui prévalait face à la politique. Une société nouvelle était en train de naître, plus exigeante, qui entendait parler aux puissants d'égal à égal. Santé ? On ne savait pratiquement rien sur le nouveau virus qui plombait les libertés sexuelles et conduisait inéluctablement à la mort. Sang contaminé ? Les responsabilités n'étaient pas clairement établies, les victimes commençaient à s'organiser, le pouvoir était désorienté. Chômage ? On n'arrivait pas à l'endiguer, bien qu'on ait « tout essayé », comme le confesserait benoîtement le président Mitterrand quelques années plus tard. La politique ? Les scandales couvaient. Alors, au moins, dites-nous la vérité, et surtout, fini le monopole de la parole ! Le pays aussi avait son mot à dire, et pas seulement aux élections !

C'est à partir de ce constat confirmé et analysé par les spécialistes de l'opinion que je décidai cette chose simple : il fallait bâtir une émission sérieuse, qui ait de l'envergure par son propos, et où des témoins, anonymes ou non, invités en fonction de leur connaissance intime, vécue, d'un sujet, allaient pouvoir s'exprimer au même niveau que des responsables ou des spécialistes de ce même sujet. En face, exactement en face. J'avais décidé que pour donner de la profondeur à nos témoignages et débats, on ne s'interdirait rien : les sujets concernant le mouvement de la société, certes, mais aussi bien la science, l'histoire, la politique, les arts... Pas de prétexte, juste montrer les facettes de grands personnages flamboyants en rassemblant de fortes personnalités, pour le plaisir, si rare de nos jours, de la rencontre humaine, de la beauté de la parole vraie ou du talent libre. De ces gens qui n'ont rien à vendre, mais dont la modestie et la force vous rendent intelligent. L'éblouissant Michel Serres, philosophe entré à l'Académie française, enseignant à Berkeley, offrit au pays une soirée lumineuse, simple, optimiste sans béatitude. Nous en avions bien besoin : on sortait à peine de la première guerre du Golfe, le monde retenait son souffle.

Restait le ton : une grande rigueur était nécessaire, une empathie exigeante vis-à-vis des témoins, notamment des professionnels de la parole. Pour les autres, ni morgue ni familiarité. Et par-dessus tout, ne jamais se substituer aux invités, leur laisser le temps, ne pas vouloir briller à leur place, n'être ni filtre ni écran, tout juste pédagogue lorsque la difficulté du propos l'exigeait.

Pour aboutir à cet exercice, il fallait d'abord que nous appliquions à nous-mêmes cette rigueur, notamment dans la préparation. Ce qui nécessitait une solide équipe, conduite avec l'intransigeance qu'on m'a parfois reprochée, mais qui ne trichait pas. Les émissions étaient préparées longtemps à l'avance, des semaines ou des mois parfois, selon un schéma basique : les chefs de dossier allaient rendre visite aux futurs invités, les faisaient parler, rentraient avec d'abondantes notes, construisaient leur émission et confirmaient ensuite ou non les invitations sur le plateau. Dans le même temps, l'autre équipe, celle des grands reporters (choisis parmi les meilleurs de la place), bâtissait et rebâtissait ses reportages, intégrés dans l'émission le moment venu. Une fois par trimestre, cette même équipe confectionnait un « tout-images » que nous offrions en édition spéciale sous le nom de « États d'urgence ». Un tel titre nous faisait obligation de n'y traiter que des situations graves telles que les retombées nucléaires dans l'ancienne URSS, les génocides dans les Balkans ou le chômage en France décrit par des malheureux devenus SDF. Chaque fois qu'il fut nécessaire, nous avons consacré jusqu'à six ou huit mois de travail pour présenter aux spectateurs des documents élaborés de quatre-vingt-dix minutes.

Ce fut le cas en particulier pour le génocide au Rwanda. Un génocide, certes, mais noir, en Afrique, ce continent si lointain, fatalement voué aux malheurs. On cita pourtant à la barre du tribunal pénal spécial installé au Rwanda pour faire la lumière sur cette horreur le chiffre minimum de huit cent mille morts. Un responsable de chaîne me fit remarquer que ce sujet n'était pas porteur d'audience. Je lui répondis avec méchanceté, tant j'étais en colère, que j'aurais aimé savoir s'il m'aurait dit la même chose le 8 avril 1945, lorsqu'on libéra les prisonniers du camp d'Auschwitz, à supposer que les moyens de la télévision moderne aient existé. Des cadavres ambulants dans des pyjamas rayés, après tout, ça ne devait pas être formidable pour l'audimat non plus ! Mais c'est la tragédie de l'histoire, et l'histoire, me semble-t-il, est plus importante que l'audience. Souvenons-nous de la phrase souvent reprise par Elie Wiesel : « Les peuples qui ne connaissent pas leur histoire s'exposent à la revivre. » Il ne fut plus jamais question d'audience.

Je n'oublierai jamais cette équipe, qui a donné le meilleur d'elle-même pendant ces années, qui se faisait une certaine idée du spectateur, qui travaillait tous les jours jusqu'à la moitié de la nuit, week-end compris, mais que la chaîne a laissé partir à l'arrêt de l'émission. Comme si la qualité des êtres n'était pas le fruit de dispositions personnelles certes, mais aussi d'un long apprentissage de grande valeur. C'est ici que je devrais citer des noms – ceux des rédacteurs en chef de mes deux équipes de *La Marche*. Mais je ne le ferai pas, parce qu'à presque tous, à ceux qui me sont restés loyaux dans les batailles inévitables, je voue une affection profonde, une estime qui ne s'effacera pas. Et surtout, parce qu'ils représentent l'ensemble de cette équipe à qui je dois d'avoir réussi une émission qui s'est faufilée dans l'intimité exigeante d'un public intelligent. Ils savent par nos contacts encore vivaces actuellement que je tiens à eux parce que je les estime.

Enfin, le titre, la description de l'intention en somme. Un beau soir, je couchai sur le papier une dizaine de possibilités, qui tournaient autour de la notion de temps, de fin de siècle, puisque nous étions à treize ans de l'an 2000, et de l'idée de mouvement, puisque c'était ce dont je voulais rendre compte. « La marche du siècle » s'imposa d'évidence.

Après un numéro consacré au cancer et un autre au sida, signalés plus haut, j'ai su que nous allions trouver notre place. Cette émission sur le sida fut bouleversante : des femmes et des hommes atteints par le virus venaient se découvrir sur le plateau, pour dire qu'ils voulaient sortir de leur ghetto, raconter leurs difficultés à évoluer dans une société qui les rejetait, comme les lépreux autrefois, affirmer aussi leur volonté de vivre et leur foi en un avenir qu'ils savaient pourtant limité vu l'état des traitements. On avait l'impression de rentrer dans leur tête tellement leurs mots étaient forts, jusqu'à chuter dans un silence qui était une autre parole. Nous en avons été retournés. Hélas, les mois ou les quelques années qui ont suivi nous ont amené leur lot de faire-part, jusqu'à cette malheureuse petite fille de sept ans à qui sa mère avait transmis son infection à la naissance, et que nous avons accompagnée, Line Renaud et moi, jusqu'au bout, dans son pauvre petit cercueil blanc.

Restait la manière de montrer les invités : pas de pathos, pas de larmes sollicitées comme on en a tant vu depuis. Je n'avais pas besoin de donner de consignes, je connaissais la pudeur des membres de mon équipe, où les femmes tenaient une place importante, je les avais recrutés un par un, et ils se faisaient une idée de la télé encore plus haute que la mienne. S'agissant d'une émission sur la fratrie je crois, nous avions retrouvé deux frères qui avaient été séparés alors qu'ils étaient enfants, confiés ensuite à des familles différentes, et ne s'étaient jamais revus depuis. Leurs retrouvailles sur le quai de la gare de l'Est ne furent pas filmées ; nous leur laissâmes tout l'après-midi pour refaire connaissance avant de venir nous rejoindre dans l'émission. Les spectateurs les découvrient en même temps que moi. C'était très beau.

J'ai toujours pensé que les visages humains et leurs paroles sont le plus fort spectacle qui puisse pénétrer nos cœurs et nos esprits, que nous ne devons pas poser de questions dont nous ne connaissions, ou tout au moins imaginions, la réponse, que notre rôle est de mettre les témoins sur leurs propres rails et de nous faire discrets, et que par-dessus tout, nous sommes des passeurs en retrait, pas des « m'as-tu-vu » en représentation ou des procureurs menaçants. Cela fera peut-être ricaner, mais c'est ma vérité sur ce métier de questionneur, je l'ai héritée de mes maîtres, pourquoi penser que je ne pourrais pas la transmettre ?

On me demande souvent quelles émissions de *La Marche* m'ont le plus frappé. Je pourrais en citer beaucoup, mais l'une d'elle ressort particulièrement. Nous avions décidé de consacrer une soirée, intitulée « L'adieu à la classe ouvrière », au changement profond des classes sociales, en rendant hommage à ces gens qui ont donné ses lettres de noblesse à la fonction d'ouvrier. L'idée m'en était venue après l'annonce de la fermeture de Billancourt, ce lieu historique de Renault. Nous voulions de fortes personnalités. Quelqu'un dénicha un sidérurgiste de Moselle, M. Marcel Donati, employé des aciéries lorraines. Il décrivit en des termes lyriques qu'on n'attendait pas forcément chez lui son corps-à-corps avec l'acier en feu, la dureté de ce travail. Il ne savait faire que celui-ci, l'aimait de tout son être et dégageait une fierté réconfortante. Il fut éblouissant. Un éditeur lui proposa aussitôt d'en faire un livre, qu'il mit un point d'honneur à écrire lui-même. Cette émission, nous écrivit-il, avait transformé sa vie, moins par la notoriété qu'il avait gagnée que parce qu'il avait défendu l'honneur des sidérurgistes, assimilés à des casseurs après les grandes luttes du début des années quatre-vingt, qui avaient vu ses camarades et lui barrer les autoroutes de la région avec des pneus enflammés. Il passait nous voir régulièrement, puis un jour nous apprit qu'il ne viendrait plus : il avait un cancer. Il partit quelques mois plus tard. Ses amis me demandèrent d'entretenir sa mémoire. C'est ce que je fais et continuerai à faire.

Reste une question. Pourquoi une émission devient-elle un succès tel qu'on m'en parle encore presque tous les jours, des gens de toute condition, intellectuels, classe moyenne, commerçants, gens du peuple ou « gens de peu », selon la magnifique expression de Pierre Sansot ? Je suppose que le fait qu'elle ait été sérieusement conçue, et de bonne qualité si j'en crois critiques et jugements, ne suffit pas. J'en ai préparé d'autres, elles n'ont pas atteint cette réputation qui lui valut sept « 7 d'or », dont deux pour des émissions spéciales consacrées à l'enfance. Il me semble qu'il y a un moment magique, une rencontre entre la proposition et l'état d'esprit du pays. Ce programme a fait l'objet de recherches universitaires, qui ont souligné l'adéquation entre la demande des spectateurs et la nature de l'offre, tant dans sa variété que dans sa volonté d'explication. À vrai dire, je ne sais qu'une chose : notre désir de donner à comprendre, de partager nos découvertes, fut le plus fort. Et ce service des autres fut pour la plupart d'entre nous un profond bonheur. Nous étions enfin à notre place, entre les puissants et les humbles, entre ceux qui décident et ceux qui subissent, entre ceux qui connaissent et ceux qu'on laisse ignorer. Vous serez peut-être étonnés d'apprendre que par ailleurs, je n'éprouve aucun intérêt pour ce qu'on appelle maintenant son « image ». J'ai pas mal d'orgueil, mais aucun narcissisme. Pour une simple raison : je n'ai jamais été capable de revoir plus de quelques minutes des émissions que je présentais, à tel point que la lecture critique post-diffusion a toujours été assurée par mes adjoints immédiats. Ce n'est pas fausse ou vraie modestie. Tout simplement, je ne connais pas le type qui me ressemble et qu'on voit sur l'écran, de plus je ne l'aime guère, j'ai beaucoup de reproches à lui faire : trop ceci, pas assez cela. Croyez-moi ou non, après une émission, il me fallait deux heures pour décompresser, que je passais à ressasser mes erreurs, insuffisances, approximations et autres à-peu-près. Ce magazine ne s'arrêta qu'en janvier 1999, mais c'est une autre histoire que je vous raconterai. J'ai rencontré récemment dans un train quelqu'un qui voulait me parler de « votre émission, il y a quelques mois je crois... » : *La Marche du siècle* n'existe plus depuis sept ans. Si avec cela, vous n'êtes pas ramené à votre juste proportion... Et puis, soyons honnêtes : la télévision, c'est très important dans la vie contemporaine, certes, mais plus important encore est ce qu'elle montre, dit ou propose. Ce qu'on appelle son contenu.

La télé pas comme les autres

Je n'ai pourtant pas abandonné *La Marche* comme elle avait fini par s'appeler familièrement, par lassitude, mais pour cas de force majeure : je venais d'être élu par le CSA (Conseil supérieur de l'audiovisuel) à la présidence de Radio France, un des joyaux culturels européens. Le 27 janvier 1999, nous réunîmes dans l'amphithéâtre Richelieu de la Sorbonne, devant deux mille personnes et en direct, quelques-unes des personnalités les plus symboliques de cette émission. Je ne dis pas grand-chose, j'avais la gorge plutôt nouée : c'était la dernière. Pendant le générique de fin, des applaudissements jaillirent, comme il arrive dans ce genre de réunion, pour remercier nos invités. Et avant que j'eus le temps de dire ouf, la salle se leva comme un seul homme : je pliai mes documents et m'enfuis à toute vitesse du plateau pour masquer mon émotion. Je venais de refermer une des trois magnifiques pages de ma vie professionnelle. Voici maintenant l'histoire des deux autres.

À commencer par la création d'une chaîne de télévision d'un type nouveau, inconnu en Europe, une télévision de connaissance et de découverte : La Cinquième, qui s'appelle aujourd'hui France 5.

En décembre 1993, j'avais postulé pour la présidence de France Télévision. Le fauteuil était neuf, puisque la loi avait récemment réuni les télévisions publiques sous une seule autorité, et la radio publique sous une autre. Le projet que j'avais soumis pour cette candidature était ambitieux : regroupement de toutes les équipes et budgets de l'information des chaînes dans une seule et même filiale, afin de constituer avec ces rédactions et leurs moyens groupés une vraie force de frappe en matière d'information, et de préparer la création au sein du service public d'une chaîne d'information continue. Celle-ci doit rester dans les éditions quotidiennes et sur les grilles le point fort des chaînes de télévision publiques. Nous avions aussi, mes amis et moi, réfléchi à un investissement massif dans la production de fictions et de documents, et à la création de magazines scientifiques et historiques. Mais surtout, pour prendre un virage plus ambitieux quant à la qualité des contenus, nous étions décidés à mettre sur pied une chaîne d'un genre nouveau, telle que je n'en avais vu qu'aux États-Unis et au Canada : une chaîne pour le plaisir de l'esprit et la curiosité, d'un niveau élevé mais dans un langage populaire accessible à tous. Depuis que La Cinq avait fermé ses portes, son canal, occupé par Arte à partir de dix-neuf heures, était libre toute la journée : je vis là une possibilité à exploiter. Enfin, je voulais entreprendre une campagne visant à relever le niveau de la redevance, qui figurait à la troisième place européenne, loin derrière la BBC britannique et les chaînes publiques allemandes, ce qui est encore le cas aujourd'hui. J'avais aussi en projet de faire « maigrir » l'administration par des départs à la retraite, et de vider quelques placards. Je connaissais les hommes et les femmes portant ces exigences, le projet tenait vraiment la route.

Plusieurs candidats étaient en lice, mais au final, il n'en resta plus que deux : Jean-Pierre Elkabbach et moi. Il fut choisi sur décision du président de la République, qui « inspira » fortement le CSA, c'est un euphémisme au regard des manœuvres qui eurent lieu en coulisses. La politique, une fois encore, avait fait son œuvre. Face à deux candidats d'expérience comparable et qui s'étaient souvent retrouvés face à face, il avait choisi celui que désormais il connaissait le mieux : le banni de 1981 était devenu l'intervieweur préféré de Mitterrand. Dans le calme de sa bibliothèque élyséenne, il aimait à lui susurrer de graves confidences sur la vie, la mort qu'il sentait en lui, la jeunesse, la vieillesse, le destin, Vichy, de Gaulle. Autant de sujets à travers lesquels il essayait de forger sa stature pour l'histoire et dont Jean-Pierre Elkabbach fit une série intéressante de documents. Le président et son interlocuteur s'étaient bien trouvé. Pour ma part, j'avais pris mes distances avec un homme qui m'avait intéressé dans l'opposition, mais m'avait déçu au pouvoir, tant son rapport au pays était devenu ambigu, et nauséabond le parfum des mensonges et des scandales. Je ne l'accompagnai pas à Latché, sa bucolique bergerie des Landes qui vit défiler tant de nécessiteux.

Quelques mois plus tôt, en plein été 1992, le téléphone avait retenti sous le soleil de Calvi. C'était mon vieil ami de Nancy, Jack Lang, alors ministre de la Culture et de l'Éducation. « Jean-Marie, j'ai besoin de vous voir de toute urgence. Je vous attends demain soir. » Nous nous connaissions bien, avions travaillé plusieurs fois ensemble, et nos origines géographiques communes avaient depuis longtemps tissé entre nous une certaine cordialité qui existe encore. Ce soir-là, il avait mis les petits plats dans les grands : dîner sur la terrasse de la rue de Valois, en face du Conseil constitutionnel, avec un soleil couchant de toute beauté qui dorait les pierres de la place du Palais-Royal.

« Cela fait longtemps que vous me parlez de vos projets de télévision culturelle populaire, le canal de feu La Cinq est libre tous les jours jusqu'à dix-neuf heures, pourquoi ne pas essayer, maintenant que je peux aussi mobiliser les moyens de l'Éducation nationale ?

– Bonne idée, mais il y a trois obstacles à franchir : obtenir du CSA l'autorisation d'exploiter la fréquence, à six mois d'élections législatives mal parties pour la gauche ; avoir un bon projet ; quant aux moyens de l'Éducation, je n'y compte guère : la télé, c'est un autre métier. Mieux vaudrait un partenariat extérieur avec eux !

– Bon, je vais voir, mais pour le projet, êtes-vous d'accord ?

– Sans aucun problème : vous aurez le document dès la rentrée. »

Je n'étais dupe de rien. Depuis quelques semaines, j'avais eu vent que ce projet flottait dans l'air, mais comme souvent dans la sphère politique, à peine a-t-on lancé une idée qu'on trouve le moyen de la noyer dans de multiples commissions, d'où sortent généralement des textes tièdes et des batailles d'hommes. C'est ce qui était arrivé, et les forces antagonistes semblaient avoir bien ensablé le concept, qui devenait chaque mois un peu plus opaque. Dès la fin de mes vacances, mon projet fut rendu et transmis, comme tout ce qui compte dans notre pays, au président de la République. Il annota de son écriture verte, en marge d'une note de synthèse élaborée par ses services qui résumait la liste des candidatures sans doute issues des différentes cellules rivales : « Cavada me paraît le meilleur. OK. » Mais l'affaire ne se fit point, au grand dam de Lang, qui fulminait sur cette autorité et son manque de courage, car le Conseil supérieur de l'audiovisuel lorgnait comme je l'avais prévu l'échéance électorale du printemps suivant, et n'avait aucune envie d'être suspecté d'avoir rendu un dernier service à la gauche, puisque décidément, elle était donnée perdante. Ce que confirmèrent les législatives du début 1993, qui rappelèrent la droite au pouvoir et Édouard Balladur à Matignon.

Le nouveau Premier ministre m'invita à venir le voir. Je m'y rendis par une belle matinée du début d'avril 1994, dans la décontraction d'un samedi matin. Le chef du gouvernement m'offrit un café, ouvrit les fenêtres qui donnaient sur une pelouse ensoleillée, et me dit en faisant quelques pas sur le perron :

« Tenez-vous toujours à votre projet de télévision éducative dont je suis au courant ?

– Oui, plus que jamais. Si nous ne le faisons pas d'ailleurs, une des trois chaînes de la côte Est américaine s'installera un jour en France et prendra le créneau.

– Vous avez sans doute raison, je m'intéresse à cette idée, quelle conception vous en faites-vous ? »

Je connaissais très peu Édouard Balladur, un peu mieux son directeur de cabinet, l'énergique Nicolas Bazire, dont le père, hasard du petit Paris, avait signé mon premier vrai contrat de journaliste, à Strasbourg, vers la fin des années soixante. Je développai mon idée de chaîne à tonalité éducative et surtout de découverte, et lui expliquai que cette aventure serait vraiment nouvelle non seulement en France, mais aussi sur notre continent. Par souci de clarté, je l'informai que j'en avais débattu dix-huit mois auparavant avec la gauche, précisément avec Jack Lang, ce qui me permit d'entrevoir au passage qu'il n'était pas en mauvais termes avec l'ancien ministre. Il esquissa un geste de la main, comme pour balayer un argument et, de la manière urbaine qui n'appartient qu'à lui, ajouta :

« Oui, mais nous, monsieur Cavada, nous allons conduire cette idée à son terme. Combien de temps vous faudra-t-il, croyez-vous qu'avant dix-huit mois vous pourrez venir à bout de cette affaire ? »

Je m'amusai intérieurement, sachant que les prochaines présidentielles se tiendraient un peu plus d'un an plus tard.

« Nous sommes le 7 avril. Si le gouvernement ne met pas six mois à concrétiser ses intentions, cette chaîne sera à l'antenne pour Noël cette année.

– N'est-ce pas un peu court, et comment allez-vous faire ? demanda-t-il d'une voix où se mêlaient du scepticisme et une certaine gourmandise.

– Dans deux jours, vous trouverez sur votre bureau une note de méthode que je vais rédiger dès aujourd'hui. En moins de deux pages, elle résumera le projet, décrira le nouveau style d'équipe, très restreinte, que je souhaite, et indiquera le budget nécessaire à l'exercice de cette année. Si vous êtes d'accord, votre signature constituera ma lettre de mission, et servira de base provisoire au cahier des charges, jusqu'à l'aval du Conseil d'État, qu'il faudra consulter en urgence.

– Combien de personnes envisagez-vous de recruter : huit cents, un millier ?

– Cent cinquante au maximum pour les trois premières années, car je voudrais que les trois cinquièmes du budget au moins soient sur l'écran, le quatrième pour payer la diffusion, et seulement le dernier cinquième pour les charges de personnel.

– Prenez tout de même une marge, me lança-t-il plutôt inquiet, imaginant assez mal qu'une telle entreprise audiovisuelle puisse fonctionner avec aussi peu de monde.

– Ne soyez pas inquiet : l'argent du public doit d'abord nourrir le programme, pas les structures. En revanche, si ma lettre vous agrée, je ne veux pas m'user à batailler avec Bercy, je n'y parlerai qu'avec le ministre du Budget.

– Je vous fais confiance, il n'y aura pas de frein. Et pour commencer, je compte sur votre lettre dès lundi. Êtes-vous libre samedi prochain, même heure ? »

Le samedi suivant, même lieu même heure, nouveau rituel du café, des fenêtres ouvertes sur le jardin de Matignon, et le Premier ministre me tendit ma lettre de mission signée, contenant au centime près le budget réclamé. Il avait fallu huit jours, pas un de plus, pour prendre et matérialiser la décision. Je m'accordai un dernier dimanche de liberté, et me jetai à corps perdu dans cette aventure aussi nouvelle que périlleuse.

Ce qui me plaisait, c'était construire une chaîne d'un type nouveau à partir d'une feuille de papier, et vérifier la solidité de mes idées. Et puis, nouveau clin d'œil du sort, je repassais sur mes propres traces. C'était en effet sur ce réseau hertzien que j'avais, avec une petite équipe, édifié les bases de La Cinq privée, celle qui finit par fermer ses portes en 1992.

Je me posai cinq questions. La première : quel devait être le souci principal d'une chaîne au programme aussi ciblé ? La qualité et la diversité des émissions, toutes orientées vers la découverte, à destination de toutes les classes, populaires et moyennes d'abord. Apprendre des choses que l'on ignore, guidé par le plaisir qu'offrent les procédés de mise en images et sons, la construction dramatique des émissions que le style télévisé permet. J'étais et reste persuadé qu'il s'agit moins d'abaisser le niveau du contenu que de veiller à la grande simplicité du langage qui l'exprime : de bonne qualité, mais accessible à tous. Je n'ai en effet jamais rencontré quelqu'un qui veuille devenir moins intelligent, connaître de moins en moins de choses. J'ai toujours vu des gens qui veulent pour leurs enfants un meilleur sort que pour eux-mêmes : plus de culture, plus de diplômes et, si possible, un rang social plus élevé, pourvu qu'on les aide à progresser, à comprendre. Il y a dans notre monde quelque chose d'insupportable : c'est cette manie de ne nous considérer que comme des consommateurs, nos autres aspirations étant au mieux tolérées. Traitez-moi de pédago, j'accepte le compliment ! *Les Guignols* de Canal + m'habillèrent d'ailleurs aussitôt d'une blouse bleue de prof, ce qui était plutôt flatteur quand on connaît leur causticité.

Deuxième interrogation : devions-nous produire nous-mêmes nos programmes, ou plutôt utiliser la méthode des maisons d'édition, qui trouvent leurs auteurs, surveillent l'avancement des livres, relisent et corrigent, mais ne possèdent pas les imprimeries qui les fabriquent ? Autrement dit, construire une structure ultralégère qui réunisse à l'intérieur de la chaîne ceux qui éditent les programmes, en contrôlent la bonne fin, veillent aux règles juridiques et financières, mais font fabriquer à l'extérieur. Je réunis les producteurs, petits et grands, pour leur annoncer notre façon de faire, moyennant quoi cinq cents millions de francs seraient investis sur le marché chaque année, en fonction des projets d'émission proposés ou commandés par mes éditeurs de programmes. Notion qui existait en Grande-Bretagne, notamment à l'intérieur de l'excellente Channel Four : je n'avais rien inventé ! Les maisons de production répondirent de façon enthousiaste. Je privilégiai les petites pour les aider – elles le comprirent vite lors de l'affichage de nos tarifs, deux à trois fois inférieurs aux prix pratiqués usuellement sur ce marché –, sachant que si nous en étions contents, nous leur serions fidèles. Elles ne gagneraient guère d'argent au début, mais s'assureraient un roulement de commandes qui en aiderait beaucoup, car ces années-là, les métiers de la production souffraient en France.

Troisième question : devions-nous proposer des programmes de format traditionnel (cinquante-deux minutes), ou attirer les spectateurs avec des modules courts, treize ou vingt-six minutes, en alternance avec des durées classiques, plus longues ? Nous prîmes la décision de casser les habitudes, au moins au début, quitte à détendre et à calmer progressivement le rythme de la grille de programmes.

Quatrième question : allions-nous nous embarrasser de la lourdeur des outils techniques, ou étions-nous capables d'inventer une télévision sans cassette ? Le pari fut tenu, en généralisant le numérique.

Dernier point à résoudre : savoir trouver les personnes capables de tenir un tel pari. À commencer par la direction, la plus restreinte possible, qui devait donner l'exemple. Puis trouver des talents originaux, jeunes sous l'autorité de plus aguerris, afin de produire quatre mille heures d'antenne en moins de dix mois, dans un budget très serré (qui ne fut d'ailleurs pas dépassé d'un centime), sur lequel l'État, au contrôle bienveillant mais intransigeant – c'était son métier, s'agissant d'argent public –, possédait toute information. L'administration de Bercy se déclara sceptique... parce qu'il n'y avait pas assez de monde pour l'idée, très classique, qu'elle se faisait d'une télévision, ou parce que nous ne produisions pas nos émissions en interne. Un jour, alors que j'avais accepté un rendez-vous avec une jeune responsable d'un bureau pour mettre en place les échéances de versement de mon budget, elle sortit de son rôle en me demandant tout à coup d'un ton supérieur : « Monsieur le président, et sur les programmes, qu'avez-vous à me dire ? » Excédé, je sortis une pièce de ma poche et la fis rouler vers elle à travers sa longue table de travail (du plus beau bois d'ailleurs), en lui disant : « Sur ce sujet qui ne vous regarde pas, mademoiselle, voici dix francs. Achetez le prochain hebdomadaire de programmes, vous verrez, c'est très bien expliqué dedans ! » L'entretien en resta là et, par miracle, je ne la revis plus. Je racontai l'anecdote à Nicolas Sarkozy, ministre du Budget à l'époque, qui veillait avec loyauté à ce que tout se passe bien : « Ne te laisse pas faire, me dit-il, mais essaie quand même de ne pas te les mettre tous à dos ! »

Le choix le plus délicat était celui de l'équipe de programmes : le directeur de l'antenne devait avoir la double expérience du public et du privé. Pour l'ambition de programme, mais aussi pour sa gestion. Jean Mino inaugura la fonction, auquel succéda ensuite mon compagnon de route depuis de longues années, mon ami Norbert Balit. Il fallait aussi croiser l'expérience d'éditeurs de programmes venus de la télévision et d'autres venus d'ailleurs : de l'édition ou du cinéma par exemple. Les uns et les autres réussirent à attirer un foisonnement intellectuel qui faisait plaisir à voir. Pour les stimuler, et pour nous entourer des meilleurs spécialistes des disciplines traitées à l'antenne, je créai un Conseil d'orientation des programmes, dont les membres se réunissaient gracieusement à la chaîne pour nous faire connaître l'état d'avancement de la pensée dans les disciplines sur lesquelles nous voulions faire des émissions. Et l'on vit des personnalités aussi différentes que le professeur Claude Jasmin, cancérologue de réputation internationale, Michel Serres, Jean-Denis Bredin, René Rémond, Jacqueline de Romilly ou Rony Brauman, le patron de Normale sup, l'astrologue Pierre Léna et bien d'autres, dialoguer avec nos équipes environ tous les deux mois. Rapidement, cette disponibilité bénévole fit école : on vit des intellectuels qui n'avaient jamais fait de télévision se tourner vers la chaîne ou ses producteurs et se mettre à proposer des idées qui devinrent de bons programmes.

Au début de l'été, nous avions trouvé nos locaux, modestes bien que modernes et au loyer raisonnable. Restait le défi technique : il me fallait un petit génie de la technologie, fiable, qui puisse faire pression sur les équipementiers côté tarifs et, surtout, nous produise un schéma de fonctionnement le plus automatisé possible, puisque nous avions décidé de franchir un pas technologique. Cet équilibriste, je le connaissais, je l'avais repéré à la construction de Canal +, puis à celle de La Cinq : Sylvain Anichini. Nous ne fûmes pas déçus : quarante kilomètres de câblage sous les faux planchers et l'introduction du numérique, cinq ans avant que le métier n'en généralise la pratique. Au bout du compte, nous avons obtenu un outil technique moderne et très performant, pour une dépense d'équipement faible, en comparaison avec les pratiques de l'époque. Dans le même temps, la direction de la production était en place : métier fondamental, adossé au financier et au juridique, qui surveille les intérêts de la chaîne dans les sociétés de production extérieures. La maîtrise de nos finances, le respect des contrats au centime près en dépendaient.

Rapidement, nous avons signé avec l'Éducation nationale, dont le ministre était François Bayrou, un accord intelligent et équitable : les enseignants pourraient disposer gratuitement des émissions du programme pour leurs cours, dès l'instant qu'il n'y avait pas suspicion d'en faire un usage commercial. L'argent qui nous finançait venait de la nation, il fallait qu'elle en retire le plus de bénéfices possibles. Pour faire la pédagogie de cette chaîne que personne n'avait encore vue, expliquer ce que chacun pourrait en retirer, nous avons sillonné les collèges, les lycées, les grandes écoles, et même les écoles primaires. On avait tellement fabulé sur les rapports entre le monde enseignant et la télévision qu'il fallait saisir cette occasion pour prendre un nouveau départ, ce que firent les enseignants.

Vers la fin de l'été, structure, technique et rapports avec l'extérieur de la future chaîne étaient réglés. Il ne nous restait plus qu'à mettre le paquet sur la production et l'acquisition des émissions qui allaient nourrir notre grille. Vers l'automne, nous approchions les deux mille heures prêtes à diffuser, l'équipe pionnière était presque complète, et elle avait le bon état d'esprit. Une boutade circulait : « Le dernier qui part n'aura pas besoin d'éteindre la lumière, puisqu'il fait déjà jour. » Et c'est vrai que certains des membres travaillaient une bonne moitié de la nuit : il fallait arriver à l'heure, c'est-à-dire être prêts à émettre pour Noël. Il régnait une ambiance de ruche, dont je ne remercierai jamais assez les abeilles. D'autant que de temps à autre, des obus de mortier tirés par quelques envieux ou méfiants tombaient sur notre petit immeuble.

Certains dirigeants de France Télévision voyaient d'un mauvais œil la création d'une nouvelle chaîne publique, qui avait pour eux deux inconvénients : consommer une partie de la redevance qu'ils auraient souhaité garder pour eux, et occuper un secteur haut de gamme qui pouvait leur faire de l'ombre en montrant qu'ils ne l'occupaient pas. Quelques technocrates des finances récriminaient en catimini, puisque nous représentions une source de dépenses sous un gouvernement de droite censé être libéral, « qui ferait mieux de privatiser », comme me l'exprima l'un d'entre eux. En fait, je comptais sur deux solides « alliés objectifs » dans le métier : les chaînes privées TF1 et M6, qui auraient vu d'un sale œil débouler un concurrent privé sur le réseau 5, avec pour conséquence inéluctable une réduction de leur part du gâteau publicitaire. Mais je sais aussi que Patrick Le Lay et Étienne Mougeotte pour la Une, Jean Drucker et Nicolas de Tavernost pour la Six, n'étaient pas hostiles, loin de là, au projet lui-même. Ces attitudes contrastées me mirent tout de même la puce à l'oreille.

Beaucoup de télévisions étrangères venaient voir à Paris la mise en route de ce nouvel outil, dont les américaines, ce qui était bon signe. Je décidai de créer autour de cette nouvelle construction un cordon sanitaire pour nous protéger, et en profitai pour fédérer dans une association professionnelle tous ceux qui travaillaient dans ce segment de programmes, savoir et découverte. Ainsi naquit un lieu d'échange d'émissions : l'Association internationale des télévisions d'éducation et de découverte, dont j'acceptai d'assumer la présidence pendant trois ans. J'y vis petit à petit arriver des professionnels de ce secteur ambitieux de tous les continents de la planète : Océanie, Asie, un peu d'Afrique, beaucoup d'Amérique du Sud, d'Amérique du Nord, et naturellement des Européens. Ouf, nous nous sentions moins seuls sur ce créneau !

Au mois d'octobre, tout était calé, l'équipe avait trouvé son équilibre, les programmes rentraient bien, les hostilités extérieures se calmaient. Nous avons alors pris la décision de mettre les enfants en avant, lors de l'inauguration, ce qui supposait de démarrer avant les vacances de Noël. On me proposa un mercredi (jour de congé des scolaires) ; ce fut le 13 décembre 1994, neuf mois seulement après la prise de décision. Grâce à un accord, la SNCF fit venir des six coins de France, par TGV, des milliers de gamins. Ils se répandirent dans le musée du Louvre, le nez en l'air au milieu des sculptures et des tableaux. C'était magnifique de voir l'appétit de ces gosses décontractés dans ce lieu hautement symbolique. Un lieu avec de l'allure, mais qui ne semblait pas les intimider. Ils furent les vedettes de cette journée, avant qu'à dix-huit heures, La Cinquième ne naisse officiellement, en diffusant ses premières émissions. Restait à tenir nos promesses : je m'étais engagé sur 3 % d'audience nationale en trois ans, six en sept ans. Le pari fut tenu par mon équipe dès la troisième année, et par celles de mes successeurs, qui ont conduit ce bijou vers la maturité en six ans, comme prévu. Ce dont je leur suis reconnaissant. Trois ans d'un bonheur sans mélange, et le plaisir d'avoir apporté à mon pays non pas une chaîne de plus, mais une chaîne différente, ce qu'elle est encore aujourd'hui. Elle s'appelle maintenant France 5, puisqu'elle a intégré logiquement, son adolescence traversée, le giron du groupe France Télévision, qui s'en porte drôlement bien.

Successeurs il y eut. En 1995, Jacques Chirac fut élu président de la République, et Édouard Balladur céda Matignon à Alain Juppé. Le nouveau Premier ministre se laissa peu à peu convaincre qu'il serait souhaitable de fusionner l'entreprise franco-allemande Arte et La Cinquième. Le raisonnement était faux : comment réunir deux entreprises qui ne parlent pas au même public, qui n'ont pas les mêmes structures, dont l'une dépend du CSA et l'autre d'une alliance franco-allemande totalement indépendante et soigneusement paritaire, sans faire de casse, sans briser l'élan de la plus jeune et inquiéter nos partenaires d'Outre-Rhin ? Nombreux furent ceux qui se déplacèrent pour me dire qu'ils ne comprenaient rien à ce meccano. Pour moi, tout cela n'était qu'un prétexte, un habillage pour favoriser le président d'Arte, un des deux amis intimes que le nouveau chef du gouvernement avait dans l'audiovisuel. Je décidai de m'en expliquer avec Alain Juppé. C'était un mercredi à midi, après le Conseil des ministres, et la conversation fut « franche », comme disent les diplomates. Ce qui veut dire que j'expliquai à mon hôte, au demeurant fort courtois, que je ne croyais pas un mot des motifs de « fusion » invoqués, qu'il se laissait intoxiquer, qu'on dépenserait quarante millions de francs pour légitimer cet acte contre la logique et qu'au final, non seulement il n'y aurait aucune synergie, aucune fusion réelles, mais il faudrait dépenser à nouveau beaucoup d'argent pour démonter ce qu'on aurait essayé de rassembler... (Le chiffre de soixante millions fut cité pour l'opération ultérieure de séparation de deux entreprises, qu'on n'avait bien évidemment pas réussi à fusionner.) Et, pour faire bonne mesure, j'expliquai que je n'admettais pas de telles méthodes, quelle que soit la qualité de mon futur successeur plus que probable. Le locataire de Matignon m'écouta, mais ne m'entendit point. Il avait traversé les grandes grèves de l'hiver 1995 « droit dans ses bottes », selon sa propre expression : ce n'est pas cette petite affaire qui allait l'ébranler.

Au printemps 1997, je fus prié de céder la place, viré bel et bien, et finis par accepter la présidence de RFO, la radio-télévision d'Outre-Mer, à laquelle Hervé Bourges, nouveau président du CSA, me poussa. Il était persuadé qu'étant passionné par les civilisations du Sud, je me prendrais au jeu. Ce fut le cas, et je rencontrai dans la Caraïbe, l'océan Indien et le Pacifique tout ce que ces régions bien mal connues comptent de valeurs intellectuelles. Des gens neufs et attachants. Entre tous, je veux saluer M. Aimé Césaire, magnifique « vieux sage nègre » à la chevelure blanche, comme il aime à se définir. Il m'attendait sur le seuil de sa mairie de Fort-de-France, un jour que j'avais demandé à le saluer. J'avais l'impression, lors d'une conversation sur la culture noire, d'entendre à nouveau Senghor. Non qu'ils aient eu les mêmes références politiques : Césaire est resté plus radical. Mais dans ses propos, aucun racisme à rebours comme j'en ai entrevu parfois, notamment sur l'Équateur. Non : quelque chose de profond, un vieux chant de la terre, la certitude que la Caraïbe est la pointe avancée de l'Europe dans le monde américain, ce dont la France, malgré une bonne volonté parfois maladroite, n'arrive pas à prendre conscience. La France aime bien ses régions ultra-marines, c'est globalement vrai. Celles-ci lui coûtent d'ailleurs cher, encore qu'elle en retire aussi des bénéfices. Mais elle les soutient un peu comme on accepte de turbulents beaux-fils ou belles-filles, des enfants avec qui on se sent lié, sans bien comprendre cette affection. Ils sont nos enfants d'un autre lit, et c'est ce qui rend la relation difficile. J'étais comme un élève devant lui : étudiant, j'achetais ses bouquins de poésie chez Seghers, autre grand poète dont le nom, hélas, ne parlera plus guère qu'à un nombre de plus en plus restreint de passionnés.

J'ai été tiré de cette fonction, à laquelle j'avais été nommé pour remettre de l'ordre dans la maison, par un coup de téléphone inattendu : celui d'Hervé Bourges, fin novembre 1998. Le Conseil supérieur de l'audiovisuel avait un problème sérieux à résoudre. Le mandat du P-DG de Radio

France venait à échéance le lendemain, et aucun des candidats auditionnés ne trouvait une majorité élective auprès des neuf conseillers qui composent l'institution et doivent prendre la décision collégiale par vote secret. Le blocage, me dit Bourges, était d'autant plus frappant qu'en finale se retrouvaient face à face « un énarque de gauche et un énarque de droite ». Ce dernier aurait dû cependant avoir quelque chance, puisqu'il était le président sortant. Mais les syndicats de la Maison ronde avaient défilé devant le Conseil pour prévenir que s'il était reconduit, ce serait la guerre. Les cadres de l'entreprise en avaient fait de même : c'était l'impasse.

« Jean-Marie, me dit-il, je sais que vous êtes un homme de télévision, mais la radio, vous connaissez bien également, et Radio France est un bel outil. Est-ce que ça vous tente ? »

J'étais dans ma voiture, coincé entre deux rendez-vous, pris au dépourvu car s'il est vrai que j'avais vaguement examiné cette hypothèse six mois plus tôt, j'en avais écarté l'éventualité tant la reconduite du sortant me paraissait probable. Et dans le cas contraire, la gauche étant revenue aux affaires depuis dix-huit mois, on trouverait un candidat proche de cette famille politique pour faire l'affaire. C'était mal connaître le président du CSA, et quelques-uns de ses membres, qui en avaient assez de voir la haute fonction publique coloniser radios et télévisions au gré des alternances. Issus de l'audiovisuel eux-mêmes, ces personnalités indépendantes estimaient que les entreprises devaient être dirigées par des gens du métier.

« Je ne sais pas trop, bredouillai-je sous l'effet de la surprise. Combien de temps pour vous rendre ma réponse ?

– Quelques heures, car dans tous les cas de figure, je dois organiser une ou plusieurs nouvelles auditions des candidats pour demain matin. Le vote, c'est demain en début d'après-midi. »

Je lui promis de donner ma réponse avant dix-sept heures. Je consultai mes plus proches collaborateurs et amis, avec qui je faisais équipe depuis plusieurs années, et ils furent unanimes : la plus belle entreprise culturelle d'Europe, ça ne se refuse pas. Va pour Radio France. En fin d'après-midi, je donnai rendez-vous à quelques collègues de confiance, compétents et discrets, pour réfléchir aux facettes de ce dossier : programmes, budget, système de management d'une entreprise importante, évolution technologique pour laquelle ce groupe de radios avait pris du retard. Le lendemain, mes trois fidèles assistantes étaient sur le pied de guerre pour dactylographier mon projet dès six heures du matin. À neuf heures, tout était prêt. À onze heures, comme prévu, je me présentai devant le Conseil pour une audition : quarante minutes d'exposé sur la stratégie que nous voulions conduire, quarante minutes de réponses aux questions des conseillers. Je sentais le climat de mon audition nettement positif, mais allez savoir, avec le secret du vote ! Vers midi trente, tout était terminé pour moi, les jeux étaient faits, au collège de délibérer et de comparer. « Je vous rappellerai en début d'après-midi, quel que soit le résultat », m'avait dit le président en me raccompagnant.

Quatorze heures, pas d'appel, quinze heures, rien. J'en pris mon parti, et présidai la réunion, prévue à mon agenda de RFO, sur l'achat de nouveaux contrats satellitaires pour acheminer nos émissions aux antipodes. Vers seize heures, mon adjoint et compagnon de route, François Desnoyers, reçut un coup de fil d'un journaliste qui lui déclara : « Félicitations, votre président est élu à la tête de Radio France ! »

C'est ainsi que j'appris mon élection par le CSA : Bourges n'avait pas eu le temps de composer mon numéro que déjà quelqu'un au Conseil était sorti de réunion sur la fin de la délibération, les choses étant faites, pour appeler un journaliste. Ça s'appelle privilégier les réseaux. Quelques minutes plus tard, officiellement cette fois, le président m'annonçait le résultat en me félicitant. Allait commencer la dernière étape de ma carrière audiovisuelle : moderniser la Maison ronde et développer ses positions sur le grand marché de la radio, caractérisé par une concurrence féroce entre les stations – un marché où Radio France n'était du reste pas si mal placée. J'appelai immédiatement mon prédécesseur, et lui laissai ainsi qu'il est d'usage le choix de la date de passation de pouvoirs, lui proposant à sa guise un ou plusieurs rendez-vous de travail préalables. À mon étonnement, il étala ce calendrier sur dix jours : ça m'arrangeait, car je devais m'envoler dès le lendemain matin pour trois jours, voyage compris, afin d'aller accueillir en Guadeloupe les concurrents de la Route du rhum, dont RFO était partenaire, et d'ouvrir l'assemblée annuelle des radios francophones, que j'avais invitée à cette occasion.

Début de la semaine suivante, nouvelle prise de contact avec le président sortant. Il était très amer, accusait tour à tour le CSA, la gauche, les syndicats et quelques autres, qu'il me cita nommément, d'avoir « comploté » contre lui. C'était pénible à entendre, j'avais l'impression d'un navire de discorde d'où le capitaine n'emportait qu'amertume. Séance d'autant plus désagréable que l'homme ne risquait pas le chômage : il retournait travailler dans son corps d'origine, le Conseil d'État. Et trois ans plus tard, Jean-Pierre Raffarin, nommé Premier ministre, le prenait comme directeur de son cabinet, un des postes publics les plus importants du pays. Mais avoir été désavoué le mortifiait, ce que je pouvais comprendre. N'excluons pas non plus qu'il soit tombé amoureux de l'audiovisuel, puisqu'on murmure que son nom circule actuellement pour succéder le moment venu à Dominique Baudis à la tête du CSA. Le président de la République en décidera.

Lors de la cérémonie officielle de passation des pouvoirs, j'eus droit à un petit comité d'accueil pas vindicatif d'ailleurs, mais qui me signalait en somme l'urgence de sa situation : les animateurs des radios locales, collaborateurs réguliers et souvent de longue date de notre maison, voulaient un contrat CDI classique, plusieurs avaient gagné devant les prud'hommes, et les syndicats voulaient une négociation – demande à laquelle je fis droit. Le personnel me réserva un accueil chaleureux, et nous nous mîmes au travail.

Il fallait premièrement faire reculer ces sales habitudes de procès politiques intentés en permanence contre tel ou tel dirigeant, journaliste ou animateur dont cette maison avait encore la pratique. Ne choisir qu'en fonction de la compétence, comme je l'ai toujours fait, quelle que soit la chapelle à laquelle étaient supposés appartenir ceux dont j'allais m'entourer pour développer cette entreprise publique. Deuxièmement, marquer dès le départ mon indépendance, malgré les recommandations ou les rumeurs auxquelles il fallait s'attendre. Privilégier les choix internes, dans la mesure où j'y trouvais les profils que je cherchais pour diriger les stations ou occuper les grandes directions. Pour autant, ne pas s'interdire d'aller chercher à l'extérieur les talents que je ne trouverais pas dans la maison. Troisièmement, responsabiliser, en octroyant l'autonomie à chacune des sept chaînes : chacune serait dotée d'une équipe de direction, avec un budget à respecter et des objectifs à atteindre, dont une partie de leur rémunération allait dépendre. Quatrièmement, faire changer Radio France de génération technologique, en la faisant passer de l'analogique au numérique. On pourrait penser que cela tenait chez nous de la manie, mais le CSA lui-même avait insisté sur ce point. Cinquièmement, organiser les trente-cinq radio locales réparties sur le territoire et travaillant chacune seule dans sa sphère, sans synergie de réseau. Il fallait aussi en augmenter le nombre pour garantir un meilleur service. (Elles passeront à quarante-cinq stations six ans plus tard.) Sixième axe, rendre plus fluides les rapports sociaux dans une maison facilement nerveuse, dont les syndicats étaient à la fois très installés et sous-représentatifs, ayant subi comme leurs confrères la désaffection progressive des adhérents. Enfin, veiller à deux attitudes : maintenir à leur poste tous les cadres qui avaient réussi, et leur garantir, comme aux nouveaux promus, une longue plage de stabilité. C'est une maladie chronique de l'audiovisuel public que de déstabiliser le personnel en faisant valser les cadres dirigeants tous les deux à trois ans, au gré des influences ou des changements de P-DG. Les employés en souffrent et les cadres se démobilisent, puisqu'ils attendent le prochain changement. Tout cela coûte cher, on joue avec l'argent du contribuable ; mais dans notre pays surendetté, qui s'en soucie ?

Pour diriger les principales stations, je nommai donc des signatures réputées : par leur choix, je voulais marquer clairement l'ambition que je nourrissais pour nos antennes, la stature personnelle de chaque dirigeant étant en même temps la garante de son autonomie. Je choisis ainsi Jean-Luc Hess pour conduire France Inter, Pascal Delannoy fut maintenu à France Info (jusqu'à ce qu'il me demande, trois ans plus tard, de le relever d'une fonction exténuante qu'il exerçait depuis quatorze ans, pour laisser la place à Michel Polacco), Pierre Bouteiller fut nommé à la tête de France Musiques, et je m'en fus chercher à l'extérieur une femme de culture et d'autorité pour France Culture. On la décrivait d'un caractère difficile, mais du caractère, il en faut pour diriger de grosses équipes composées d'autant d'individualités. Ce fut Laure Adler, femme remarquable de ténacité et attachante de fragilité.

Pour dynamiser cette entreprise, il fallait que les objectifs soient clairement connus de tous, les responsables acceptés et soutenus sans faille par la direction générale, les priorités énoncées clairement, et l'information protégée contre toute tentative de pression. Première priorité, le retour aux valeurs professionnelles, toutes les valeurs professionnelles. En commençant par l'organisation de mon équipe rapprochée, dans la composition de laquelle les collaborateurs décryptent toujours les influences éventuelles subies par le P-DG. Puisque j'avais choisi la responsabilité décentralisée, je bâtis une direction centrale ultralégère. Un directeur général délégué pour les antennes, le développement et les outils de marketing, François Desnoyers, qui retrouvait ainsi ses premières amours professionnelles. Je le connaissais depuis une quinzaine d'années : remarquable professionnel, adapté aussi bien au privé qu'au public, homme loyal, ami pudique. Pour la gestion de ces cinq mille personnes et du budget d'environ cinq cents millions d'euros, un autre directeur général délégué, Claude Norek, gestionnaire de la culture atypique, très exigeant, que des influences politiques avaient relégué à des fonctions secondaires au motif qu'il était de gauche. Ce scrupuleux gardien des deniers publics est malgré son apparence austère un homme courageux, fidèle et libre. La présidence-direction générale était donc composée de trois responsables, assistés de sept personnes, dont mon chef de cabinet. Mme Fournier-Delmont est une femme de volonté, d'une affectueuse vigilance, boulimique de travail : cela tombait bien, puisqu'elle occupa rapidement une deuxième fonction, celle de secrétaire générale du conseil d'administration. Pas de directeur de cabinet, pas de conseillers en tous genres : une structure radicalement simple, et simplement efficace. Je ne le dis pas par forfanterie, mais parce que j'ai vu tant d'organisations pléthoriques où par peur ou par appétit de pouvoir, les membres du comité de direction luttaient sourdement les uns contre les autres, compliquant une question pour se valoriser aux yeux de leur chef. S'agissant d'argent privé, je n'ai rien à redire. S'agissant d'argent public, les gaspillages occasionnés par ces luttes stériles d'influence ont à mes yeux quelque chose de scandaleux – mais mon indignation n'est guère partagée !

J'ai complété cette organisation en dotant de pouvoirs importants les responsables de trois secteurs prioritaires. D'abord la transformation sociale de l'entreprise. Il fallait en récupérer la maîtrise, quitte à accepter ou à provoquer des heurts salutaires, tirer au clair des décennies de situations confuses parfois à la limite de la légalité, féminiser les postes d'encadrement et notamment les grandes directions, et bien d'autres tâches. Bref, un coup de neuf, ce que je fis en haussant cette direction au rang de direction générale adjointe, confiée à Didier Tourancheau. Même démarche pour la rénovation technologique, très en retard à notre arrivée : comme il n'y avait pas de centre de décision unique, nous eûmes à nous battre avec des systèmes totalement incompatibles, dont il fallut changer les fournisseurs en remettant clairement les marchés en compétition, et surtout en articulant cette fonction essentielle autour d'une conception centrale unique, tenant compte de toutes les facettes d'une entreprise moderne. Non seulement pour faire communiquer les ressources humaines et la direction financière par exemple, mais aussi en pensant l'outil radiophonique qu'était en train de devenir le numérique pour pouvoir écouter les radios sur le Net, les téléphones portables et sur les générations à venir de supports nouveaux. Ce fut une nouvelle fois l'affaire de Sylvain Anichini, l'homme qui avait mis sur pied l'outil technique de La Cinquième quatre ans plus tôt. Enfin, même démarche prioritaire pour les radios locales, éparpillées sur le territoire, sans développement nouveau depuis une dizaine d'années et sans synergie. C'est ainsi que fut créée France Bleu, après deux ans de travail des directeurs généraux adjoints successifs que furent Patrick Pépin (ancien patron de l'école de journalisme de Lille) puis Michel Meyer. À mon départ, ce réseau était passé de la vingt-sixième place à la huitième en termes d'audience. Je suis persuadé que le maillage local est un atout important pour l'issue des batailles que l'évolution des radios nous réserve.

Comment fonctionnions-nous ? Peu de réunions, si ce n'est sur des points ponctuels importants. Pour le reste, les décisions étaient prises ou expliquées dans un comité exécutif du mardi, deux heures de temps maximum : j'ai horreur de la « réunionite ». Conformément à mes convictions, je consacrais mon attention aux antennes. Non que je me désintéressais de la gestion de l'entreprise, mais elle était entre de bonnes mains, et j'estimais qu'une fois les règles posées, la vigilance tenait lieu de stratégie. Il n'en allait pas de même pour les programmes, qu'il s'agisse d'information ou de divertissements culturels, matières sans cesse en mouvement. Il fallait toujours être sur le pont, essayer de réagir les premiers ou se montrer à la hauteur des attentes lors de certains événements fondamentaux. Ce fut le cas le

11 septembre 2001. À événement exceptionnel, procédure exceptionnelle : je réunis immédiatement les responsables de l'information des chaînes et leurs dirigeants pour les inciter à travailler avec les équipes d'envoyés spéciaux un peu partout à travers le monde, leur demandai de garder l'antenne aussi longtemps qu'ils n'auraient pas l'impression de se répéter, et de débloquer les moyens nécessaires. Objectivement, ces équipes se montrèrent vraiment excellentes, et je ne suis pas peu fier que quelques mois plus tard, France Info soit devenue la première radio de France, et France Inter la deuxième. Nous fûmes payés de nos efforts grâce à des équipes qui ne furent jamais aussi bonnes que dans l'urgence ou les grandes occasions. Ce fut une des vraies fiertés de mon mandat. Celui-ci fut renouvelé en 2001 pour cinq ans, avec un vote identique : huit voix pour, une abstention.

Je souhaitais placer ce second mandat sous le signe de la culture, en prenant trois directions fortes : tout d'abord, amplifier l'action musicale populaire, variétés ou jazz, pour faire de Radio France la caisse de résonance d'un maximum de concerts, en hiver comme en été. Et ce fut un vrai festival sur les antennes d'Inter, de France Bleu et de FIP, notamment. Mon deuxième chantier consista à organiser de manière plus rationnelle la station France Culture, une perle rare puisque notre pays est le seul à posséder à la fois une chaîne culturelle et une chaîne musicale, France Musiques. Mais une des actions qui m'a le plus mobilisé fut le redressement de la direction de la musique.

Il faut savoir que Radio France compte une très importante unité de production, dans tous les domaines de cette musique qu'on appelle curieusement « classique », puisqu'elle va du Moyen Âge à la musique contemporaine. Pour remplir cette mission d'ailleurs codifiée dans un cahier des charges, la Maison ronde dispose de formations musicales de renom : quatre au total, soient environ cinq cent quarante personnes, petite cellule administrative comprise. Il y a d'abord l'Orchestre national, le plus ancien, qui a toujours réclamé pour sa direction des chefs extrêmement prestigieux. Puis le Philarmonique, dont les débuts remontent à 1975, et qui s'est progressivement installé dans le paysage. À ces deux formations, il faut ajouter le chœur de Radio France (près de cent trente artistes) et la maîtrise, qui finance, par contrat avec l'Éducation nationale, un système pour les enfants ou jeunes adolescents suivant en parallèle études générales et formation musicale, vocale surtout, au lycée Lafontaine à Paris. Dans un monde où la culture musicale générale est concurrencée par la profusion d'autres offres culturelles, j'ai souhaité rétablir, s'agissant des formations de la radio publique, quelques priorités. Celle de la qualité des directeurs musicaux, autrement dit les chefs qui font travailler les orchestres, proposent les répertoires et dirigent les représentations. La vocation d'orchestres payés par la redevance, c'est de mettre sur pied des cycles prestigieux pour les spectateurs et auditeurs français, mais aussi de faire rayonner nos talents à travers le monde en bâtissant des tournées de haute qualité, souvent avec l'aide de remarquables mécènes, y compris dans des capitales plutôt gâtées, Vienne par exemple. Afin non seulement d'y exister, mais de frotter le talent des formations à l'exigence de ces différents publics. Ces orchestres doivent aussi pouvoir encourager la pédagogie populaire de la musique en donnant régulièrement des concerts gratuits et en admettant aux répétitions des collégiens et des lycéens, qui découvrent ainsi ce qu'est la musique, ce qu'elle raconte et ce qu'elle veut dire, le travail qu'elle réclame, le bonheur qu'elle fait naître. Et le tout doit nourrir les antennes publiques, celles de France Musiques en premier, mais aussi celles d'Inter, de Culture ou de France Bleu, la chaîne des quarante-cinq radios locales rassemblées en un réseau unique à certaines heures de la journée. Ces antennes radio constituent évidemment une puissance de frappe remarquable pour toute action culturelle populaire.

Pour conduire cette politique, il me fallait des chefs d'orchestres réputés, et un directeur de poids pour l'ensemble de l'action musicale classique. Pour le directeur, je souhaitais quelqu'un d'audacieux, de brillant, alliant classicisme et audace, culture musicale et capacité de management. Mon choix s'orienta vers René Koering, aujourd'hui reparti comme intendant de la musique en Languedoc-Roussillon, d'où j'avais eu les pires peines à l'arracher. Pour les chefs d'orchestre, ce fut une belle bataille. Le premier poste à pourvoir était celui de l'Orchestre philarmonique. Pour succéder au sérieux Marek Janowski, qui avait su donner de l'unité à cette formation un peu disparate avant d'aller diriger l'Opéra de Monte Carlo, il me fallait de la puissance, de la volonté, afin de hisser plus haut cet orchestre attachant mais inégal. Mon choix se fixa sur Myung-Whun Chung, homme d'autorité et d'ambition.

Chung, c'est Nougaro avec le sourire : petite taille, caractère trempé, physique trapu de boxeur, increvable, tantôt cogneur tantôt charmeur pour obtenir ce qu'il veut, avec de grands élans dignes du répertoire romantique qui l'obsède. Mais deux difficultés se présentaient : il lorgnait plutôt sur l'autre formation, le National, et surtout, il avait eu un contentieux important avec les pouvoirs publics alors qu'il dirigeait l'orchestre de l'Opéra de Paris, contentieux qui s'était soldé par la victoire du maître devant les tribunaux. C'était du passé, la justice lui avait donné raison, tout cela n'était donc plus mon affaire. Nous entrâmes en négociation, elle fut assez longue, et je dus y mettre un coup d'accélérateur quand je sentis que les choses étaient mûres. Comme c'est souvent le cas pour les grandes formations mondiales, j'avais consulté par vote les musiciens que j'entendais mobiliser à cette occasion. Chung arrivait en tête de leur choix. Le maître coréen en fut touché et se laissa orienter vers cette formation.

Quelques heures avant de signer avec lui le contrat de nouveau chef du « Philar », ainsi qu'on le nomme dans le métier, j'en avertis par courtoisie la ministre de la Culture et de la Communication, que je ne pus joindre directement pour cause de réunion. L'échange fut raide avec son directeur de cabinet, et je reçus quelques heures plus tard par porteur une vilaine lettre d'ailleurs antidatée, dans laquelle ce jeune homme (qui avait été officiellement nommé deux jours plus tôt à d'autres fonctions) me faisait la leçon : « Vous comprendrez qu'il soit inadmissible pour l'État français d'engager ce chef étranger... » Mon sang ne fit qu'un tour : de quoi se mêlait ce freluquet ? L'État avait perdu son procès contre lui, et d'une. Plutôt que de poursuivre une mesquine vengeance, il aurait dû avoir à cœur de réparer l'injustice faite à un artiste de réputation internationale. Quant au qualificatif « étranger », il avait quelque chose de nauséabond. Étranger à quoi ? Et de deux, ce n'est pas l'État qui employait le chef d'orchestre, mais Radio France, de par la loi une société indépendante de droit commercial privé, qui le payait sur son budget, pas sur celui du ministère. Et enfin, c'était la décision du P-DG de l'entreprise, ma décision, celle de personne d'autre. Je savais que ledit État avait pris l'habitude de nommer les directeurs musicaux de notre radio publique dans le bureau du ministre ; ce fut le cas notamment pour un de mes prédécesseurs. Eh bien, l'État allait corriger ses habitudes : chacun chez soi ! J'estimai l'incident suffisamment grave pour en avertir le directeur de cabinet du Premier ministre, Lionel Jospin. Grand mélomane, il se rangea à ma vue des choses, fit les observations qui s'imposaient, et je n'en entendis plus parler. De toute façon, j'avais déjà signé ce contrat, qui relevait de ma seule responsabilité, et n'avais pas l'intention d'en discuter les termes avec qui que ce soit. Les musiciens de l'Orchestre philarmonique furent informés qu'ils avaient un nouveau directeur musical, et se mirent au travail de bon cœur, non sans avoir applaudi debout le maître lorsque je le leur présentai. Depuis, ils font ensemble un fameux travail, salué partout en Europe, où cette formation est maintenant de plus en plus réclamée : il m'a suffi d'entendre l'accueil qui leur fut réservé à Vienne pendant deux jours, à Séville et au Carnegie Hall de New York pour me sentir payé de mes efforts.

L'autre question à résoudre était le remplacement du chef titulaire de l'Orchestre national, Charles Dutoit, dont le mandat n'expirait pas encore, mais qui nous posait un problème : ses nombreux contrats à travers le monde l'accaparaient de plus en plus – Montréal, la radio-télé publique de Tokyo (la NHK) en plus de son contrat d'origine, celui de Radio France. Ce n'était bon pour personne. Un jour, il vint m'annoncer qu'on le réclamait aussi à Buenos Aires. Je décidai d'entamer une discussion sur l'avenir et le rejoignis au Cap où notre formation se produisait. Mais à peine arrivé en Afrique du Sud, j'appris avec chagrin que mon ami Yehudi Menuhin venait de s'éteindre à Berlin. Il me fallut l'annoncer à l'Orchestre national, qui avait souvent joué avec lui, et au public du Cap. La salle se leva alors comme une vague, dans un silence de plomb. Puis le concert commença. À l'issue de la soirée, je proposai à Charles Dutoit de reporter la discussion à son retour, ce qu'il accepta de bonne grâce.

J'estimais qu'il fallait trouver la meilleure équation pour hausser cet ensemble parmi les grands orchestres d'Europe. Cela supposait présence régulière, prestige et autorité naturelle. Après avoir écumé les salles de concert d'Europe, mon choix se fixa sur Kurt Masur, le *Meisterkapelle* de Dresde, qui se trouvait être titulaire du Philarmonique de New York, rien que cela ! La tâche n'allait pas être aisée : un chef de cette dimension était au-dessus de nos moyens ; la France n'avait pas à ses yeux la réputation d'un pays socialement apaisé, et il flottait autour de notre orchestre une rumeur de formation indisciplinée, ce qui était un peu injuste ; mais Masur n'est pas allemand pour rien.

Pendant plusieurs mois, je ne le lâchai pas, allant l'écouter dans tous les coins d'Europe, et même une fois à New York. Je n'oublierai jamais la soirée donnée au Concertgebouw, la prestigieuse salle d'Amsterdam : près de trois mille places, très haute de plafond, du stuc partout, un public mélangé de seniors, de jeunes gens payant un tarif très privilégié (la musique est trop chère en France, il faut faire quelque chose d'urgence !) et de couples de la moyenne bourgeoisie. Quelques robes de soirée, quelques smokings, mais aussi des chemises sans cravate, des jeans : la vie. On m'avait installé dans une loge, à l'opposé de la scène. L'orchestre, une très grande formation, prit place. Les instruments furent accordés, le *la* fut donné, le silence s'installa dans la salle. Tout à coup, comme un diable jailli de sa boîte, ce géant de près de deux mètres et déjà soixante-quatorze ans à l'époque descendit les marches de l'entrée en scène en sautillant comme un gamin. Et pendant tout le concert, avec autorité et grâce, il envoûta la salle. Nous avions rendez-vous dans sa loge. Après un quart d'heure de décence, je l'y rejoignis : le géant était trempé de sueur, mais il était surtout devenu un être tassé dans un coin, le visage marqué, le regard lointain. Lessivé. C'est ce soir-là que, impressionné par l'engagement total de cet homme, je me décidai. Une heure plus tard, dans une taverne où il avait réservé une table pour dîner en compagnie de son épouse, elle aussi musicienne, l'homme était à nouveau un autre : il avait entièrement récupéré, son solide coup de fourchette en témoignait. Aujourd'hui encore, je ne sais trop ce qui l'a convaincu d'accepter. L'importance de l'appareil radiophonique de Radio France mis au service de la musique n'y est sans doute pas pour rien : quatre stations de radio pour faire entendre son travail, dont France Musiques, qui diffuse gratuitement ses concerts sur l'ensemble des pays d'Europe au titre des échanges culturels. Des milliers d'heures interprétées chaque année, mises à la disposition de tous : incontestablement, cette partie de la radio publique française mène une action largement inconnue ou sous-estimée. Nous restons, grâce notamment à cet outil, un des trois grands pays au monde dans l'efficacité de l'action culturelle, et dans ce cas précis, musicale. Maître Masur fut accueilli comme un des successeurs de Karajan lorsqu'il prit la baguette et se lança dans des cycles entiers. Son travail sur Mendelssohn fut une vraie merveille. Paris, qui avait d'abord renâclé sur son âge, se jeta à ses pieds.

Lui et Chung continuent à faire de ces deux orchestres des atouts majeurs pour la musique de notre pays. Régulièrement pourtant, j'eus à combattre de vagues tentatives pour supprimer un des deux orchestres. Un interlocuteur de la tutelle financière me dit un jour :

« Monsieur le président, à quoi bon deux orchestres à la radio, un seul ne suffirait-il pas ?

– Mais pourquoi donc cinq à six musées rien qu'à Paris, dans ces conditions ? Savez-vous combien la République fédérale allemande fait vivre de formations sur l'argent public, dans l'enceinte de la radio d'ailleurs ? Quinze orchestres classiques, huit chœurs, et même quatre « Big Bands » de jazz. Vingt-sept formations ! La BBC britannique, huit. Croyez-vous que quatre orchestres, de niveau inégal d'ailleurs, soient de trop dans une ville comme Paris, pour faire vivre le répertoire, y compris les contemporains ? Avec cette attitude, ne me dites pas que vous servez un grand pays ! »

La vérité, c'est que le monde artistique en général, et musical en particulier, est d'une grande violence. Ses mœurs sont policées, ses complots feutrés, mais la règle, c'est la lame acérée, les manœuvres sans merci en coulisses. L'État consent des efforts financiers importants pour l'entretien et le fonctionnement de ses principales disciplines, mais je cherche la cohérence. La France n'a plus de politique culturelle. Les artistes, les groupes de pression que chaque spécialité sait faire vivre tirent les gouvernements à hue et à dia, et ça fonctionne tant bien que mal. Voyez le monde du cinéma, comme il est habile à interpeller les candidats à l'Élysée, et comme il est prompt à s'en faire des amis. Pompidou et son épouse eurent leur cénacle, Giscard fut plus discret, Mitterrand traîna une cour que Versailles n'aurait pu abriter, et la famille Chirac entretient un cercle amical présent au premier appel, qu'il provienne du président, de son épouse ou de sa fille. Dans la musique comme ailleurs, les réseaux d'amis, les maçonneries affectives ou électives, sont puissants. Pour la musique classique, voir les deux orchestres de la radio nationale ronronner aurait arrangé tout le monde : de bons orchestres, *ma non troppo*. Et pour diriger tout cela, actionnons les fratries, ça fera toujours des amis casés.

En cassant cette douce pratique, j'énervais. J'avais une raison : une ville comme Paris a longtemps été un parent pauvre en matière de musique. Les musées ont été bichonnés, l'architecture a fait de beaux efforts, et le résultat est la plupart de temps à la hauteur. Le théâtre, la musique de variété et notamment la chanson française, ont trouvé un dynamisme qui n'a rien à envier à celui des autres places européennes. Mais penser que Paris ne dispose pas d'une très grande salle de concert parce que les différentes chapelles entre la Cité de la musique, Chaillot, la Bastille, la Mairie de Paris et les bords de Seine, où siège l'État, s'affrontent, c'est atterrant. Ce même État qui vendit au privé, il y a moins de dix ans, la merveilleuse salle Pleyel, pour moins de dix millions d'euros ! Il en faudrait entre cinquante et cent aujourd'hui pour en acheter et en équiper une autre. Vienne en a deux, Berlin deux... J'arrête là l'humiliante énumération. Heureusement, Pleyel (mille huit cents places) est magnifiquement rénovée. On nous promet une grande salle à La Villette (deux mille cinq cents places) pour 2012. Un des plus grands chefs vivants, que je sollicitai pour venir diriger le National, me fit un jour cette réponse : « Jouer à Paris, quel bonheur, mais dans quelle salle ? »

J'éprouvai le besoin, lors d'une rencontre, d'ouvrir cette conversation avec le président de la République, forcément sensible à la renommée de notre pays. Il fut d'une grande courtoisie d'écoute, mais j'eus le sentiment que les batailles de clans en perspective ne lui faisaient guère envie. Je sentis également que si ce dossier devait se développer, on suivrait plutôt les vues de Pierre Boulez, qui souhaitait que cette grande salle se situe vers La Villette, où réside déjà son école. Si j'ai bien compris, la décision serait maintenant prise dans ce sens. Pourquoi a-t-on laissé filer la salle Pleyel, et pourquoi attend-on une grande salle « jaugeant » au moins deux mille cinq cents places depuis si longtemps ? En fait, la musique ne fait pas voter, les « people » y sont rares, les musiciens et les chefs d'orchestre ne vont pas dans les meetings. Et les rois sont souvent indifférents en matière de musique. Je connais d'anciens patrons d'établissements musicaux qui m'en veulent d'avoir voulu faire changer ce comportement, d'avoir bataillé pour avoir une salle digne de ce nom, et concourir à faire briller au mieux la réputation de nos orchestres, de nous en être donné les moyens, pour le meilleur prestige de notre pays. Mais il y a si peu de gens pour penser encore pays, rayonnement, intérêt général. Dans ce domaine aussi, les corporations ont pris le pouvoir. On ne touche pas à la chose établie : domaines réservés !

Vous voyez comment est construite la Maison de Radio France ? On ne l'appelle pas communément « la maison ronde » ou encore « le palais gruyère » pour rien. C'est un trois quarts de cercle sur onze étages, fermé en bordure de la Seine par un arrondi de six étages, la partie que l'on voit en roulant sur le quai Kennedy. Au milieu de ce cercle à deux niveaux, une tour centrale plus haute, comme un plumier d'écolier dressé vers le ciel, sur vingt-trois étages.

C'est un lieu chargé d'histoire, construit par l'architecte Henri Bernard, qui bâtit aussi le palais de l'Europe à Strasbourg, siège du Conseil du même nom. Cette maison des ondes fut inaugurée en 1963 par un général de Gaulle de mauvaise humeur, disent les témoins survivants, et qui prononça cette phrase pour moi assez sibylline : « Il fallait une maison à la radio, la voici ! » Pendant presque quarante ans, c'est là, au 116, avenue du Président-Kennedy à Paris, que furent concoctées ou mises en pratique les nombreuses réformes de la radio et de la télé, puisque jusqu'en 1975, le siège de la télévision s'y trouvait aussi. Celui de France 3 n'en partit qu'au début des années quatre-vingt-dix, lorsque fut enfin construite une maison pour France Télévision, entre la Maison ronde... et l'actuel siège de TF1. C'est des studios du rez-de-chaussée que furent diffusées quelques-unes des grandes heures de la télévision, les variétés notamment.

Et voilà qu'au milieu de mon deuxième mandat, nous découvrîmes que les conditions de sécurité de la tour centrale n'étaient pas assurées en cas d'incendie. Les études faisaient froid dans le dos : il fallait plus de temps pour évacuer les quatre cents personnes qui y travaillaient que la tour n'en mettrait à s'effondrer. La préfecture de police de Paris, autorité supérieure en matière de sécurité, nous informa subitement de cet état de fait, après une des nombreuses visites que ses experts étaient censés faire régulièrement. Mais cette fois-ci, le verdict tomba : ou nous effectuions les travaux de consolidation mettant le personnel à l'abri de tout accident, ou la préfecture faisait carrément fermer la Maison de la radio. « Interdiction définitive d'exploitation du bâtiment », comme me l'écrit finalement le préfet Proust, homme aussi jovial que résolu. Nous avons fini par découvrir que ce danger ne datait pas d'hier, mais que les autorités se montraient de moins en moins tolérantes. Les experts étaient maintenant décidés à faire aboutir le « risque zéro ».

Je partageais d'ailleurs sans réserve cette position, mais voilà : bizarrement, personne ne m'avait soufflé mot de cet état de vétusté alarmant. Ni mes actionnaires, ni mes prédécesseurs, ni la direction des médias (sorte de secrétariat général auprès du Premier ministre pour les affaires audiovisuelles), ni aucun de mes directeurs, dont certains ont de l'ancienneté. Et pour cause, on n'avait jamais pris la vraie mesure du danger. En fait, les services officiels assumant la sécurité des bâtiments publics étaient restés assez flous sur le niveau de classement de la Maison de la radio. Fallait-il la considérer comme un immeuble de grande hauteur, ce qui implique des contraintes de sécurité plus fortes, ou non ? Finalement, les services du préfet Proust venaient de trancher dans le sens du principe de précaution, d'où l'injonction, nouvelle à tous égards. Je ne saurais le leur reprocher. Pas question pour moi de faire courir le moindre risque au personnel : en tant que P-DG, j'étais pénalement responsable de la sécurité. Il fallait donc y remédier. Mais de quelle manière ?

Deux solutions s'offraient à nous : faire effectuer les travaux de mise en sécurité, ce qui obligeait à trouver pendant ce temps, trois ou quatre ans selon les estimations, de nouveaux locaux dans notre environnement immédiat pour transférer les secteurs de personnel concernés par la remise en état, ou déménager l'ensemble de la radio une fois pour toutes, vendre le bâtiment historique et quitter les lieux où la radio publique opérait depuis un demi-siècle. S'en aller. Mais pour aller où, et surtout à quel prix, en location comme je le redoute, ou après achat, mais financé de quelle manière, par ces temps de lourds déficits publics ? J'étais d'autant moins tenté de quitter définitivement les lieux que tout à coup, dès que la rumeur d'un possible départ s'était répandue, des promoteurs immobiliers surgis de nulle part avaient commencé à nous tourner autour. De toute façon, si nous vendions notre immeuble, le profit serait plus faible que le coût d'une acquisition nouvelle, car le site de notre Maison ronde était cerné par des associations de riverains qui tiendraient en joue les gourmands en mètres carrés. Mes collaborateurs immédiats et moi évaluâmes le pour et le contre d'un départ, et il nous apparut bien vite que quitter « le 116 » allait provoquer une cascade de problèmes que l'administration publique, partagée entre des intérêts divergents, serait bien en peine de résoudre. Sans compter que dans ces conditions, je n'avais pas une grande confiance dans les opérations immobilières menées dans mon dos. Dans l'audiovisuel, j'en avais vu plusieurs à distance, et je n'étais pas persuadé de la totale clarté de toutes les opérations.

Je pris donc la décision de proposer à mon conseil d'administration de voter, le moment venu, le principe d'un maintien de la radio sur son site historique pour y effectuer les travaux légaux, et d'un déplacement dans le bâtiment d'une rue voisine des services affectés par les futurs travaux. À ce conseil siégeaient quatre représentants de l'État (Matignon, Finances et Culture), deux du personnel de Radio France, deux du Parlement et trois personnalités qualifiées, nommées par le CSA. Afin d'aboutir à ce vote dans de bonnes conditions, il fallait d'abord caler la puissance publique sur une même ligne. Dans cette affaire, l'État, ce n'était pas moins de cinq pôles. Le ministère de la Culture : il fallait qu'il connaisse le dossier, mais en réalité son influence serait faible. La direction des médias, placée auprès de Matignon, était généralement dirigée par des équipes compétentes, mais dont l'influence n'était pas décisive quand il s'agissait d'argent. N'oublions pas Matignon : le conseiller du Premier ministre pourrait avoir sa vue des choses. Si la question prenait de l'ampleur, le conseiller « culture » du président de la République serait mis au courant. Si ce petit monde n'était pas d'accord, c'était à l'Élysée qu'au final la décision se prendrait.

Mais l'essentiel, c'était Bercy, comme nous le savions tous. Qu'il s'agisse de patrimoine, de financement, d'emprunt ou de dotation de la société en capital, de perspective immobilière : Bercy, rien que Bercy. Avec l'aide de la direction des médias, dont le patron avait très vite réalisé le bon sens de notre démarche, nous avions convaincu Bercy qu'il fallait laisser la radio dans sa maison historique, et procéder aux travaux de mise en sécurité. J'avais tout de même dû faire comprendre à quelques-uns de ces messieurs que si l'actionnaire, l'État, ne remplissait pas son devoir de garantie du financement de la mise en sécurité des personnels, je me verrais dans l'obligation d'envoyer une lettre au procureur de la République pour me dégager de mes responsabilités de P-DG. Je n'eus pas à en venir à cette extrémité. Mais vous aurez compris que même dans l'urgence, la simplicité n'est pas la première qualité des rapports entre ce qu'on appelle solennellement l'État, en fait ses administrations, et les sociétés publiques.

Ayant réussi à forger une position commune entre les

autorités publiques, il ne fut pas difficile de faire acter cette décision par mon conseil. Mais le plus dur restait à faire : convaincre les syndicats de ce qu'ils auraient dû soutenir d'instinct. Premièrement, nous ne quitterions pas le site historique, deuxièmement, il y avait urgence à évacuer les personnels concernés vers un site voisin, et autant en profiter pour déménager ceux de France Inter, dont les locaux étaient vétustes, non numérisés, et dont l'ergonomie devait être modernisée. S'agissant du départ provisoire de France Inter à deux cents mètres de son actuelle implantation, plusieurs syndicats soupçonnèrent une manœuvre camouflée de privatisation de la station. Je dois dire que si une question en six ans ne m'avait jamais été posée, c'était bien celle de l'éventuelle privatisation de cette station ou de l'une quelconque des antennes de Radio France. Qu'à cela ne tienne, ce fantasme fit les beaux jours de la machine à tracts, menaces de grève à l'appui. On voudra bien convenir qu'une entreprise où des syndicats veulent déclencher une grève parce qu'on fait en sorte de protéger le personnel par de meilleures conditions de sécurité, ce n'est pas banal ! Pourtant, lorsqu'il fut question d'un calendrier rapide de déménagement provisoire des personnes les plus exposées selon les injonctions préfectorales, toutes sortes d'arguties me furent opposées, dont la plus dangereusement ridicule fut la suivante : si on avait vécu comme ça depuis plusieurs décennies, après tout, pourquoi changer ? J'étais consterné de voir que les représentants du personnel, qui siègent aussi dans une instance dont le but est d'assurer la sécurité des collaborateurs au sein du Comité d'hygiène et de sécurité, n'aient pas été les premiers à donner l'alerte et à soutenir l'action vigoureuse que nous venions de déclencher. Finalement, les choses prirent leur rythme, les déménagements sectoriels eurent lieu, et les travaux se feront, même s'il semble qu'après mon départ, ils aient pris du retard. Mais les règles seront enfin respectées pour les personnels travaillant dans la tour centrale, et les collaborateurs de France Inter retrouveront, dans les murs de la Maison de la radio, des locaux lumineux et des studios numérisés flambant neufs.

Un autre chantier difficile fut la grève des journalistes du début de l'année 2004. À mon arrivée à la tête de l'entreprise fin 1998, j'avais trouvé une situation, héritée d'un long passé, assez particulière. Bien sûr, les évolutions de carrière des sept cents personnes qui formaient les bataillons de l'information à l'intérieur des différentes chaînes du groupe devaient être suivies avec attention. Selon mon point de vue, l'information devait constituer la matière primordiale des programmes des chaînes publiques. Ce qui signifiait qu'il fallait veiller à la bonne qualité du recrutement, à une saine évolution des responsabilités, du bas en haut de l'échelle, et à une progression parallèle des salaires, surtout en période de succès me semble-t-il, ce qui était le cas.

Avec mes collaborateurs immédiats, nous avions donc veillé à élever le niveau salarial de deux manières : un rattrapage négocié en 2000, et une amélioration substantielle pour un tiers d'entre eux chaque année, à l'occasion des commissions paritaires qui permettent à la direction, après avis consultatif de celles-ci, de récompenser le travail de qualité, mais aussi d'écarter de toute promotion les éléments médiocres. Malgré sa lourdeur, c'était un système assez sain, puisque chaque journaliste voyait son sort examiné au moins tous les trois ans, à la suite d'entretiens individuels. C'est ainsi que nous avions travaillé à augmenter de 12 % le salaire moyen des titulaires de cartes de presse. J'étais très à l'aise dans cette politique de rattrapage (dont les journalistes ne furent pas les seuls bénéficiaires), car leur niveau salarial était incontestablement en dessous du niveau du « marché » de la radio, ce qui présentait un risque certain pour l'entreprise, les meilleurs se laissant vite débaucher par le privé.

Dans ce contexte, une formation syndicale fit savoir qu'elle entendait poser la question de l'augmentation du point d'indice, l'élément de base servant au calcul du salaire. S'il augmente, le salaire suit la même voie. Je voyais d'un mauvais œil cette revendication : je la trouvais trop générale pour aboutir à une solution pratique. En outre, je ne voyais pas Bercy accepter une telle mesure, même si ce point d'indice était gelé depuis six ans, et même si l'inflation avait rogné les salaires. L'État est souvent ferme sur cette question, parce que s'il lâche dans une profession, il craint que la contagion ne gagne d'autres secteurs publics, puisque contre toute logique, il a toujours voulu maintenir un strict parallélisme entre les secteurs professionnels relevant de la puissance publique, d'où l'existence de ce fameux indice. Mais surtout, en tant que responsable de l'entreprise, je n'avais guère de raisons d'accepter cette nouvelle demande, dans la mesure où nous avions soigneusement veillé, comme je l'ai dit, à réaligner par le haut les salaires des journalistes en question. Je tentai de discuter, pour ne pas laisser les syndicats aller dans le mur, mais c'étaient eux, le mur : ils nous dirent qu'en fait, ils voulaient qu'on rattrape aussi les six ans de gel du point d'indice, et que d'ailleurs, un autre dossier devait être ouvert, celui des disparités salariales existant entre les journalistes de Radio France et ceux de France 3. Nous étions en pleine escalade.

La grève démarra, affecta d'abord France Info, mais aussi les autres réseaux, et rien pour nouer un dialogue. Le gouvernement d'abord se comporta correctement : il fit savoir aux syndicats que c'était une affaire strictement interne à l'entreprise, et qu'il se rangeait derrière ses dirigeants. Quelques jours passèrent, désespérants lorsqu'on écoutait nos stations : quelques maigres bulletins d'information ici ou là, et de la musique à profusion. Les syndicats ne voulaient rien entendre, il n'y avait toujours aucun dialogue possible.

C'est alors qu'à ma stupéfaction, le ministre de la Culture et de la Communication d'alors, apeuré par la grève ou attiré par les micros, ou les deux à la fois, fit des déclarations ambiguës : « Les dirigeants ont toute latitude pour résoudre en interne cette grève », lâche-t-il. Ce qui peut être entendu de deux manières, et le fut d'ailleurs : d'un côté, c'est strictement la responsabilité de la direction, ou de l'autre, les dirigeants ont les moyens... financiers en interne, pour vous satisfaire en partie. Pourquoi ne le font-ils pas ? Et la grève, qui était sur le point de s'arrêter, repartit de plus belle. Une autre fois, je l'entendis, jamais homme à refuser une interview, qui se hasarda : « Les disparités, c'est un dossier qui ne sera pas ouvert, il n'a pas de légitimité. » J'étais consterné : ce dossier, c'était l'État qui l'avait inventé lui-même en 1994, et qui s'était engagé à en suivre la mise en œuvre par la tenue d'une conférence tous les trois ans. Comment pouvait-il renier sa parole ? Force ouvrière journalistes menaça le gouvernement d'une plainte en justice, pour non-respect d'accords professionnels signés. Et de fait, deux ans plus tard, ce syndicat l'emporterait évidemment devant les juges.

J'appris aussi qu'à Matignon, un haut responsable recevait dans mon dos, sans m'en avertir, des leaders syndicaux de l'entreprise. Trop, c'était trop. De quoi se mêlait cette éminence ? Côté ministère de la Culture et de la Communication, nous sentions un grand flou. Le cabinet était à la fois faiblard et volontiers interventionniste : pas, à mes yeux, un grand cru ! Un des collaborateurs n'était-il pas allé jusqu'à sournoisement rayer d'une liste le directeur actuel de France Info, que j'avais proposé pour la légion d'honneur, au motif que l'information de la chaîne ne lui semblait pas assez favorable au gouvernement ? Quant à l'employé du Premier ministre, était-il dans son rôle en recevant au nom de je-ne-sais-quelle compétence ses visiteurs du soir, et en ne décourageant pas clairement cette revendication ? J'appelai donc le conseiller spécialisé du président de la République pour le prier de faire taire le ministre sur ce sujet et de rappeler à l'ordre le haut fonctionnaire égaré.

La grève dura presque trois semaines, et s'arrêta sur un échec cuisant des leaders syndicaux. Ils ne purent en toute logique obtenir que des aménagements secondaires, car malgré les nombreuses interventions extérieures, la réalité s'avéra plus têtue que les manigances : je n'avais pas d'argent pour satisfaire leur demande, et celle-ci cadrait mal avec le calendrier social. Radio France perdit plusieurs centaines de milliers d'auditeurs, et une fatigue amère en résulta. Triste victoire pour moi.

L'audiovisuel, l'État, l'avenir européen

De mon expérience variée dans l'audiovisuel public, je ne veux pas restituer que des descriptions. Il convient aussi de vous faire partager mon analyse sur ses évolutions à venir, celles en tout cas que je souhaite pour mon pays, un pays qui occupe une position originale, mais solidaire des évolutions européennes. Et la première chose que j'entrevois, c'est un changement des rapports des entreprises publiques avec l'État.

Dans le mode de fonctionnement actuel, plusieurs choses entravent le bon développement de ces sociétés et nuisent à l'exercice des responsabilités que la puissance publique devrait pouvoir assumer à l'endroit de ces établissements. Aujourd'hui, la première responsabilité à laquelle doit faire face une entreprise de radio ou de télévision publique, c'est de rester pertinent sur le marché de la concurrence, c'est de compter. Être à égalité avec les autres radios, ou télévisions, ne pas décrocher, se placer parfois devant (et c'est arrivé plusieurs fois !). En tout cas, rassembler suffisamment d'auditeurs ou de téléspectateurs pour n'être pas marginalisé, réduit au rôle d'alibi ou de symbole, comme c'est le cas pour la société publique de radio télévision américaine Public Broadcasting System, qui ne pèse guère que 7 % de l'audience nationale. Il est vrai que dans ce pays de deux cent quatre-vingt-dix-sept millions d'habitants, ce score, même faible en pourcentage, représente un assez grand nombre de personnes. PBS est plutôt un refuge pour ceux qui cherchent des programmes haut de gamme, qu'on ne trouve pas chez les grands diffuseurs nationaux mais uniquement sur les chaînes câblées (et payantes) que sont Arts and Entertainment (chaîne culturelle d'arts et de divertissement de bonne qualité), The Learning Channel (chaîne où l'on apprend de tout : les langues vivantes, la cuisine, le bricolage) et surtout Discovery Channel (la « chaîne de la découverte »), dont on connaît dorénavant les déclinaisons en Europe. PBS est un réseau public, financé par des dons, des contributions des États américains, des fondations et de l'argent fédéral. Les trois autres sont privées, parce que dans ce pays, le marché est si vaste que des programmes de bon niveau trouvent une audience – et un financement – suffisants en marge des quatre grandes chaînes gratuites.

Pour compter sans sacrifier sa mission de qualité, qui est la contrepartie de la redevance publique, un groupe de radios ou de télévisions publiques doit avoir le droit et les moyens de diffuser tous les genres d'émissions que leurs dirigeants jugent compatibles avec le respect de leur auditoire. Dans tous les domaines, sans autre exception que les genres racoleurs, qu'ils s'interdisent de programmer. Ils doivent avoir la possibilité d'acheter les droits de retransmission d'événements sportifs qu'ils désirent, passer commande de bonnes émissions de variétés pour faire vivre la musique, et pas simplement la « vendre » (donc payer auteurs et interprètes, ainsi que le fait la BBC), développer l'information sous toutes les formes que réclame une démocratie moderne, puisque télé et radio sont de loin les premiers médias d'information de nos concitoyens, et souvent les seuls.

Pour conduire ces actions, les entreprises publiques ont deux besoins vitaux. Le premier, c'est d'avoir une visibilité financière pluriannuelle, comme leurs concurrents du secteur privé, puisque publiques ou privées, les radios et télés opèrent toutes dans le même environnement, et qu'elles ne peuvent ni ne doivent échapper aux lois de l'entreprise. Si pour l'écoute de la radio, les auditeurs ont tendance à être fidèles à une ou deux stations, il n'y a pas en matière de télévision des gens qui ne regardent que les chaînes publiques et d'autres que les chaînes privées. Ce qui motive le spectateur, c'est l'émission, pas l'émetteur. Les radios et télévisions du secteur commercial sont gérées normalement, avec des budgets prévisionnels pluriannuels révisés au fur et à mesure de leur exécution. Tout chef d'entreprise a besoin de visibilité, pour prévoir, anticiper et investir. Cette possibilité est refusée aux dirigeants des radios et télés publiques françaises, contrairement à ce qui se passe ailleurs : en Grande-Bretagne, leurs confrères et le gouvernement sont liés par un Broadcasting Act (« accord de diffusion »), le dernier en date ayant été signé en 2005 pour dix ans ; en Allemagne, les responsables de l'audiovisuel public font adopter leurs projets par une commission indépendante du pouvoir, puis par leurs parlements régionaux, pour quatre ans. Les Français sont coincés dans la sacro-sainte annuité budgétaire, qui veut qu'à l'automne seulement (en général fin octobre), leurs projets rassemblés par le ministère de la Culture et de la Communication soient soumis au vote du Parlement. Je sais bien que s'agissant d'une dépense publique, il est normal que députés et sénateurs la votent. Mais pourquoi diable ne pas prévoir, comme on l'a fait pour d'autres secteurs, un cadre de quatre ou cinq ans, soumis évidemment au vote de la représentation nationale ? Réponse : parce que le budget, c'est le moyen de faire pression politiquement sur ces entreprises, de compliquer la tâche de tel ou tel dirigeant élu certes par le CSA, mais qui fait mine de s'affranchir ! Et quand on conserve la clé du coffre-fort, on a plus de chances de se faire entendre sans avoir à élever la voix...

Le deuxième paramètre, c'est être maîtres de leur gestion. On demande tout et son contraire aux entreprises publiques. Elles doivent être bien gérées, ce qui est la moindre des choses, mais elles ne possèdent pas les instruments de leur gestion : elles appliquent des règles édictées ailleurs. C'est très frappant dans le domaine social et salarial. Tout recrutement de cadre, de journaliste, de créateur dont le salaire dépasse une certaine somme doit être soumis à l'approbation d'un contrôleur d'État, relevant du ministère des Finances, qui siège dans l'entreprise. Toute augmentation est soumise de la même manière à un contrôle préalable. De telle sorte que tout le monde, contrôleur d'État compris, essaie de contourner la difficulté, en tentant d'être arrangeant si l'entente entre individus est bonne ; dans les cas contraires, on se braque. Le défaut de ce contrôle a priori, c'est la tentation du nivellement. Les serviteurs de l'administration adorent ne voir qu'une tête, ont peur des particularismes, de tout ce qui pourrait faire l'objet d'un bruit, d'un commentaire, d'un article de presse vengeur. Cette gestion peureuse et tatillonne coûte cher, parce qu'elle encourage le « basisme », les demandes reconventionnelles pour augmenter tout le monde, au détriment d'une politique sélective liée aux objectifs et à la qualité de leur réalisation. Je ne conteste évidemment pas la nécessité d'un contrôle des dépenses publiques, mais je le préfère a posteriori, quitte à ce que des sanctions soient prises en cas de mauvaise gestion ou a fortiori d'indélicatesse. Avec un budget fixé par Bercy, l'hyperbureaucratisation des procédures et le contrôle préalable des niveaux des rémunérations ou des dépenses hors budget, on peut facilement se trouver dans un cas de gestion directe par l'actionnaire, si l'on n'a pas un peu de tempérament.

Je le relève d'autant plus facilement que je me suis presque toujours bien entendu avec mes contrôleurs, dont quelques-uns m'ont beaucoup appris. Mais il est clair que l'État n'a pas opéré son *aggiornamento* : ce n'est pas en se mêlant de tout jusque dans les moindres détails qu'on délègue une responsabilité. D'autant que d'expérience, je sais la faiblesse, l'inconséquence de cet État dans les occasions difficiles. Bref, l'État est trop près de ces entreprises pour jouer son rôle à plein. Il devrait reprendre de la hauteur : approuver des stratégies, inciter les dirigeants à faire des choix de développement et remplir sans faiblesse sa fonction d'actionnaire. Il lui faut accepter le monde moderne des médias, fait de souplesse et de rapidité, simplifier les règles sociales et rendre ses entreprises indépendantes les unes des autres : dans chaque établissement, les mêmes conventions collectives régissent la quasi-totalité des personnels. Mais qu'est-ce que la radio a de commun avec la télé ? Pourtant, l'État n'a de cesse d'aligner ces conventions, et de réunifier dans la pratique ce qu'il a cherché à séparer par la loi. Il n'y a plus d'ORTF, mais il y a encore dans l'administration publique la conviction que toutes les procédures sociales et toutes les grilles salariales doivent être les mêmes. Autrement dit, la puissance publique alimente elle-même, par son comportement, l'action syndicale, dont elle se plaint évidemment par ailleurs.

Il faut aussi parler d'argent, car il s'agit de votre argent. Faire de la bonne radio, de la bonne télé, cela coûte cher. La France est dotée d'outils audiovisuels publics importants. Certes, des réformes simplifiant l'organisation des groupes audiovisuels publics auraient pu être réalisées, et sans doute depuis longtemps, pour rendre plus cohérentes certaines actions à l'extérieur comme à l'intérieur de nos frontières, fusionner certaines structures qui doublonnent, rendre le tout plus homogène et moins coûteux. Je veux bien même que l'on pose la question du périmètre des entreprises publiques, télés et radios (y en a-t-il trop ?), encore qu'à mon avis, s'il est vrai que l'outil est dispersé, il est équilibré. Mais dans ces conditions, il faut avoir le courage de le financer. Et dans ce domaine, notre financement est trop court. Nous n'occupons que la troisième place pour le niveau de la redevance, loin derrière la Grande-Bretagne et l'Allemagne. J'ai bien conscience qu'augmenter le niveau d'une contribution annuelle est difficile. Je le sais d'autant mieux que depuis longtemps, j'exhorte gouvernements et parlements à une augmentation raisonnable de cette taxe, et que je me heurte à un refus motivé par la peur du mécontentement populaire. Mais il faut savoir ce que nous voulons. S'il s'agit de conserver un équilibre entre les secteurs public et privé, environ 40 % pour l'un et 60 % pour l'autre, alors il faut se donner les moyens d'un développement adapté. Pour bâtir des programmes qu'on ne trouve pas dans le privé, ce qui est la fonction même du secteur public. Et pour ne pas rater le train des nouveaux médias, qui s'imposent à une vitesse impressionnante. Car ce qui détermine l'audience, ce n'est pas le support sur lequel on regarde ou écoute un programme, mais la qualité de ce programme.

De ce point de vue, j'observe chez les décideurs gouvernementaux une tendance à penser que les nouveaux médias seraient, après tout, l'affaire du secteur privé, d'autant qu'il faut investir pendant plusieurs années avant qu'ils ne deviennent porteurs de grosses audiences. Je veux mettre en garde ceux qui ont la charge de la décision : s'ils ne veillent pas scrupuleusement à l'équité de la répartition des supports numériques modernes, ils porteront une lourde responsabilité. S'il y a vingt-cinq ans, on avait raisonné de la sorte avec la radio, lorsque la diffusion a migré massivement de l'onde longue (OL) vers la modulation de fréquence (FM), une station de radio comme France Inter ne serait plus écoutée que par 16 % de son auditoire actuel, les autres ayant basculé vers le meilleur confort d'écoute de la fréquence modulée. Et ce pari sur l'avenir, qui a le droit de le préempter, et au nom de quoi ?

La vraie question est politique, et elle n'est pas que française. Politique d'abord, parce qu'il appartient aux gouvernements successifs et au Parlement de chaque nation de fixer clairement le cadre à venir des fréquences de nos pays. Voulons-nous aller progressivement vers un secteur privé composé de multiples entreprises qui finiront par marginaliser un secteur public qu'on peut même imaginer voir disparaître ? Après tout, l'hypothèse ne devrait pas être taboue. Il y a du monde pour penser cela, et des moyens pour y parvenir par petites touches successives. C'est le cas en France, comme dans toute l'ancienne Europe de l'Ouest, parce que certains ne font confiance qu'à la libre entreprise, ou trouvent que les médias publics sont trop « politisés » (entendez : « à gauche » !) en matière d'information. Ce n'est pas si simple ; si ces gens étaient britanniques ou allemands, ils découvriraient que certains médias privés sont travaillistes ou sociaux-démocrates. (Mais les militants travaillistes ou SPD ne les trouvent jamais assez favorables à leur parti, cela va sans dire !)

Cette défiance vis-à-vis des médias publics, on la trouve massivement dans les anciens pays de l'Est, qui ont dû ingérer la terrible propagande officielle durant des décennies et voient des communistes partout. À tel point que les radios ou télévisions publiques de ces nouveaux membres de l'Europe ont connu, ces dix dernières années, de sérieuses coupes en termes de personnel et de budget. Sans parler de l'extravagante situation polonaise, où les deux frères jumeaux qui monopolisent la présidence de la République et la fonction de chef du gouvernement procèdent, sans trop s'embarrasser de questions sur le pluralisme, à des purges sévères un peu partout dans la fonction publique, et donc d'abord dans les médias. Les purges, c'est bien pourtant le crime qu'ils ont reproché, à juste titre, aux communistes ! On trouve aussi des groupes de pression estimant que les médias, ce n'est pas l'affaire de l'État, que tout cela est suspect par principe. Naturellement, ces arguments s'entendent et doivent pouvoir être débattus.

Après avoir travaillé dans les deux secteurs en France, et les avoir beaucoup observés dans les pays voisins, je ne partage pas cette défiance. J'appelle à la sagesse, et au prudent équilibre. La radio et la télévision pénètrent trop dans la vie intime des gens, participent trop à leur culture civique pour qu'on puisse tolérer la création d'un nouveau monopole, celui du tout-privé. Il me semble qu'alors, une multitude d'entreprises privées se partageant le marché s'aligneraient les unes sur les autres, proposant aux mêmes heures une palette d'émissions se ressemblant peu ou prou, comme aux États-Unis. Ce qui se comprend facilement : la finalité d'une entreprise privée, c'est sa *« bottom line »*, les profits qu'elle doit réaliser pour vivre, conserver sa liberté, satisfaire clients, fournisseurs, employés et actionnaires. Comme il n'y a pas de miracle, on se tourne vers les formules à la mode concoctées par des groupes privés de production, qui tournent tous autour des mêmes thèmes dans l'air du temps : une île sur une chaîne, une forêt amazonienne sur l'autre, une ferme sur une troisième, à la recherche d'un fiancé idéal ici ou d'une miss machin ailleurs. Et partout cette même façon de mettre en scène des anonymes qui s'y prêtent avec gourmandise, puisque « passer à la télé » est devenu le but d'une vie dès le plus jeune âge, au risque de s'avilir ou de se ridiculiser. Et les mêmes types d'émissions appellent des programmations identiques, puisque les études de marché dont dispose le métier donnent à tous les responsables les mêmes orientations. Voilà pourquoi le secteur privé, s'il doit être préservé, ne pourra pas offrir une gamme d'émissions complète et variée aux spectateurs, mais seulement le même type d'émissions décliné à l'infini.

Par exemple, face à un programme de divertissement comme on en voit tant, aucune chaîne privée de grande audience ne proposera un magazine d'information, sauf en cas de catastrophe ou de guerre. Je veux dire un vrai magazine d'information, avec reportages sérieux et débats contradictoires, pas de ces prétendus « magazines de société » dont les enquêtes exclusives portent, comme par hasard, sur la taille des mannequins ou la nouvelle tendance en matière de maillots de bain. L'économie privée ne peut pas courir le risque d'une moindre audience, donc d'une moindre recette. Sa nature, et on ne saurait la lui reprocher, est d'aller, sauf dans ses journaux d'information, vers la facilité attractive, comme le font, et pour les mêmes raisons, les rayonnages de supermarchés : mise en valeur des produits, bon marketing, emballage attractif, et du sucre partout, voilà la règle. Le secteur public, qui ne sert pas de dividendes à ses actionnaires, peut allier exigence, simplicité, et large audience. Ce savoir-faire est un métier de long apprentissage. J'ai coutume de faire remarquer dans les débats sur cette question que les actionnaires des radios et télés publiques sont leurs auditeurs et spectateurs, et que les dividendes, c'est la qualité qu'on leur offre. C'est là que doit peser la volonté de ceux qui paient. Pas plus qu'on ne peut souhaiter vivre dans un système politique à parti unique, on ne peut appeler de nos vœux une offre démocratique monochrome.

En réalité, le fond de l'analyse est économique, parce que c'est l'économie qui conditionne le fonctionnement des sociétés de programmes. Il faut faire cohabiter deux secteurs à vocation radicalement différente : donner de la liberté aux entreprises privées, donner de la perspective (stabilité, financement correct et garantie de liberté totale) et du souffle aux entreprises publiques. Et pour chacun, un cadre clair dans lequel opérer. En Europe, cette coexistence secteur public-secteur privé existe dans tous les pays. À des degrés divers, et dans des situations bien différentes, selon la santé économique, la stabilité politique, le goût pour la démocratie et naturellement la taille du pays : à petit pays, petits médias. Le secteur privé se développe bien, vite et fort. Mais on sent bien que partout, le secteur public est menacé de vieillissement et d'asphyxie financière. Dans plusieurs États membres de l'Union européenne, il est carrément en difficulté.

Le cas le plus spectaculaire est l'Italie. La RAI, déjà bien gangrenée par le partage politique historique des trois chaînes publiques entre chrétiens-démocrates, socialistes et communistes, est désormais dans une situation dont on voit mal l'issue. Silvio Berlusconi, déjà propriétaire du plus puissant groupe de communication privé italien, Médiaset, a placé ses hommes partout dans la radio et la télé publiques, et a déstabilisé le navire, qui tangue désormais gravement. Romano Prodi aura-t-il la sagesse de restaurer l'institution audiovisuelle en la protégeant de la mainmise de ses amis politiques, ou de la convoitise d'industriels amis n'ayant pas encore reçu leur part du gâteau ?

Ces deux dernières années en Grande-Bretagne, on a vu la BBC licencier, pour la deuxième fois de son histoire, quatre mille personnes sur trois ans.

L'Allemagne possède deux chaînes publiques : la ZDF (équivalente à notre France 2, mais avec un plus gros budget, 1 milliard 875 millions d'euros, soit presque le double), et le puissant maillage du réseau régional ARD (9 stations puissantes et décentralisées, budget total de 7 milliards 850 millions d'euros, entre six et sept fois celui de France 3). La compétence culturelle appartient presque exclusivement aux Länder, qui perçoivent la redevance et redistribuent les fonds aux chaînes régionales. L'an dernier, cinq gouvernements régionaux, de droite et de gauche, ont refusé de voter les budgets de leurs stations régionales, ou les ont revus sévèrement à la baisse. Et cela, malgré la recommandation de la Commission économique audiovisuelle, organisme national dont la neutralité est légendaire et l'autorité fort respectée. Ce fut une première, et elle inquiète.

En Espagne, le gouvernement socialiste de José Luis Rodríguez Zapatero a décidé de remettre de l'ordre dans les ondes. Il le fallait. La RTE souffre depuis toujours d'un endettement tragique, garanti par l'État certes, mais jamais apuré. Cette fois, c'est fait. En contrepartie, la radio-télévision espagnole doit licencier environ 40 % de son personnel, suivant un calendrier échelonné.

La France, qui roule davantage sur ses dettes que sur l'or, a pourtant su jusqu'à présent tenir peu ou prou la tête des médias publics hors de l'eau, il faut le reconnaître. La croissance moyenne des budgets avoisine 3 % par an, ce qui n'est pas ridicule ; il faut y ajouter le financement de projets exceptionnels : numérisation et travaux immobiliers pour la radio, création de chaînes nouvelles pour la télé. Mais on sent bien que la vitalité du marché et l'augmentation inexorable des coûts de production et de retransmission restreindront de plus en plus les possibilités de ces chaînes. Et surtout, je crains que les budgets dont disposent les chaînes publiques ne les rendent infirmes devant l'extraordinaire percée des nouveaux médias, dont elles ne peuvent être absentes. C'est même, avec la concurrence de programmes, un des deux secteurs vitaux pour la diffusion de notre langue, de nos idées, de notre regard sur le monde. Le terrain où se joue cette partie s'appelle Internet et la TNT (télévision numérique terrestre) entre autres ; et l'on n'y existe que par ses contenus. Partout, la télévision et la radio numériques se mettent en place. Pourquoi donc chez nous, France Télévision est-elle si chichement servie ? Je souhaiterais que le gouvernement travaille loyalement sur ces perspectives, avec la même neutralité dépourvue d'arrière-pensées que s'il s'agissait de santé publique ou d'éducation.

L'Union européenne est dotée de trop faibles pouvoirs en la matière : on pourrait, au nom de l'intérêt général, qui nous est commun, l'autoriser à tracer un cadre qui préconise l'équilibre dont je parle, incite les États à être plus vertueux sur le financement de leurs institutions audiovisuelles publiques, tout en leur laissant la libre appréciation du dosage public-privé. Quand on sait que tous les Européens regardent la télé entre trois heures quarante et plus de quatre heures par jour, et écoutent la radio pendant plus de trois heures en moyenne, il ne paraît pas excessif de réclamer une réflexion politique globale sur ces questions. N'est-ce pas ainsi que les citoyens de notre continent voient et écoutent les pulsations du monde, et d'abord de leur propre pays ? N'est-ce pas là que la majorité d'entre eux trouvent de quoi nourrir leurs choix dans la société ? Il me semble que la paix sociale, la tolérance humaine et la stabilité politique n'ont pas de prix. Cela se nomme l'intérêt général, n'attendons pas qu'il ait totalement disparu pour s'inquiéter de sa santé. Et le marché, seul, ne saurait y pourvoir.

Politique et médias

Je vous ai fait vivre dans le détail quelques épisodes de ma carrière où la politique a interféré dans la conduite des médias. La fascination du pouvoir, de la classe politique en général, pour la télé ou dans une moindre mesure la radio, est extraordinaire. Depuis que je suis un élu, je le constate tous les jours : beaucoup de mes collègues feraient n'importe quoi pour un reportage, un débat radio ou télé, une interview, un « papier » sympathique, ou même seulement un écho dans la presse écrite. Pour les uns, il s'agit d'exister devant leurs électeurs, pour les autres, de grimper dans les sondages de popularité, et pour tous, de soigner leur ego. Pourtant, les gouvernements et les leaders politiques sont bien placés pour savoir que l'influence des médias est limitée. Si leur pouvoir était si impérial qu'il mérite qu'on y sacrifie bon sens et parfois dignité, Balladur aurait été élu président de la République en 1995 : les médias dominants lui étaient nettement favorables. Chirac n'aurait pas été réélu en 2002 : la presse le voyait plutôt chez le juge qu'à l'Élysée. Mais dans notre société de communication, le maître-mot est l'instant. Depuis longtemps, on ne fait plus savoir qu'on a agi ou, dans le meilleur des cas, gouverné : si on agit ou fait semblant, c'est d'abord pour le faire savoir. Le physique, le bon mot, l'attitude, et ce rien devenu énorme qu'on appelle « le look », servent de message. Je n'insiste pas, depuis Marshall MacLuhan, les textes analysant ce phénomène remplissent les bibliothèques.

Cette addiction médiatique des femmes et des hommes de pouvoir explique en partie l'ambiguïté de notre système.

Giscard n'ayant pas osé couper définitivement le cordon entre 1974 et 1981, Mitterrand s'y essaya : dès son avènement, il créa une haute autorité qui offrait deux avantages. D'abord, mettre de la distance entre l'audiovisuel, notamment public, et lui. Par l'instauration de ce filtre, et même si le système était loin d'être parfait, on pouvait tout de même parler d'un pas en avant, qui a introduit plus de liberté et de souplesse dans la gestion de l'audiovisuel. Les différents responsables de l'information en profitèrent pour pousser leur avantage et travailler plus librement. Mais ne soyons pas hypocrites : d'indépendance absolue, garantie par un système qui le serait aussi, il n'y eut pas. La majorité de l'époque, comme les précédentes, conserva l'habitude de placer ses hommes, en enrobant la chose de quelques nominations alibis aux postes importants. Et l'Élysée sut faire relayer ses souhaits.

La droite revenue au gouvernement en 1986 supprima la haute autorité plutôt que de chercher à lui donner du pouvoir et à rendre ainsi service à l'ensemble du pays, pour lui substituer l'improbable CNCL, le Conseil national de la communication et des libertés, dénomination pompeuse qui avait un arrière-goût d'impuissance. L'institution était censée jouer le même rôle de protection des médias que la défunte haute autorité, mais elle eut d'abord à se protéger elle-même, dès sa création. Sa mollesse, le profil de plusieurs conseillers – davantage connus pour l'amitié les liant au nouveau pouvoir et leur penchant pour l'Académie que pour l'indépendance de leur caractère – et quelques incidents malheureux l'affaiblirent rapidement.

En 1988, la gauche reprit les rênes ; Mitterrand réélu, il dissolut l'Assemblée et obtint sa majorité. L'année suivante, il mit sur pied une nouvelle appellation contrôlée, qu'il ne contrôla pas toujours, ainsi qu'on va le voir : le Conseil supérieur de l'audiovisuel, qui existe encore aujourd'hui.

Examinons-en la composition, et le mode de désignation de ses membres. Le président de la République, celui de l'Assemblée nationale et celui du Sénat nomment chacun trois membres, ce qui fait neuf « sages », dont le président du CSA, désigné, ainsi qu'il est logique, par le chef de l'État. Ils sont nommés pour six ans, et renouvelés tous les deux ans par tiers, un par institution. En fait, cette autorité s'est révélée très utile en de nombreuses circonstances. En tant que dirigeant, j'ai souvent eu recours à elle pour m'aider à trancher des litiges ou protéger mon autonomie. Mais elle a deux handicaps. Le pouvoir aimant à diviser, il a séparé la régulation des fréquences de celle des contenus en deux autorités distinctes sinon rivales. D'où une faiblesse, car qui détient la responsabilité des fréquences détient un pouvoir dissuasif absolu. Deuxième frein, politique celui-là : quand l'hôte de l'Élysée, celui de l'hôtel de Lassay (résidence du président de l'Assemblée nationale) et celui du Luxembourg (Sénat) sont de la même couleur politique, l'opposition n'est plus représentée dans ces organes, si ce n'est en fin de mandat, par l'un ou l'autre des conseillers nommés par un pouvoir de gauche. Si cette personne est inquiète pour la suite de sa carrière, sera-t-elle pugnace le jour où le pouvoir se comportera mal ? Je sais bien que l'équilibre politique ne se substitue pas à la nature des caractères, réputés indépendants, de ceux qui sont nommés, mais la faiblesse est humaine.

En vingt-cinq ans d'organismes de régulation, on n'a jamais vu le balancier des décisions échapper à l'influence du pouvoir dominant, notamment en matière de nomination des dirigeants – à quelques exceptions près. Les hommes et femmes de cette instance importante sont tributaires du cadre de leur institution. Et une institution neutre, ou de contre-pouvoir, dans une démocratie, c'est essentiel. Tous les présidents du CSA pensent ce que l'un d'entre eux m'a dit : « Je souhaite nommer des professionnels à la tête des entreprises publiques, mais en cas de veto du gouvernement, je ne rejouerai pas l'affaire Guilhaume ! »

L'allusion mérite le détour, parce qu'elle est significative des rapports apparemment libres mais en réalité faussés des deux univers que sont le pouvoir en place et l'audiovisuel public. La scène se joue au sortir de l'été 1989 : quelques mois après son installation, le nouveau CSA doit prendre sa première grande décision. Il s'agit rien moins que de nommer un président des deux chaînes publiques, que la loi venait de réunir sous une seule et même présidence, bien que les sociétés, France 2 et France 3, fussent distinctes. Élysée plus Assemblée : six voix sur neuf penchaient théoriquement bien à gauche au CSA. Le Sénat, lui, penche à droite ! Mais pressions et maladresses irritèrent quelques-uns des nouveaux conseillers, dont Geneviève Guicheney et le regretté Igor Barrère, et ce fut un homme proche de la droite qui sortit du chapeau : Philippe Guilhaume. Fureur de l'Élysée, du Parti socialiste et de la nomenclature mitterrandienne. La ministre de la Culture et de la Communication Catherine Tasca entreprit de justifier sa réputation de « lame » (selon l'épithète de l'homme de Château-Chinon) et déclara une guerre sur tous les fronts. Le nouveau président ne resta en place qu'un an ; il faut dire que sa personnalité fantasque lui aurait joué des tours. Dans les réunions à l'étranger, je n'étais pas très fier d'être français dans ce contexte revanchard où tenaient le haut du pavé ceux qui pensaient : « L'audiovisuel, c'est à nous ! » Le risque de voir revenir ces mauvaises habitudes n'est pas totalement écarté.

Depuis 1981, nous avons connu une bonne demi-douzaine de réformes, et tel le torrent sous l'orage, elles ont charrié structures, dirigeants et équipes, stabilité des recettes (plus de publicité voulue par une loi, moins de publicité décidée par une autre), sans réussir vraiment à accomplir ce que tous les citoyens d'une grande nation attendent : la séparation définitive, au niveau opérationnel, de l'audiovisuel public du gouvernement en place. Dans ce domaine aussi, l'État devrait s'interdire toute préférence partisane. Toute attitude contraire d'un gouvernant devrait pouvoir être sanctionnée par les plus hautes autorités du pays, qui doivent se faire un devoir d'y veiller. Nous ne progresserons pas sans cela. Je sais qu'on s'est habitué à ces calculs politiques à la petite semaine, mais n'est-il pas temps de dire que cela suffit, de regarder les choses avec un peu de hauteur, afin de préparer avec détermination l'avenir dans ce domaine ? Et l'avenir, c'est fragile. C'est pour cela qu'il faut s'en occuper dès aujourd'hui !

III

LA CHOSE PUBLIQUE

Tes compagnes, de loin, pleurent sur le rivage,
Et, jetant leur prière à l'océan sauvage,
Dans la paix du passé veulent te retenir.
Mais tu suis, à travers l'immensité sans bornes,
Pâle, et les bras crispés à l'airain des cornes,
Ce taureau mugissant qu'on nomme l'Avenir !

Louis Bouilhet, « Europe », *Dernières chansons*.

Jour de rentrée

C'est avec une sensation bizarre que je descends du *Thalys* en gare de Bruxelles-Midi, ce jour de fin juillet 2004, ma petite valise à roulettes à la main. J'oscille entre curiosité et trac. Pour la première fois, je vais franchir les portes du Parlement non plus en tant que journaliste ou invité, mais comme élu. J'ai en tête la pompe et les ors républicains français un peu désuets, la majesté du protocole et des lieux chargés d'histoire, les roulements de tambour à l'ouverture des séances, tout un décorum chargé de symboles. Je me laisserais volontiers aller à la curiosité si au moins je savais où j'allais. J'ai beau avoir fréquenté quelques-uns de ces lieux, pour le moment, les nouveaux députés sont tous perdus. Et je suis nouveau.

Pourtant, l'imprimé que j'ai entre les mains précise chaque détail : heure et lieu de rendez-vous, adresse, pièces à présenter. Un souvenir vieux d'un demi-siècle me revient en mémoire : celui de la rentrée des classes dans mon lycée de Saint-Dié. Les circonstances ont beau ne plus être les mêmes, je ressens un intérêt teinté d'appréhension. Et toujours ce mélange qui caractérise les moments importants de ma vie professionnelle : la satisfaction de me retrouver là où je sais être légitime, et l'amusement de lire dans quelques regards la surprise de m'y voir.

Franchement, ce qui l'emporte, c'est la joie. Comment ne pas l'éprouver au vu des résultats obtenus deux mois plus tôt lors des élections européennes ? Après avoir passé plus de trente ans comme témoin de la vie publique, j'ai eu envie d'en devenir acteur, en m'engageant en politique. Tout naturellement, mes convictions m'ont poussé à placer mes ambitions d'abord au niveau européen. Et à ne rapprocher de la famille politique la plus indiscutablement européenne.

C'est donc avec un mélange de curiosité et d'allégresse, mais aussi avec une pointe d'appréhension, que j'ai sauté le pas en acceptant l'invitation de mon vieil ami François Bayrou à porter les couleurs de son parti aux élections au Parlement européen de 2004, sans toutefois y adhérer, car je tenais, comme toujours, à mon indépendance.

Nos contacts étaient récents. François m'a avoué récemment que la première fois qu'il avait pensé à me faire une proposition politique, c'était en 1993 ou 1994, alors qu'il occupait rue de Grenelle le poste de ministre de l'Éducation nationale. Il faut dire que je ne m'étais aperçu de rien, mais lui avait flairé mon profond attachement à l'Europe, caractéristique forte de son parti centriste. Il y eut un ratage d'ailleurs, quelques années plus tard. En 2003, Bayrou composait ses listes pour les élections régionales, cherchait du neuf pour ses têtes de liste. Et me fit la proposition pour la région Lorraine. C'était un choix intéressant, qui ne manquait pas de légitimité. Malheureusement, je n'avais pas fini mon travail à Radio France, et il m'était difficile de me sauver en plein milieu du chantier de numérisation. Je repoussai donc à une meilleure période. Mais le projet fut l'objet d'une indiscrétion, ce qui m'irrita beaucoup, et je pris quelques distances. En 2004, à l'approche des élections européennes, le contexte était tout autre, et j'eus avec François Bayrou trois réunions. Il en voulait, je me sentais libéré de mes obligations audiovisuelles, dont j'avais fait le tour et qui ne pouvaient plus guère m'apporter de meilleure satisfaction. La période de l'observateur était finie : il était temps de devenir acteur, et de plonger comme tête de liste aux élections européennes, le 13 juin 2004.

Les listes UDF sur lesquelles je me suis présenté ont rassemblé près de 12 % des suffrages, gagnant ainsi deux points par rapport à leur score du scrutin européen précédent. Résultat : onze élus. L'UMP n'en compte que six de plus tandis que le Parti socialiste, avec ses trente et un députés, arrive largement en tête. La victoire n'est d'ailleurs pas à lire dans les seuls chiffres, mais aussi dans le fait que les centristes sont parvenus à faire entendre leur spécificité clairement européenne dans un débat qui fut bien souvent, hélas, trop franco-français. Quant à la liste que je conduisais dans le « grand Sud-Ouest » (dix-huit départements !), elle a recueilli 13,24 % des voix, le meilleur score de l'UDF. Nous avons donc obtenu deux sièges, le mien et celui d'Anne Lapérouze, alors que les sondages ne nous en promettaient qu'un seul. Même bonheur dans l'Est avec Nathalie Griesbeck et Jean-Marie Beaupuy, et dans le Sud-Est avec Thierry Cornillet et Claire Gibault. Ma consœur Anne est ingénieur, Nathalie est universitaire, Claire est... chef d'orchestre, rien moins que l'adjointe de Claudio Abbado. Nous venons de ce qu'il est convenu d'appeler la « société civile ». Vous savez bien : ceux qu'on regarde avec commisération quand on est professionnel de la politique, ceux qui ne peuvent pas gouverner parce que « trop naïfs », ceux qu'on regarde comme des bêtes curieuses quand on est électeur, genre « mais qu'est-ce que ces braves gens sont allés faire dans cette galère ? ».

Pour l'heure, me voici aux abords des vastes bureaux du Parlement européen. D'abord, il faut trouver la bonne porte, puis s'orienter dans le grand hall, qui pourrait être celui du siège d'une multinationale qui la jouerait modeste. Cossu, mais pas tape-à-l'œil. Sas de sécurité à franchir, comme dans tous les lieux de quelque importance. On vide ses poches, tapis roulant, portique. La machine sonne, on recommence.

« Mais qui protégez-vous si soigneusement ?

– Les députés, l'hémicycle, me répond un gardien genre flamand, que l'humour dérange.

– Je suis député !

– Je ne peux pas le savoir. Allez donc vous faire inscrire, monsieur le député. Suivez les flèches. »

Je m'approche de la première alvéole où m'attend une

dame. Premier contact avec une fonctionnaire du Parlement.

« *What is your name ?*

– Cavada Jean-Marie, lui dis-je en français. Non, pas Kavadagh, CAVADA ! »

La dame, plutôt serviable, fait des efforts pour faire rentrer dans sa machine ce nom venu de nulle part, en tout cas pas de chez elle : son accent sent bon les Pays-Bas. L'heure n'est pas au badinage décontracté : il y a la queue derrière moi. Cette fois, ça y est : la machine m'identifie, je ne suis pas un usurpateur. Bureau suivant. Encore une dame, je décline à nouveau mon identité, elle recopie. « Sans H s'il vous plaît ! » À présent, mes coordonnées. Tout y passe. C'est tout juste si je n'ai pas droit à une prise de sang. Puis vient le troisième espace, pour les photos. Si le cliché n'est pas bon, on recommence, et j'attends dans un coin le verdict du Photomaton. Une autre jeune femme apparaît, brandissant victorieusement la photo en question. Ce n'est plus l'entrée au lycée, c'est presque le service militaire.

« Revenez chercher votre badge dans une demi-heure ! »

Tandis qu'un nouvel impétrant s'installe à son tour, je cherche la quatrième halte. Ici, c'est plus sérieux. Je remplis plusieurs déclarations sur l'honneur. Oui, je suis bien l'élu français qui figure sur la machine, les renseignements donnés sont tous exacts ; je détaille l'état de mes revenus, et répond à quelques autres questions de plus en plus indiscrètes. Elles doivent en surprendre plus d'un. Pas moi. D'abord, avant même d'être élu, j'ai démissionné de toutes mes fonctions : celle de P-DG de Radio France, cela va de soi, mais aussi de plusieurs fonctions d'administrateur. Table rase. Pas de cumul : mon seul métier est député européen. Quant aux demandes d'information sur mes ressources, revenus et autres données financières, elles ne m'étonnent pas : en tant que président de sociétés publiques en France, je devais satisfaire à une déclaration sur l'état de mes revenus et de mon patrimoine, réactualisée et contrôlée chaque année, afin de vérifier que l'élu ne profite pas de son poste pour s'enrichir. Cette dernière déclaration me fait un peu sourire, et je demande d'un ton ingénu : « Mais dites-moi, comment M. Berlusconi a-t-il rempli ces formulaires, quand il a siégé au Parlement entre 1999 et 2001, à la commission des Affaires étrangères ? » Je suis bien le seul à sourire, car je n'obtiens pas de réponse. De toute façon, mes interlocuteurs ne sont pas là pour plaisanter.

En ai-je fini ? Non, car ce tour de chauffe effectué, le vif du sujet pointe le nez. Tout le monde se souvient de la cérémonie de remise des livres à l'école – livres dont il faudra prendre le plus grand soin. Eh bien, voilà que la nouvelle institutrice, pardon, fonctionnaire européenne, me remet une mallette, lourde, forcément, comme tout matériel propre à garantir le sérieux du travail. Elle contient un plan du Parlement, l'histoire des institutions, les traités qui ont scellé progressivement la construction de l'Union, le règlement intérieur et quelques autres documents, comme le plan de Bruxelles, une écharpe d'élu bleue ornée des douze étoiles jaunes du drapeau, quelques badges ou insignes, d'autres formulaires facultatifs à remplir.

Puis, moment crucial, on m'indique l'emplacement de mon bureau. Comme l'ensemble des démocrates libéraux, auxquels j'appartiens, ce sera au neuvième étage d'un des deux bâtiments formant l'essentiel du Parlement, le « Paul-Henri Spaak », du nom d'un des pères fondateurs du Marché commun – l'autre étant baptisé « Altiero Spinelli », qui créa le mouvement fédéraliste européen pendant la guerre. Les bureaux des députés sont sobres, plutôt exigus, mais très fonctionnels. Ils sont tous divisés en deux alvéoles, l'une pour les assistants (un ou deux en général) et l'autre pour l'élu, qui peut recevoir deux ou trois personnes pour des réunions de travail. Les présidents de commission, et à plus forte raison ceux qui se situent plus haut dans la hiérarchie parlementaire, ont droit à un bureau plus grand, et à une table de réunion. Derrière une porte, lavabo, toilettes et coin à douche, genre studio d'étudiant. Le tout venu en droite ligne d'un marchand de meubles nordique, si j'en juge par les formes strictes de l'ameublement. L'équipement informatique est adapté au fait que tout se lit sur ordinateur, et que les échanges préparatoires entre parlementaires ou vers l'extérieur s'effectuent par le Net.

Au fil de la journée, d'autres étapes sont franchies. « Dans quel groupe voulez-vous vous inscrire ? » me demande un interlocuteur. J'explique que je suis un député centriste français, et que je vais rejoindre une formation nouvelle, le Parti démocrate européen. Mon vis-à-vis éprouve quelque peine à me suivre. Il faut dire que les élus venus des centres européens siégeaient jusqu'aux dernières élections dans le Parti populaire européen. Mais l'UDF a considéré que ces conservateurs sceptiques et radicaux manquaient de conviction européenne et trahissaient son identité démocrate-chrétienne. François Bayrou et Francesco Rutelli, chef de la Margarita du centre gauche italien, ont donc bousculé le jeu des alliances en créant avec les libéraux britanniques et allemands, notamment, l'Alliance des démocrates libéraux européens. C'est donc dans ce groupe de près d'une centaine d'élus que je vais siéger. Il est intéressant, parce qu'il va jouer un rôle charnière entre la droite classique et la gauche socialiste, pour former des majorités solides, et différentes selon la nature des sujets débattus.

Ultime formalité, mais qui n'a rien d'administratif : dans quelle commission vais-je m'inscrire ? Un député a trois niveaux d'intervention : commission, groupe politique, séance plénière. D'abord, il doit s'inscrire dans une commission, ou plusieurs s'il le souhaite, en tant que titulaire ou en tant que suppléant. Ce qui le spécialise dans un domaine au moins. Le Parlement compte vingt-deux commissions plus ou moins importantes, chargées du Budget, du Marché intérieur, du Commerce international, des Libertés, de la Culture, des Affaires étrangères, de l'Agriculture, du Développement (pour les pays du Sud), etc. Une commission travaille sous l'autorité d'un président, assisté de trois vice-présidents. Elle compte entre trente et cinquante membres selon l'intérêt du sujet. Chaque formation politique y est représentée par une ou un coordinateur, qui font valoir sur chaque question évoquée, et d'abord sur la distribution du travail (les rapports), leur point de vue. Une commission se réunit au moins deux jours par semaine. Son rôle est de préparer les textes de son secteur afin d'orienter le vote de l'ensemble des députés.

Deuxième niveau de travail, celui du groupe politique au sein duquel vous vous êtes inscrit. Le Parlement en compte une demi-douzaine. Le plus important est le Parti populaire européen, autrement dit les conservateurs. Viennent ensuite les socialistes, réunis au sein du Parti socialiste européen, puis les Verts, l'Alliance des démocrates libéraux européens, la Gauche unie européenne (essentiellement les membres des partis communistes d'Europe, existant sous ce nom ou rebaptisés dans leurs pays) et divers eurosceptiques, antieuropéens ou partis d'extrême droite, tous fortement nationalistes, c'est-à-dire hostiles à toute délégation d'un pouvoir national à Bruxelles. Les présidents des groupes sont, avec le président du Parlement, les hommes forts de l'institution. Ils se réunissent chaque jeudi matin, et prennent les décisions importantes pour la marche de la maison. Un groupe siège un à deux jours par semaine, et consacre l'essentiel de ce temps à débattre de tous les futurs textes législatifs. Le rapporteur d'un projet de directive (une loi en langage européen) explique but, contexte, positions des différents groupes politiques, puis chaque orateur qui souhaite donner son avis lève la main. La plupart du temps, l'intervention d'un député est limitée à deux ou trois minutes. À l'issue d'un examen de groupe, comme lors de l'étude en commission, ceux qui souhaitent modifier le contenu d'une directive déposeront dans les délais prévus des amendements. Le rapporteur devra ensuite réunir les auteurs des principaux amendements, pour essayer de trouver un compromis final acceptable, afin de réunir une majorité de voix lors de la séance plénière, pour que le projet soit adopté. Ainsi donc, dès les travaux en commission puis lors du filtrage politique des groupes, chaque texte présenté par l'exécutif (Commission ou Conseil) passe entre les mains des députés que les électeurs des vingt-cinq pays membres ont envoyé à Strasbourg pour y faire entendre leurs souhaits. Sur chaque projet de directive, le rapporteur défend sa position de vote décidée en commission parlementaire, puis le groupe politique défend la sienne.

Arrive alors le troisième échelon, le moment de l'ultime décision, du vote général en plénière : c'est là qu'il faut se déclarer. Va-t-on suivre les différentes recommandations de vote ou passer outre ? Selon sa sensibilité politique, le pays dont il est l'élu, les intérêts de la région qu'il représente et qu'il souhaite défendre, ses convictions personnelles, le député doit trancher. Et ce malgré la pression des lobbyistes qui s'activent à Strasbourg et à Bruxelles pour faire pencher la balance dans un sens ou dans l'autre. Décidera-t-il en fonction de l'intérêt général de l'Union, qui peut être opposé à celui de son pays, ou acceptera-t-il de braver les critiques que la presse de sa circonscription ne manquera pas de formuler ? Jugera-t-il en fonction du progrès dans la construction européenne que telle loi permet d'accomplir, même au détriment d'une corporation très active chez lui ? Car, préconisations des rapporteurs d'une directive, d'une commission, d'un groupe, ou non, le député européen est libre, son vote est totalement indépendant. Contrairement à ce qui se fait dans d'autres assemblées, ici le vote bloqué n'existe pas. À chacun de suivre les recommandations ou de s'en écarter, selon sa seule conscience. L'aboutissement de tous les travaux préparatoires, c'est donc la plénière. C'est évidemment elle qui tranche en dernier ressort. C'est son vote qui compte : vote à mains levées ou, quand le règlement l'exige, vote électronique, appelé « vote nominal », grâce à une petite carte informatisée, format carte de crédit. On l'introduit dans une machine, elle vous identifie pour empêcher les tricheries, ou que quelqu'un vote à votre place, et vous donne le choix entre trois boutons pour exprimer votre position : vert pour dire oui, rouge pour le non, et blanc pour l'abstention. Tout ce que le député vote est public, disponible sur le Net, identifiable, archivé. Si l'on commet une erreur de manipulation, si la traduction d'un texte d'une langue officielle vers une autre est erronée, ou si l'on estime que la procédure n'est pas respectée, on croise les deux mains au-dessus de sa tête, ce qui veut dire qu'on réclame la parole pour rectifier. Le président de séance, armé du règlement du Parlement, sa bible, décide d'accéder à la requête, ou de la refuser si elle n'est pas prévue dans les textes. La plénière comporte 732 députés venus des vingt-cinq pays membres. Contrairement à ce qui s'écrit, l'absentéisme y est faible, puisque les votes électroniques recensent ente 660 et 700 présents en moyenne pour chaque séance plénière. Ce qui signifie que contrairement à d'autres, ce Parlement est fréquenté avec assiduité, car parmi les absents se trouvent des députés retenus ailleurs, en mission notamment. Ce qui m'est arrivé à plusieurs reprises.

Le travail le plus précis, c'est en commission qu'il s'effectue. Le choix de celle dont vous serez membre est donc important. Il répondra à deux critères essentiels : votre préférence, en fonction de vos compétences antérieures, et les consignes de votre groupe politique au cas où celui-ci s'estimerait insuffisamment représenté dans l'une ou l'autre des commissions. Avant de prendre ma décision d'affectation, je m'en suis ouvert à François Bayrou.

« J'imagine que pour toi, c'est la commission de la Culture qui s'impose, compte tenu de ton passé professionnel. Tu y apporteras des choses.

– Je ne suis guère tenté. Je connais le sujet, j'y serais peut-être utile, mais pour commencer, je voudrais du neuf. Je veux un échange : travailler, mais aussi apprendre. Je pense plutôt aller siéger au Commerce international. »

Il acquiesça, un peu surpris, j'imagine.

J'avais une idée en tête. Le poids de la mondialisation dans les débats politiques, partout dans le monde, en Europe comme en France, mérite mieux que des invectives, des slogans, des positions idéologiques abruptes. Et pour saisir l'importance des enjeux, il fallait s'investir dans un secteur qui traite de cette question. D'autant que le calendrier était propice : nous nous trouvions à dix-huit mois de la conférence de Hongkong et à deux ans de celle de Genève, censées boucler un accord entre tous les membres de l'Organisation mondiale du commerce, que la Chine devait rejoindre. L'accord, s'il avait pu être acquis, aurait été important, puisqu'il aurait accéléré les échanges commerciaux à travers le monde. Autrement dit, il aurait été un vecteur de croissance économique appréciable. Comme on sait, il a échoué à l'été 2006, au grand dam du directeur général de l'Organisation, le Français Pascal Lamy, qui semble y avoir blanchi ses derniers cheveux.

Mais la réussite de cette étape du développement mondial comportait aussi ses dangers en matière d'abaissement des tarifs douaniers sur les produits importés par l'Europe. Et notamment un volet qu'il convient de négocier avec grande prudence : la capacité d'autosuffisance agroalimentaire de l'Europe. L'équilibre est difficile à trouver entre aider les pays tiers à exporter leurs cultures alimentaires, et éviter de casser nos structures européennes de production dans ce domaine. Ce n'est pas le lieu de développer cette épineuse question, essentielle pour l'agriculture française, que beaucoup d'autres pays européens jugent dominatrice. Mais je veux dire simplement qu'une des grandes réussites de l'Europe, c'est le développement historique de son agriculture, et pas uniquement celle de la France. Nous sommes déjà assez tributaires des autres continents pour nos besoins énergétiques en pétrole et gaz ainsi que pour nos besoins technologiques, sans y ajouter une dépendance alimentaire. Toute réforme de la politique agricole commune, qu'il faudra en effet entreprendre, a pour limite cette réalité. La bataille fut rude entre les États-Unis, l'Europe, l'Amérique du Sud et quelques autres pays émergents. Chacun pointa l'autre du doigt, l'accusant d'être responsable du blocage.

La vérité, c'est que les grands continents producteurs ne sont pas prêts à apporter leur part de sacrifice à l'édifice de l'expansion des échanges économiques mondiaux. Les grands prêtres du libre-échangisme ont aussi leurs contradictions, puisqu'ils défendent souvent à coups de subventions et de protectionnisme des pans entiers de leur économie, notamment leur agriculture. Exactement ce qu'ils reprochent à leurs partenaires de faire.

C'est sur cet ensemble de dossiers que je voulais me forger une culture, parce que toute position politique doit y être éclairée par des faits, pas par des préjugés. La commission du Commerce international était donc, pour moi, le bon choix. Elle est présidée par Enrique Baron Crespo, un ami de longue date qui fut ministre du gouvernement socialiste espagnol de Felipe Gonzalez et président du Parlement européen de 1989 à 1992. Le hasard des équilibres politiques fit d'ailleurs que je me retrouvai dès le départ être l'un des trois vice-présidents élus auprès d'Enrique, mon mentor en somme. Je ne fus pas déçu, car les dossiers à trancher étaient réellement intéressants, et pesaient d'un poids certain dans l'actualité. Mais je n'allais pas en jouir très longtemps. Au début de l'année 2005, le président de la commission des Libertés individuelles, de la Justice et des Affaires intérieures décida de démissionner de cette responsabilité chronophage, pour raisons personnelles et familiales. On me proposa de le remplacer, en me disant que j'y serais bien accueilli en raison de mon regard sur la société et de l'aide que j'avais apportée à cette commission lors de l'affaire Boutiglione.

Septembre 2004 avait en effet été une période particulièrement agitée, quelques semaines seulement après le renouvellement du Parlement au suffrage universel pour cinq ans. Ainsi que le veulent les textes, la nouvelle Commission européenne (à ne pas confondre avec les commissions parlementaires, dont celle des Libertés !) essayait de se mettre en place parallèlement au pouvoir législatif.

La nomination de son président était toute récente, fruit du compromis ficelé par Tony Blair et Silvio Berlusconi dans le climat houleux de l'invasion américaine en Irak : ils avaient choisi José Manuel Barroso, ancien Premier ministre portugais. Comprenant vingt-cinq commissaires nommés chacun par les pays membres, la Commission est un des deux piliers de l'exécutif, l'autre étant le Conseil, qui représente les chefs d'État ou de gouvernement et leurs ministres. La première tâche de Barroso fut donc de composer son collège des vingt-quatre autres commissaires (il est le premier d'entre eux), sur proposition des États membres. Mais pour être confirmé définitivement, chaque commissaire doit d'abord passer une audition devant la commission parlementaire spécialisée dans le domaine de compétences qu'il exercera : par exemple, le commissaire chargé de l'élargissement doit plancher devant les députés de la commission des Affaires étrangères. Le président de la Commission européenne lui-même a le devoir de se présenter devant le Parlement réuni en plénière, et d'obtenir une majorité de voix sur son programme pour être investi. Exercice qui fut compliqué pour Barroso, suspecté d'être un atlantiste avant que d'être un Européen. À Bruxelles, les deux institutions que sont le Conseil et la Commission européenne trouvent leur équilibre auprès de la troisième, le Parlement, car le système est fondamentalement démocratique. Si l'audition d'un commissaire désigné n'est pas convaincante, la commission parlementaire compétente transmet son avis négatif à la plénière, qui peut refuser de confirmer la nomination dudit commissaire. Le malheureux n'a plus qu'à rentrer dans son pays.

C'est ce qui arriva à l'étrange M. Boutiglione, proposé par Berlusconi au portefeuille de commissaire aux Libertés et à la Justice. Je dis « étrange », car cet intellectuel italien plutôt réputé dans son pays ne trouva rien de mieux à faire que de se répandre en interviews et déclarations tonitruantes contre l'avortement, les homosexuels et quelques autres sujets sensibles, pour les fustiger de la manière la plus réactionnaire possible. J'ai assisté à son audition devant les députés de la commission « Libé » (c'est son nom dans notre jargon) et j'en suis ressorti écœuré. Intellectuellement brillant, ce monsieur chargé de veiller au respect des libertés individuelles et collectives et à la garantie des droits fondamentaux se faisait un plaisir de piétiner l'un et l'autre. Soit il provoquait, soit il entendait marquer les esprits en prévision d'une prochaine campagne électorale dans son pays. Dans les deux cas, il n'avait pas sa place chez nous, et au passage, le président du Conseil italien nous faisait mesurer son estime pour une institution dont il avait pourtant été membre. Silvio Berlusconi s'y était intéressé pour l'immunité parlementaire qu'elle procure plus que pour œuvrer à l'indépendance et à l'union de l'Europe, il est vrai. Cette défiance des députés européens s'étendait d'ailleurs, pour des raisons d'incompatibilité avec leurs précédentes fonctions, à deux autres candidates, occupant respectivement les postes de commissaire à l'Agriculture pour l'une, et à la Concurrence pour l'autre. Elles finirent par contourner l'obstacle. Le Parlement eut à subir pressions et menaces, tant de la part du gouvernement italien de l'époque que de quelques autres États membres relayés par la bureaucratie environnante. On nous proposa de garder M. Boutiglione, mais de l'affecter à une autre paroisse, un autre portefeuille. J'allai soutenir les membres de la commission des Libertés qui avaient procédé à l'audition, pour obtenir non pas la mutation, mais le retrait du candidat italien. Le Parlement tint bon, et Berlusconi finit par renoncer à soutenir son candidat, pour nous en proposer un plus sérieux : rien moins qu'un ancien ministre des Affaires étrangères de la Péninsule, Franco Frattini. Homme fin, juriste intelligent et bon négociateur, il comprit très vite l'intérêt de gagner les bonnes grâces du Parlement pour faire avancer ses projets. Quoi qu'il en soit, j'avais pu nouer des relations avec quelques membres de cette exigeante commission, si bien que la responsable de notre délégation centriste française, Marielle de Sarnez, me dit un jour tout à trac : « Jean-Louis [Bourlanges] quitte sa fonction. Le président de notre groupe des démocrates libéraux [Graham Watson] m'a donné son accord pour que tu lui succèdes. Naturellement, tout ceci doit rester très discret. Es-tu intéressé ? »

Je réfléchis quelques jours, le temps de voir de quoi il s'agissait, donnai mon accord et me tus une bonne semaine. Et c'est ainsi qu'un beau mardi de janvier 2005, après m'être inscrit dans ma nouvelle commission, je vis Jean-Louis Bourlanges sortir un texte expliquant pourquoi il démissionnait. Il était très apprécié, et son émotion était évidente. Il proposa mon élection à sa succession, les mains se levèrent, et je me retrouvai confortablement investi dans cette présidence de la commission des Libertés civiles. Cinq minutes plus tard, il fallait enchaîner sur le travail en cours.

Pendant la campagne pour l'élection des députés européens, j'ai entendu beaucoup d'affirmations erronées. L'une d'entre elles mérite d'être relevée : « Ce Parlement n'en est pas un : il n'a même pas le pouvoir d'initiative législative ! » Vrai dans la forme, totalement faux sur le fond. Il est exact que l'initiative de proposer des directives est réservée à la Commission européenne. Sauf dans certains cas, où le Parlement peut exiger de la Commission qu'elle lui propose un texte législatif nouveau. Mais dans la réalité, le Parlement peut modifier de fond en comble un texte qu'on lui propose, et s'il désire porter l'attention sur un sujet non traité qui lui semble important, la procédure des amendements lui ouvre un champ d'intervention très vaste.

Pour décrire l'influence des députés de Strasbourg, voici l'histoire de la célèbre directive « services », plus connue sous son nom d'épouvantail : directive Bolkestein. Son but, on le sait, était d'insuffler du dynamisme économique en libéralisant le secteur des services. Entre parenthèse, c'était prévu dès le traité fondateur du Marché commun de 1957, mais pendant près d'un demi-siècle, on n'avait jamais osé y toucher par peur des réactions. Sortie des tiroirs sous la législature précédente par le bon professeur néerlandais Bolkestein, qui se trouvait être, à la Commission européenne, le commissaire à la Concurrence, le texte était resté en suspens. À peine installé, le nouveau Parlement vit ressurgir le serpent de mer, sous forme d'une directive assez mal ficelée, qui ouvrait grand les vannes dans presque toutes les professions des services.

En gros, un électricien de Bratislava était libre de faire une offre de service à un client portugais sans aucune entrave. Jusque-là, pourquoi pas ? Le problème, c'est que les règles qui s'appliquaient en matière sociale n'étaient pas celles du pays où la prestation était assurée, mais celles du pays d'origine du prestataire. On voit bien le but poursuivi : déclencher une compétition dans les tarifs propre à générer de l'activité économique. Mais d'innombrables dangers se profilaient. En effet, la disparité des situations économiques et sociales des différents pays membres engendrait une baisse des tarifs (ce qui est bon pour le consommateur, certes), un dumping social sur les salaires des autres prestataires (ce qui est mauvais pour leurs collègues européens mieux payés), des incertitudes sur les critères de qualité, du flou sur la garantie des assurances en cas de malfaçon et sur la sécurité de la prestation, notamment. En somme, cette directive, qui partait d'un bon sentiment, dynamiser la croissance européenne, installait le désordre dans beaucoup de professions, la colère chez pas mal d'employés de ces secteurs, et l'insécurité chez le consommateur, en dépit de l'alléchante baisse des prix apparente. Pour qu'elle soit réaliste, il aurait fallu que les vingt-cinq soient à peu près au même niveau de développement, ou tout simplement procéder par étapes.

Comme une majorité de parlementaires, j'étais opposé non pas au principe (il faudra bien y revenir et terminer ce travail de libéralisation des services à l'intérieur de l'Union européenne), mais à la forme actuelle de cette directive, qui ressemblait à un bulldozer dans une horlogerie. À l'évidence, cela ne passait pas. Je fus stupéfait de constater que la Commission s'entêtait, nourrie d'un curieux mélange d'idéologie, de mépris ou d'autisme. Et ce qui devait arriver arriva. Le texte qu'elle nous proposait fut sèchement rejeté par des députés outrés : par ceux qui se plaignaient de n'avoir pas été entendus, par ceux qui étaient furieux d'avoir perdu, et par ceux qui dans leurs pays respectifs se dressaient sur leurs ergots en faisant croire que le « grand soir » libéral était arrivé. Beau gâchis !

Le nouveau rapporteur du projet, une Allemande d'origine française, Mme Evelyne Guebhardt, effectua un travail intelligent, et pour commencer changea totalement la philosophie du texte dans le sens que nous espérions. Libéralisation des services, d'accord, mais selon le principe du pays de destination de la prestation, autrement dit le pays du client, avec ses règles de protection du consommateur et ses conventions collectives. Par ailleurs, le principe de libre circulation des services se trouvait maintenant encadré par une importante liste restrictive, qui mettait un certain nombre de professions à l'abri d'un grand désordre. En l'état, la proposition de directive telle que modifiée méchamment par les députés devenait acceptable. On pouvait en attendre des effets positifs, et elle fut logiquement adoptée : on attend son passage en deuxième lecture dans quelques semaines, où elle sera votée.

Londres, vendredi 7 juillet 2005, heure du dîner. J'ai rendez-vous, en compagnie de trois collègues de ma commission des Libertés, avec Charles Clarke, le ministre britannique de l'Intérieur, et sa collègue de la Justice, Mme Ashton. Objet de cette réunion : faire comprendre au gouvernement de Tony Blair, qui vient de prendre pour six mois la présidence de l'Union européenne, que les mesures de sécurité contre le terrorisme ne doivent pas suivre la même dérive liberticide qu'aux États-Unis. Pour en être sûre, notre commission « Libé » a prévenu : nous exigeons du Conseil qu'il suive la procédure de codécision, même s'il n'y est absolument pas obligé, en vertu des traités. La codécision, cela veut dire que les deux parties, Conseil et Parlement, doivent donner leur accord sur le texte proposé par le Conseil, faute de quoi, il ne s'appliquera pas. Et pour qu'il soit clair que notre démarche est radicale, nous avertissons que si le Conseil cherche à nous contourner, nous traduirons sa directive devant la Cour de justice de Luxembourg. C'est le début d'une autre séquence qui va démontrer l'influence fondamentale de la fonction législative sur l'exécutif, en l'occurrence le Conseil des ministres cette fois.

De quoi s'agit-il ? Après les attentats du 11 septembre 2001 aux États-Unis et ceux de mars 2004 à Madrid, le Parlement européen est saisi d'un texte qui cherche à trouver un équilibre entre les mesures policières de protection contre le terrorisme et la protection des libertés individuelles des citoyens de l'Union, qui risquent d'être mises à mal. Plus précisément, le texte porte sur les conditions dans lesquelles les États membres seront autorisés à conserver les données numériques liées aux communications téléphoniques, surtout celles des mobiles, mais aussi les courriels ou autres informations issues de la Toile. Le caractère apparemment technique de cette question ne doit pas masquer le risque que pourrait faire courir aux libertés ce texte qui porte le nom anodin de « rétention des données ».

Le Conseil joue sur du velours. S'il s'en tient à la stricte application minimale des traités, il doit seulement « consulter » les élus européens. Consulter veut dire soumettre le projet de directive, écouter les délibérations, jeter un œil sur le résultat du vote, puis reprendre le travail « sérieux » entre dirigeants et oublier le Parlement. En réalité, depuis le 11 Septembre, la majorité des gouvernements des États membres se fichent pas mal de l'avis des députés et ne pensent qu'à l'ultracourt terme : rassurer l'opinion publique par tous les moyens, sécurité renforcée ou postures spectaculaires de communication, dans ce mélange incertain de travail de fond et de gesticulation que la politique ne sait plus nous épargner.

Mais il y a un hic : des voix s'élèvent au Parlement de Strasbourg pour dire que l'efficacité de ce déferlement de contrôles n'est pas avérée : les polices demandent des moyens, mais rendent rarement compte des résultats, surtout quand ils sont maigres. D'autres parlementaires font remarquer que les guerres des polices ou appendices de renseignement paralysent beaucoup l'action publique de protection des citoyens, ainsi qu'on l'a vu à Washington, où il a fallu créer après le 11 Septembre l'Agence des agences pour coordonner les informations que les services de renseignement se cachaient soigneusement auparavant. Enfin, certains élus du nord de l'Europe, Verts ou Démocrates libéraux, signifient à qui veut l'entendre qu'ils ne toléreront pas la mainmise des services de police sur ce droit fondamental qu'est l'intimité des conversations téléphoniques. Mieux : ils réclament un contrôle parlementaire plus strict à travers l'agence européenne de coordination des actions policières : Europol. Le débat s'annonce animé, pour ce dîner de travail d'avant week-end à Londres.

En fait, il n'aura jamais lieu. Ce même vendredi, à 8 h 30, des bombes explosent dans le métro de Londres et dans un autobus, tuant 52 personnes, blessant plus de 700 autres. La résonance de ces actes terroristes est extrêmement forte à travers l'Europe. Pour nous, le travail se complique. Je fais immédiatement appeler Charles Clarke, lui présente les condoléances de notre commission et lui propose d'annuler notre rencontre, prévue en fin de journée.

« D'accord pour cette fois, mais ça ne m'empêchera pas de manger ! » me fait-il savoir debout dans la tempête, dans la pure tradition du flegme britannique.

Je lui laisse un répit de vingt-quatre heures, et saisis la balle au bond :

« Toute l'Europe est solidaire. C'est le moment de montrer votre sang-froid. Le but des terroristes, c'est de faire vaciller la démocratie en provoquant une radicalisation de l'opinion. C'est maintenant qu'il faut montrer votre confiance en nos valeurs démocratiques. La réponse à ces attentats, c'est mesures de sécurité à Londres plus débat devant le Parlement de Strasbourg et adoption du texte en codécision. Ce qui constituera une réplique démocratique, un appui populaire à ta démarche.

– Tu n'arriveras pas à réunir rapidement une majorité, argue-t-il plutôt mollement.

– Charles, tu as été député. C'est un Parlement, il doit rester libre jusqu'au bout. La caution qu'apporteront les élus à ce texte que tu nous présentes au nom des vingt-cinq sera d'autant plus forte qu'ils y adhéreront sans menace, sans pression. Le Parlement, la Commission européenne et le Conseil réunis dans une décision, cela donnera du poids à ta démarche.

– En supposant que j'accepte, me concède-t-il, tu n'arriveras jamais à faire voter ta commission des Libertés avant le 13 décembre 2005 ; or Tony veut boucler ce dossier sous présidence britannique, donc avant la fin de l'année. Je le présenterai au Conseil du 13.

– Nous, Parlement, nous serons au rendez-vous et l'affaire sera présentée en plénière à la session de Strasbourg début décembre. Méfie-toi : nous risquons d'avoir délibéré au moins une semaine avant vous. Et il se pourrait que j'aie ma majorité plus facilement que tu ne pourras convaincre tes collègues ministres de l'Intérieur et de la Justice. »

Charles Clarke est un homme massif, affable, facilement charmeur, mais qui sait ce qu'il veut. Dès notre deuxième entrevue, il s'est mis à me tutoyer, puisqu'en politique, on a le voussoiement rare, contrairement à moi qui mets du temps pour tutoyer mes interlocuteurs. Dans le débat qui s'engage, je sens que mon argumentation porte : elle a en effet acquis l'appui des membres de ma commission, à qui j'ai demandé préalablement de me mandater dans cette démarche. Aucune voix n'a manqué, et il est bien renseigné : il sait qu'il a en face de lui un bloc. J'ai même pris la précaution d'informer les présidents des groupes politiques influents, et le président du Parlement, M. Borrell Fontelles. Ils m'ont encouragé. Clarke est tenté par notre démarche, qui aura de l'allure, c'est vrai. Encore faut-il qu'il emporte l'adhésion de ses vingt-quatre collègues. Malin, il ne se dévoile pas, et laisse au contraire planer la menace de se passer de la codécision du Parlement, à laquelle nous tenons dur comme fer.

Quelques semaines passent, et un indice m'arrive : j'apprends par une indiscrétion que mon interlocuteur fait étudier les deux possibilités. Nous le recevons en audition, il continue de faire planer le doute, ce qui commence à énerver les plus sourcilleux membres de « Libé ». D'autant que plusieurs députés, parmi les Verts essentiellement, refusent en bloc un texte qu'ils jugent dangereux. C'est aussi le cas du rapporteur, Alexander Alvarro, jeune et actif élu allemand d'origine portugaise, membre de mon groupe politique qui plus est. Ce que ces élus récusent, c'est le risque d'intrusion des services de police dans les communications privées. Une partie du texte n'est en effet pas neutre. Elle prévoit que les « services » pourront avoir accès à l'origine d'une communication par portable, savoir qui a appelé qui, de quel point géographique vers quel autre, avec date et heure à la seconde près. De plus, il nous est demandé d'accepter que ces informations soient stockées pendant un certain délai : six mois pour les uns, un, deux ou trois ans pour d'autres. Les Polonais, on ne sait trop pourquoi, envisagent même d'obliger le stockage par les compagnies téléphoniques pendant douze ans.

Il faut commencer par mettre de l'ordre dans ce texte. D'abord, nous exigeons que la police ne puisse faire quoi que ce soit sans le contrôle d'un juge, ce qui étrangement n'était pas prévu. Ensuite, j'essaie d'obtenir le consensus autour d'un délai de conservation des données pendant un an. Enfin, je veux la garantie absolue que si les coordonnées d'un appel sont accessibles aux services de police, ils ne puissent en connaître le contenu, qui relève du domaine strictement privé, sauf procédure judiciaire à l'encontre de suspects. C'est avec ce schéma que j'obtiens l'accord des deux groupes politiques les plus influents de ma commission pour construire ma majorité : les conservateurs et les socialistes, conduits respectivement par deux femmes sympathiques : Eva Klamt, une Allemande du Nord d'un commerce agréable, pour le PPE, et l'inusable Martine Roure, députée française qui fait un travail de fourmi pour le PSE. Du côté du Parlement, nous sommes en bonne voie. Mais côté Conseil des ministres, les bruits les plus alarmants circulent, sur le thème : « Mais pourquoi s'embarrasser de la codécision du Parlement ? » L'étape décisive va donc se jouer fin septembre, à Newcastle.

C'est là que se réunit cette fois-ci le Conseil des ministres de l'Union. Comme à chaque fois, je suis invité à y participer en tant que président de la commission des Libertés, et me retrouve en face d'une cinquantaine d'éminences sur les visages desquelles se lit le doute. Sans trahir le secret des délibérations, je peux dire que le ton est vif. La plupart sont d'anciens parlementaires, beaucoup semblent l'avoir oublié. Les attentats de Londres trois mois plus tôt ajoutent à la fébrilité générée par ceux de New York en 2001 et de Madrid, le 11 mars 2004, 191 morts, 1 500 blessés. Tout se passe, s'agissant de lutter contre le terrorisme, comme si les gouvernements étaient infaillibles, les services de police et de renseignement transparents, et le Parlement européen complice implicite des poseurs de bombe. Heureusement, le représentant de la Commission européenne, le commissaire Frattini, avec qui nous travaillons jusqu'à présent en bonne intelligence, appuie clairement notre démarche. Charles Clarke, qui préside la séance, a dû accepter la présence de représentants des compagnies de télécommunication, lesquels entament une complainte sur les coûts supplémentaires générés par ces nouvelles obligations. Quand on connaît les profits engrangés annuellement par ces opérateurs, on a plutôt envie de leur demander d'apporter leur collaboration à la sécurité publique sans facturation supplémentaire. Je le fais remarquer, dans un silence gêné.

Mais la vraie partie de poker se joue à huis clos, lors d'un rapide déjeuner auquel une partie d'entre nous est conviée. Franche explication, entre quelques ministres opposés à la procédure parlementaire de codécision d'un côté, et le commissaire Frattini et moi de l'autre, avec Clarke au milieu. Il sait qu'il joue gros, je sens qu'il penche nettement de notre côté, mais il conserve l'apparence de la neutralité. Retour en séance après le café, vote autour de la table : c'est oui, le Conseil a basculé. Le contenu de la directive et des amendements qui seront déposés pour en modifier les aspects qui ne nous conviennent pas feront bien l'objet d'une codécision à laquelle le Conseil se pliera. Nous approchons de la victoire, mais ce n'est pas le moment de triompher, car il reste deux étapes. D'abord être sûr que les « patrons » (président de la République, chancelière et Premiers ministres des Vingt-Cinq) entérineront l'accord de Newcastle. Pas d'avis contraire ? Parfait ! Reste à obtenir un vote majoritaire, solidement positif pour notre démarche, dans l'hémicycle bleu de Strasbourg, devant le Parlement dès le début du mois de décembre. Le jour du vote des députés arrive : c'est oui, avec une majorité indiscutable. Conséquent avec lui-même, le rapporteur du texte qui ne partageait pas notre approche demande que l'on retire son nom du rapport qu'il a conduit. Non seulement le Conseil s'est plié à l'insistante demande du Parlement, mais par ce biais, nous avons pu introduire des garanties pour les libertés des citoyens qui sans cela seraient passées à la trappe : garantie de la présence d'un juge, non-accessibilité au contenu des communications privées, sauf exception judiciaire, coûts, durée de rétention des données, notamment.

Pour que ce contrôle de l'exécutif par le législatif fonctionne, il faut un travail d'équipe. Comme les autres commissions, celle des Libertés, de la Justice et des Affaires intérieures s'appuie sur un secrétariat solide. Le nôtre comporte une quinzaine de juristes venus de plusieurs pays d'Europe, tous fonctionnaires de haut niveau et dirigés par un Italien de remarquable qualité, Emilio de Cattani. Vous n'entendrez jamais parler de ces gens qui parlent couramment quatre à cinq langues, sont rôdés à toutes les batailles juridiques ou constitutionnelles, et surtout pénétrés d'un attachement profond à la construction démocratique de l'Europe. Sans ce dévouement, nous n'aurions jamais pu entamer les batailles que la défense de l'Union et le respect de ses citoyens exigent. Un autre organisme mérite d'être porté à votre connaissance, c'est la représentation que chaque pays membre délègue en permanence à Bruxelles. À sa tête, un ambassadeur. Pour la France, cette équipe est dirigée par un diplomate remarquable, Pierre Sellal, qui fut d'ailleurs préalablement à Paris le directeur de cabinet du ministre des Affaires étrangères Hubert Védrine, avant de rejoindre Bruxelles, où il succéda à Pierre Vimont, devenu à son tour directeur de cabinet de Dominique de Villepin, puis de Michel Barnier, puis de Philippe Douste-Blazy au Quai d'Orsay. La très bonne entente de ces deux hauts fonctionnaires a permis une continuité dans le travail qui n'est pas toujours acquise. Les ambassadeurs représentant les vingt-cinq pays membres à Bruxelles se réunissent chaque semaine. Ce sont eux qui mettent sur les rails, négocient et aident à la conclusion d'accords. Si le gouvernement et surtout le Parlement français étaient plus en phase avec eux et avec le calendrier du Parlement européen, les débats seraient parallèles pour les grandes questions décidées à Bruxelles, dont ils auront de toute façon à transposer le résultat dans notre droit national. Les enjeux des décisions prises par les institutions communautaires seraient mieux compris en France, Bruxelles ne serait pas cette autorité lointaine et plutôt étrangère qu'elle est devenue. Et les dirigeants politiques, toutes tendances confondues, seraient bien obligés de se déterminer publiquement, pas seulement lors d'un référendum ou d'une élection.

Comment comprendre en effet ce décalage surréaliste : une bonne moitié des lois votées par le Parlement français ne sont que la simple transposition dans notre droit de directives arrêtées à Bruxelles. Nous en débattons à Strasbourg avec âpreté, mais les citoyens français l'ignorent, bien que la presse essaie d'en parler. Lors de la prochaine présidentielle, il faudra traiter cet aspect des choses.

Le siège officiel du Parlement européen est à Strasbourg, c'est là qu'il prend ses décisions, à raison d'une ou deux plénières par mois, du lundi au jeudi. Quelques séances complémentaires, lorsque l'agenda est chargé, se tiennent à Bruxelles, où nous avons nos bureaux. Cette institution, même incomplète dans ses pouvoirs, est profondément démocratique, et ne cesse de gagner dans les faits des pouvoirs que les textes ne lui octroient pas encore. Si la Constitution européenne avait été ratifiée, le contrôle de l'exécutif par les députés aurait été renforcé.

Mais cette machine a aussi ses défauts. Le premier d'entre eux à mon sens, c'est que ce Parlement, comme le nôtre en France, légifère beaucoup trop. Il se trouve engorgé par une montagne de textes que la Commission ou le Conseil lui demandent d'examiner. C'est d'ailleurs un défaut de toute la machine européenne : elle décide dans le détail sur trop de choses qu'elle serait bien inspirée de déléguer aux États membres, faute de trouver l'unanimité de ces mêmes États pour trancher sur l'essentiel. Il en résulte une certaine précipitation pour l'étude des textes qui nous sont soumis, et des encombrements ou retards dans les services de traduction pourtant tout à fait essentiels dans ce métier « cosmopolite », comme aurait dit le général de Gaulle. Je ne sais si cette situation est due au caractère « bureaucratique » de la machine, ce qui n'est pas dans la bouche de ceux qui l'en accusent un compliment. On recense pourtant deux fois plus de personnes pour faire fonctionner la ville de Paris ! Il semble que les vrais patrons, les chefs d'État ou de gouvernement qui auraient le pouvoir de proposer un autre système, s'en accomodent. Après tout, mieux vaut noyer les députés sous une avalanche de détails que de les avoir en permanence dans les jambes.

Ce qui pose aussi problème, c'est en effet l'incapacité du Parlement à avoir des initiatives législatives ; il faut corriger ce déséquilibre d'urgence. Je sais bien que dans la réalité, nous usons de tous les moyens à notre disposition pour faire valoir nos points de vue. Mais cette atrophie de l'initiative laisse planer un soupçon. Comme si la grande tradition de la représentation populaire souveraine, si chère aux démocraties anglo-saxonnes et à celles qui s'en sont inspirées, pouvait souffrir une version expurgée, amoindrie, à Strasbourg.

Enfin, il y a la question du siège. Une contestation de plus en plus forte s'élève contre cette double implantation, qui a un coût, c'est vrai. Elle n'est pas non plus des plus pratiques, avec l'acheminement une fois par mois des petites malles à dossier de Bruxelles à la capitale alsacienne, et les difficultés des députés qui viennent du sud ou de l'est de l'Europe. Je l'admets, mais ce siège est garanti par les traités, et pour tout dire, j'y tiens. Pas en tant que Français, après tout, tout se négocie. Non, c'est en tant qu'enfant de la guerre, dont j'ai vu les désastres. Strasbourg fut le lieu des ultimes batailles de la Seconde Guerre mondiale, et le génie européen a reconverti cette ville martyre en symbole de la paix : l'endroit où Allemands et Français se sont retrouvés. Strasbourg vaut donc bien un effort : celui de considérer que l'Europe n'a pas de plus grand projet que de nourrir la paix par la prospérité. Et la paix, c'est sur les ruines de la guerre qu'elle se développe. La paix n'est une abstraction nulle part. Elle naît sur un lieu, comporte une géographie où elle grandit, se consolide. La paix habite quelque part, ne la délogeons pas.

La force du non

29 mai 2005, vingt heures. Le verdict de la consultation populaire sur la Constitution européenne tombe. Il est sans appel. Les Français se sont exprimés en faveur du non à près de 55 %. Le refus était devenu prévisible, son ampleur surprend. Une nouvelle fois dans son histoire, l'un des pays fondateurs de l'aventure européenne dit non à la poursuite de sa construction. L'événement relève du séisme. Élu un an plus tôt sur une liste qui a prôné le oui sans aucune réserve, ayant mobilisé toutes mes forces pour convaincre mes concitoyens lors de soixante-douze réunions, je fais partie des gens sonnés. Comment se fait-il que la France démocratique, porteuse de valeurs universelles, se soit retrouvée fer de lance de la protestation contre l'Union européenne ? Aujourd'hui que la violence des débats est retombée, un tel sujet mérite réflexion.

D'abord, les mœurs de la vie politique française ne sont pas aussi policées qu'on peut le croire. En termes de familles de pensée, notre pays vit sur un héritage devenu lourd. La résurrection par la voie des urnes de l'extrême droite, il y a une vingtaine d'années, en est la preuve. Les calculs mitterrandiens visant à émietter la droite parlementaire auront abouti à ce résultat difficilement pardonnable : redonner de belles couleurs à des idées qui existaient, certes, mais sans le volume et la caution que lui ont apportés les urnes. Petit à petit, cette façade de respectabilité a permis à des gens mal à l'aise dans leur propre pays, ou qui le jugeaient trop faible, d'exprimer leurs inquiétudes et de mettre leurs espoirs dans une droite réactionnaire.

Au niveau européen, les extrémistes de droite sont assez divisés. Leurs collègues démocrates les regardent comme des gens anachroniques, vivant dans le fantasme. Pour eux, la construction européenne n'a abouti, depuis 1957, qu'à des catastrophes. L'acquis de la paix, sa pérennité, ne font chez beaucoup d'entre eux l'objet d'aucune analyse publique. La richesse créée ? Pertes et profits ! L'immigration ? Tout le monde dehors ! Le système politique européen ? Une usurpation des pouvoirs nationaux par le bastion technocratique de Bruxelles ! Leurs représentants au Parlement ? Des félons, ou des planqués ! (Sauf eux, j'imagine.) La vérité est que pour les plus expérimentés d'entre eux, et il n'en manque pas, comme pour quelques jeunes gens élus sous leur étiquette, il y a une posture et une réalité. La réalité, c'est que s'ils arrivent au pouvoir, ils composeront, car je n'imagine pas que l'intelligence leur fasse à ce point défaut qu'ils cherchent à précipiter l'Europe vers la dislocation et la France vers un isolement qui ne tiendrait pas un an, avant d'engendrer une guerre civile sur fond de récession brutale et massive.

Dans le même temps, la France a continué à fabriquer des petits partis révolutionnaires auxquels certains médias donnent une visibilité beaucoup plus importante que ne justifie leur représentativité réelle. C'est que Mitterrand et ses successeurs socialistes n'ont pas su achever le mariage des gauches, que le déclin du PC a dispersées dans la nature, comme l'ouverture de l'atome libère des particules. Résultat : nulle part en Europe ces partis n'occupent une place comparable à celle qu'ils ont en France. À Strasbourg, ces différents groupuscules extrémistes, de gauche comme de droite, utilisent parfois la vieille méthode parlementaire des alliés objectifs. Les résultats obtenus demeurent modestes. Malgré le faible impact de ces combinaisons tactiques, l'extrême droite demeure semblable à elle-même : inquiétante et plutôt en progression dans de nombreux pays européens. En atteste par exemple le basculement de la Pologne il y a peu, avec l'entrée de ministres d'extrême droite au gouvernement, dont l'inquiétant ministre de l'Éducation, qui ne tardera pas à réécrire l'histoire jusque dans les manuels scolaires. Plus récemment, ce pays martyr s'est offert le luxe d'une première : un président de la République au sommet de l'État, et son frère jumeau à la tête du gouvernement ! Leurs discours sont clairement hostiles à l'Europe, dont la Pologne a pourtant accepté tous les traités avant d'adhérer. Le gouvernement purge, menace et vitupère : contre les médias, les homosexuels, le peu qu'il reste de Juifs. Des voix, pour l'instant solitaires, s'élèvent au Parlement européen pour protester, mais je n'ai entendu ni au Conseil ni à la Commission une autorité de l'exécutif brandir la menace de la suspension de l'adhésion, puisque l'Europe est une si mauvaise chose pour quelques nouveaux dirigeants à Varsovie. À force de ne pas faire respecter la chose signée, nous finirons par n'être plus respectables.

Si le système des alliances objectives a peu de poids dans la vie du Parlement européen, il s'est en revanche montré d'une redoutable efficacité lors du référendum en France. Le mélange de tous les extrêmes autour d'un même non a eu les effets de la dynamite. S'y est ajoutée l'incompréhension d'une large partie de l'opinion face à l'entrée de dix nouveaux membres. Les citoyens se sont sentis mal traités. On réclamait leur soutien pour dire oui à une Constitution compliquée, dangereuse pour les uns, anodine pour les autres, alors que pour traiter d'un grave problème comme celui de l'élargissement, on s'était passé d'eux. Tant de légèreté, et au fond tant de mépris pour les peuples, a été sanctionné. La question était posée à chacun des meetings auxquels j'ai participé. J'ai expliqué, avoué, ma vérité : c'est une bonne chose que de rassembler l'ancienne Europe dans un nouvel ensemble organisé, et non plus dispersé comme ce fut le cas avant la Seconde Guerre mondiale. Mais c'est une mauvaise de l'avoir fait avant d'organiser des institutions capables de faire fonctionner cet ensemble. Si nous n'y remédions pas très vite, l'Europe deviendra au mieux une simple zone de libre-échange, au pire un puzzle de nations sans projet commun, comme avant. Et nous bouclerons un cycle historique pourtant si prometteur par un échec. J'entends déjà les applaudissements feutrés de quelques autres grandes puissances mondiales.

L'opinion française n'était pas la seule à douter. Quand fut annoncé quelques semaines plus tard le résultat de la même consultation aux Pays-Bas, ce fut une deuxième secousse. Pourtant, la désagrégation d'un consensus social qui fut longtemps exemplaire avait commencé à dresser des groupes sociaux les uns contre les autres. Le laboratoire expérimental des années soixante-dix était devenu une marmite de méfiance, que l'immigration désordonnée a portée à ébullition.

Tout occupée qu'elle est à gérer les conséquences de sa propre réunification, l'opinion allemande n'a pas, de son côté, digéré l'élargissement. Le pays s'est pourtant toujours senti historiquement responsable, y compris pendant la guerre froide, d'une vaste zone d'influence politique et diplomatique qui englobait les pays d'Europe centrale et de l'Est jusqu'aux frontières de la Russie. La tradition d'une Allemagne attentive à la Mitteleuropa était forte. Le pays aurait logiquement dû prendre ces nouveaux arrivants sous son aile. Sauf que toute crise économique engendre peur et repli sur soi, et que l'Allemagne avait trop à faire avec elle-même pour se soucier des autres. Il est à craindre que si un référendum avait eu lieu l'année dernière en Allemagne, il aurait été négatif, comme en France et aux Pays-Bas.

Et que dire du Luxembourg, noyau fusionnel de la construction européenne jusqu'alors ? Il aura fallu que le courageux Premier ministre Juncker mette tout son poids dans la balance pour franchir la barre des 50 % de oui au traité constitutionnel proposé aux suffrages. Le Luxembourg sans l'Europe : vous imaginez ?

Un autre point a pesé très lourd en France. Depuis des années, nous n'avons pas eu la pédagogie minimum qui aurait su mettre l'Europe en valeur, bien au contraire. La Commission de Bruxelles est généralement regardée par les citoyens, et parfois décrite par les dirigeants, comme un gendarme tâtillon qui se mêle de tout : des périodes de chasse, des filets de pêche, des phares de voiture, etc., ce qui est réducteur, voire caricatural. Comble de maladresse, ces dirigeants qui restent discrets sur les bienfaits de l'Europe (c'est le moins qu'on puisse dire) se mettent à clamer ses mérites tous les cinq ans, quand ils ont besoin des voix des électeurs. Le citoyen n'entend jamais autant parler de l'Europe qu'à l'occasion des élections au Parlement et des référendums, où il est entendu d'avance que le oui doit l'emporter. Dans ces conditions, comment s'étonner que le réveil de la souveraineté populaire, le libre-arbitre d'un peuple qui n'aime pas qu'on lui dicte ses choix et souffre déjà de voir son propre Parlement réduit à un rôle de faire-valoir, ressemble à une révolte ? Il faut le dire : l'Europe est plus démocratique à Strasbourg et à Bruxelles que ne l'est la vie politique de notre pays. Elle ne fait l'objet chez nous que de débats limités par la toute-puissance du gouvernement ; c'est cette relation avec le citoyen qu'il faut changer. C'est le Parlement français et le gouvernement qui doivent faire la promotion de l'Europe.

À cela est venu s'ajouter le sentiment douloureux de prendre en permanence des coups de l'étranger. On a si longtemps vanté notre modèle social que nous nous cramponnons à lui sans vouloir admettre qu'il est menacé dans son existence même si nous ne le réformons pas profondément et rapidement. Lionel Jospin avait différé la réforme des retraites pour l'après-présidentielles de 2002, escomptant bien être à l'Élysée pour la piloter. Pas de chance : c'est Jean-Pierre Raffarin et François Fillon que les urnes ont désignés pour accomplir un pas de plus. Ce qu'ils firent, mais bien timidement. C'est pitié que de constater le temps perdu : presque vingt ans, depuis que Michel Rocard, Premier ministre honnête et visionnaire de François Mitterrand, a souligné toute la gravité de la question en publiant son Livre blanc sur les retraites, en... 1989.

Et si nous nous rendons compte aujourd'hui du retard

accumulé, ce n'est pas grâce à une prise de conscience lucide. C'est le monstre étranger, sommairement nommé mondialisation, qui nous en inflige chaque jour la terrible leçon. Ce que l'on a longtemps redouté est désormais inscrit dans un futur proche. Ni notre protection sociale, ni notre système de financement des retraites, ni les régimes spéciaux des travailleurs des entreprises publiques, ni la durée du travail, qu'elle soit hebdomadaire ou calculée à l'échelle d'une vie, ne pourront résister longtemps à la concurrence effrénée des pays émergents. L'État, qui s'est si longtemps tellement occupé de tout qu'il a quasiment détruit les relations contractuelles entre patronat et syndicats, doit maintenant gérer ces problèmes au niveau national, alors que des discussions plus fines au niveau des branches professionnelles auraient permis de limiter la casse dans le domaine social tant qu'économique.

D'où ce sentiment terrible de devoir entrer de force dans le jeu de la concurrence mondiale sans réelle protection : notre État n'y arrive pas, l'Europe ne s'en occupe pas. Nous sommes condamnés à être sur la défensive, nous devons nous faire une raison : tel est notre avenir. Mais si les gens sont obligés d'admettre qu'un État, aussi fort soit-il, n'est plus de taille à les protéger contre la mondialisation, comment peuvent-ils accepter que cette Europe dont on leur vante les mérites ne soit pas davantage capable de leur venir en aide ? Les gouvernants doivent dire la vérité : nous avons su développer la vitalité économique de l'Europe, mais les arrière-pensées nationalistes sont tellement fortes dans beaucoup de pays, à commencer par le nôtre, que nous n'avons pas voulu ou pas su ériger notre Union en contrepoids régional des dérèglements excessifs de la mondialisation. C'est-à-dire la doter d'un filet social a minima, quitte à le compléter par l'intervention des gouvernements nationaux. Quand on y songe avec un peu de recul, c'est miracle que ce déséquilibre entre l'économisme et la fonction sociale ait perduré si longtemps.

Ceux qui prétendent que l'Europe peut et doit faire

quelque chose contre la brutalité des délocalisations n'ont pas tort. Il y a quelques semaines, l'Union européenne s'est enfin souciée de mettre en place un filet de protection sociale à l'usage des travailleurs qui subissent un préjudice grave du fait de la délocalisation de leur entreprise hors des frontières de l'Europe. Le principe en est simple. Quel que soit le pays concerné et sa façon d'indemniser le chômage, l'Union s'engage à combler la différence à hauteur d'un même pourcentage, afin de protéger financièrement un minimum le salarié. Un fonds de cinq cents millions d'euros a été prévu à cet effet. Il est notoirement insuffisant, et les conditions d'accès sont trop restrictives, mais nul ne peut contester que ce sont des débuts encourageants. Pourquoi n'a-t-on pas créé un tel fonds en même temps que la monnaie unique ?

Dernier facteur, non le plus négligeable, dans l'explication du rejet hexagonal : l'hostilité croissante envers le gouvernement. Venant après les résultats des élections présidentielles de 2002, les scrutins des régionales et des européennes auraient dû retentir comme une sonnette d'alarme chez ceux qui prétendent veiller à notre destin. Ils sont au contraire restés sans conséquence. Le peuple a alors cherché à exprimer son mécontentement d'une voix encore plus forte. Le référendum sur la Constitution lui en fournissait l'occasion, il ne s'en est pas privé. Peut-on lui en vouloir ? Pour se faire entendre des sourds, il faut parfois élever la voix au-delà du raisonnable. Il est inouï que, là encore, rien n'ait changé en haut lieu, ou pas grand-chose.

Quelques leaders politiques ont également joué un rôle négatif dans l'affaire, même si je les soupçonne d'avoir suivi le mouvement plutôt que de l'avoir impulsé. Des dirigeants dont on aurait pu attendre plus d'esprit européen et de cohérence ont soudain entonné le grand air du refus. Bien sûr, il y avait des raisons de s'irriter contre ce projet : sa rédaction était destinée aux spécialistes. Bien sûr, il y avait des manques criants, notamment dans le domaine social. Mais sur une étape aussi fondamentale de notre avenir, j'attendais de certains hommes d'État qu'ils soupèsent les avantages, en fassent loyalement la pédagogie objective devant l'opinion, quitte à prendre rendez-vous dans le futur pour corriger les manques ou insuffisances. Bref, qu'ils se haussent au niveau de leurs anciennes fonctions. Qu'ils ne mentent pas, qu'ils ne piétinent pas aujourd'hui ce qu'ils ont contribué à construire hier. J'ignore s'ils en tireront un jour le bénéfice électoral escompté. J'espère bien que non.

Laurent Fabius figure au premier rang de ces personnages. Comment l'héritier politique de François Mitterrand, qui fut réellement un bon européen, le ministre de l'Économie et des Finances d'une gauche assagie, qui signa l'Acte unique en 1985, l'ardent défenseur des traités d'Amsterdam, de Maastricht et de Nice, qui installa l'euro en France et ne se priva pas de le faire savoir, s'est-il retrouvé dans le même convoi que des antieuropéens aussi viscéraux que Marie-George Buffet, José Bové, Olivier Besancenot, Philippe de Villiers, Jean-Marie Le Pen ? Quels relents nationalistes venus de l'extrême gauche se sont emparés de ces internationalistes toujours en pointe dans la construction européenne que furent les socialistes historiques ? Mystère. De si grands écarts, observables aussi bien chez de nombreux dirigeants que dans les opinions publiques, ne sont plus rares aujourd'hui.

Le double non franco-néerlandais au projet de traité constitutionnel laisse l'Europe croupir dans une crise profonde depuis dix-huit mois déjà. Politiques et diplomates n'ont pas de périphrases assez fleuries pour habiller la triste réalité. Pendant ce temps-là, les puissances mondiales avancent. Nous, nous sommes cloués sur place, et dans l'âpreté de la compétition mondiale, je vois se profiler le moment où il faudra bien constater que nous reculons. Nous savons tous que ce coup de tonnerre n'est pas le premier qu'ait subi notre Union, en un demi-siècle d'existence. La construction européenne a connu tour à tour des avancées spectaculaires et des blocages brutaux qui menaçaient de jeter par terre tout l'édifice. Parlons-en un peu, de l'édifice, de l'esprit de l'entreprise, et de son principal architecte français Robert Schuman.

Schuman est né en 1886 au Luxembourg, seize ans après la guerre de 1870 – il est donc allemand. Devenu français en 1918, avocat, il se lance à trente-trois ans dans la politique, est élu député de la Moselle, parle couramment deux langues, l'allemand avec l'accent traînant des trois frontières (le « *drei Ecke* ») et le français avec la lourdeur rhénane. Il fréquente l'Église avec assiduité, en catholique et chrétien-démocrate austère de l'époque. En fait, ce grand patriote, qui est interné et s'évade durant la Seconde Guerre mondiale, est avant tout un Lorrain. Les Français connaissent mal leurs compatriotes de Lorraine, encore moins ceux d'Alsace. Le patriotisme des marches de l'Est est fervent, parce que depuis quatre siècles, c'est presque toujours sur ce sol qu'ont fini par s'entretuer les deux nations ennemies vivant de part et d'autre du Rhin. Les noms de leurs enfants sont gravés sur les monuments commémoratifs. C'est pour cette raison que le drapeau tricolore y flotte plus souvent : on ne mesure pas combien la France a manqué aux gens de l'Est.

En 1948, Robert Schuman est ministre des Affaires étrangères. L'Allemagne nouvelle n'existe pas encore ; ce pays ruiné n'est plus qu'un territoire occupé par les quatre puissances alliées. C'est une partie du prix à payer pour les crimes du nazisme, qui fut bien une entreprise allemande. Mais deux des alliés, les Américains et les Soviétiques, ont déjà la tête ailleurs : le continent européen doit rester coupé en deux, de par la volonté de Staline qui a poussé ses troupes en libératrices jusqu'à Berlin et les y maintiendra en tant qu'envahisseur, incorporant de force un tiers du pays dans l'empire soviétique. Il joue sur du velours : il sait que Washington veut s'appuyer sur une Allemagne immédiatement remilitarisée pour défendre l'Europe occidentale contre les divisions blindées soviétiques. Il sait que la France ne l'acceptera jamais, ne peut pas l'accepter. S'il en était besoin, il se sent relayé en Occident par des partis communistes puissants, en France et en Italie notamment, dont les chefs prennent leurs ordres directement de Moscou.

Ce n'est que l'année suivant l'arrivée au Quai d'Orsay du Lorrain que naît la République fédérale d'Allemagne, avec un chancelier jovial des bords du Rhin, Konrad Adenauer. On ne lui a pas laissé beaucoup de choix : la construction de la nouvelle Allemagne, divisée en deux, a été pensée à Washington. Fini le pouvoir central : il sera dispersé en régions, les Länder, qui posséderont l'essentiel des compétences politiques, économiques, administratives, culturelles et même audiovisuelles. On n'est jamais trop prudent : la Maison-Blanche confie discrètement une fonction de « conseiller » au tout-puissant républicain George Meany, le patron de la confédération des syndicats américains, qui veillera à organiser en RFA (et d'ailleurs en France aussi, pour l'un d'entre eux au moins) des syndicats nettoyés de tout ce qui est rouge.

Voici qu'un an seulement après la mise sur pied de la nouvelle Allemagne, dont la capitale a été rapatriée au bord du Rhin, à Bonn, cinq ans et un mois après la libération de l'effroyable Auschwitz, Robert Schuman fait un coup d'éclat : « La France accomplit le premier acte de la construction européenne, et y associe l'Allemagne », assène-t-il à la stupéfaction de la presse et des chancelleries. Nous sommes en 1950. Ce « premier acte », comme il dit, c'est la mise en commun par la France, l'Italie et le Benelux du charbon et de l'acier, ces ressources à l'origine des guerres entre les deux pays rivaux. Et l'Allemagne y est en effet associée. Cette extraordinaire invention a été cachée à tout le monde, en premier lieu par Jean Monnet. Il a parcouru le monde en feignant de vendre son cognac, mais en fait, il négociait en grand secret la naissance du futur bébé. Ainsi naît la Communauté européenne du charbon et de l'acier (CECA), conduite par une haute autorité dirigée par Jean Monnet, avec règles commerciales, politique de prix, exploration des marchés décidés en commun. Elle est flanquée d'un Conseil des ministres et d'une assemblée parlementaire spécialement composés pour impulser et contrôler. En 1952, ce premier moteur européen tourne à plein régime. Les Européens sont aux anges, Washington tient la première armure de son projet de bouclier antisoviétique, et Adenauer, qui n'en attendait pas tant, applaudit des deux mains. Gaullistes et communistes français ne disent plus rien, car ça marche !

Deux ans après ce coup de maître, l'Europe s'offre une énorme crise, qui n'est toujours pas résolue. Le bloc soviétique devient menaçant en Europe, soutient les communistes dans la guerre de Corée, teste la détermination militaire américaine. Un vent glacial commence à souffler sur l'Ouest. Monnet, toujours lui, propose au pouvoir français l'idée de créer une armée commune en Europe, sous l'autorité d'« institutions politiques de l'Europe unie ». Admirez la périphrase, qui dit clairement l'idée (une armée européenne), en laissant de la flexibilité sur les formes de l'organisme qui la contrôlera. Les cinq autres membres de la CECA négocient avec Paris. Le traité d'une Communauté européenne de défense est signé dès 1952. Et il ne fait pas dans la demi-mesure : quarante divisions pour commencer, uniforme unique avec écusson européen, gestion centralisée des achats de matériel.

Mais en 1953, Staline meurt, les Américains réussissent leur contre-offensive et la Corée est coupée en deux par l'armistice. Au début de l'année suivante, l'armée française est humiliée à Diên Biên Phu. La France est sous le choc. Six semaines plus tard, Pierre Mendès France devient président du Conseil. Il négocie les accords de Genève avec les Vietnamiens du Nord : l'ex-Indochine est elle aussi séparée en deux. Fatigué et sans doute dubitatif, il se présente devant l'Assemblée nationale pour engager le débat sur la CED. Et contre toute attente, se contente de la décrire, ne la défendant qu'à peine, puisqu'il n'engage même pas la responsabilité de son gouvernement sur le résultat du vote.

Les communistes ne veulent pas d'une armée européenne, brandissant « l'esprit revanchard » de l'Allemagne remilitarisée de fait par ce traité, comme le déclare un de ses principaux dirigeants, pas gêné du tout d'avoir passé l'essentiel de sa guerre dans une datcha de Staline. Les gaullistes ont les mêmes méfiances vis-à-vis de Bonn. Et le 30 août, le projet de Communauté européenne de défense est rejeté par ceux-là mêmes qui l'ont initié : les Français.

30 août 1954-29 mai 2005 : ça ne vous rappelle rien ? Depuis ce funeste rejet d'une armée européenne qui a pourri la construction d'une souveraineté européenne pendant cinquante ans – et ce n'est pas fini – c'est à peine si l'on ose mettre un autocollant européen sur les vestes de quelques malheureux soldats des maigres brigades envoyées de-ci de-là participer au « maintien de la paix », en face de soldats perdus surarmés qui ne veulent que la guerre. Y compris sur notre continent, dans l'ancienne Yougoslavie.

Remarquable succès du charbon et de l'acier en 1950, échec cuisant du projet d'armée européenne en 1954 : l'Europe semble n'avancer qu'en dents de scie. La preuve : dès 1956, devant le vide effrayant que ce rejet a creusé, l'infatigable Jean Monnet réussit à persuader les six membres de la CECA de bâtir un grand marché commun fondé sur la libre circulation des hommes et des idées, mais surtout des marchandises et des services. Pour les marchandises, l'aspect le plus concret du nouveau projet, on supprimera progressivement les droits de douane, avec la création d'un « marché unique » à l'horizon de dix ans. Sur les six, quatre sont enthousiastes. Mais une fois de plus, Allemands et Français traînent la jambe. Non seulement ils se méfient l'un de l'autre, mais ils sont concurrents économiques dans bien des secteurs. Raisonnement stupide, comme l'expérience l'a montré. Sur trois produits qu'ils fabriquent, chaque pays en vendra deux sur son marché intérieur, le troisième chez l'autre.

Les deux récalcitrants n'ont pas longtemps le loisir de se montrer mauvais coucheurs. Un grand coup de canon venu une nouvelle fois de l'Est fait taire les réticences. Les Soviétiques envahissent la Hongrie le 4 novembre 1956, et obtiennent sous la menace l'arrêt de l'expédition militaire de Suez, que Britanniques et Français mènent contre Nasser, et la nationalisation du canal de Suez. Le premier message est clair : l'Est de l'Europe restera soviétique, et les amis de Washington doivent cesser de mettre leur nez dans sa zone d'influence arabe. Le deuxième est un camouflet plus direct aux projets européens : l'Allemagne restera divisée, et les pays d'Europe de l'Ouest demeureront des nains sous la garde suspicieuse des deux superpuissances que sont l'Union soviétique et les États-Unis. La leçon porte : cinq mois plus tard, le traité de Rome, fondateur du Marché commun, est signé. La grande aventure commence réellement, en ce mois de mars 1957.

Résumons ce calendrier en « montagnes russes », fait de succès et d'échecs alternés. Après la fondation du principe communautaire par la CECA en 1950, c'est le rejet du projet de défense européenne de 1954. Trois ans après, c'est l'immense espoir du Marché commun, suivi en 1962 par l'instauration d'un Marché commun agricole, puisque sous la pression de la France, on ajoute une Europe verte à celle des marchés industriels. Ça va trop bien sans doute, puisque deux nouvelles crises se profilent : en 1963, le veto français à l'adhésion britannique (il faudra six ans pour franchir cet obstacle !), et en 1965, la « politique de la chaise vide » décidée par Paris. Déjà, dans les institutions européennes, notamment au Parlement de Strasbourg où j'arrive l'année suivante comme correspondant, on dit : « Ils sont infernaux ces Français : ils sont le principal moteur de l'Europe, mais ils la mettent en panne régulièrement, quand son évolution ne leur convient pas. » Nous avons à nouveau entendu cette critique en mai 2005. Et c'est vrai, puisque c'est la même France qui dit oui aux Anglais en 1969, et sort d'un isolement boudeur notre pays. Mais de Gaulle vient de quitter le pouvoir : il a perdu son référendum sur les régions et la réforme du Sénat. Son grand rêve de freiner le fédéralisme pour discuter directement avec Moscou est battu en brèche. Les Soviétiques parlent du monde avec Washington, et de l'Europe avec l'Allemagne. Willy Brandt les rassure, puisqu'il a accepté la division de l'Allemagne et la frontière Oder-Neisse entre son pays et la Pologne – la frontière qu'avait voulue le maréchal Joukov. Georges Pompidou, le nouveau président français, débloque la situation en proposant un bond en avant aux Européens. En décembre 1969 à La Haye, il propose l'essentiel de ce que Walter Hallstein s'était vu refuser en 1965 : ressources propres pour la Communauté, financement durable de la politique agricole commune. Il y ajoute une grande innovation : la mise en route de l'union économique et monétaire, par la mise en place, dès 1972, d'un « serpent monétaire » encadrant les fluctuations des monnaies des États membres, qui passent dès le début 1973 de six à neuf, regroupant 260 millions de consommateurs qui voudraient bien devenir citoyens européens.

La décennie soixante-dix continue d'être faste pour l'avancement de la construction européenne, malgré l'attitude résolument hostile des Américains, qui dévaluent le dollar à tour de bras pour doper leurs exportations et handicaper les nôtres. D'autant que les économies européennes souffrent des conséquences de deux chocs pétroliers. Mais le couple franco-allemand fonctionne de nouveau au mieux, parce que nos deux pays sont dirigés par un président et un chancelier résolument européens, Valéry Giscard d'Estaing et Helmut Schmidt, le libéral démocrate de droite et le social-démocrate de gauche. Giscard ose un pas politique. Pour faire fonctionner cette Europe élargie, il propose et réunit fin 1974 un Conseil européen, le sommet des chefs : ils se retrouveront désormais au moins deux fois par an. Comme aujourd'hui, l'Europe est alors prisonnière du monde arabe et africain pour son pétrole et son gaz, et sous le feu commercial de Washington. Nouveau progrès de la Communauté européenne : Giscard propose, comme il l'avait promis en tant que candidat probable à la présidence lors de la conférence d'octobre 1973 à l'Unesco, une vaste conférence Nord-Sud. Y sont invités les Européens, les pays producteurs de pétrole du Sud, et les pays pauvres du Sud, importateurs impuissants qui paient très cher l'intransigeance des grands. Et tout cela au nez et à la barbe du duopole américano-soviétique. Pour compléter ce dispositif, on enrichit en 1975 les accords que l'Europe a signés depuis 1963 avec les ACP (46 pays d'Afrique, de la Caraïbe et du Pacifique). Poids total de l'affaire : près de sept milliards de nos euros actuels. En 1979, on décide d'aller plus loin dans le rapprochement des économies par la stabilité monétaire. Le Système monétaire européen (SME) est mis en place, on resserre les fluctuations des monnaies nationales à plus ou moins 2,25 % du cours pivot, et un nouveau nom fait son apparition : l'écu. Les citoyens en entendent parler, mais n'en possèdent pas : normal, ce n'est pas un billet de banque, mais une unité de compte unique, dont se servent les banques centrales de la Communauté entre elles.

Puisqu'on vient d'avancer dans le secteur économique, il manque un pas dans le domaine politique : ce sera l'avènement d'un vrai Parlement européen, avec des élections au suffrage universel pour tous. Par timidité, on recule devant l'idée de procéder à ces élections le même jour dans chaque pays membre. Nous n'avons pas fini de le regretter. Mais ne boudons pas notre plaisir : les peuples d'Europe votent. En France, Simone Veil prend la tête d'une liste majoritaire UDF (parti qui a été créé un an plus tôt), et fait un tabac. Cette femme exceptionnelle a fière allure, elle deviendra vite présidente du Parlement européen. La courageuse rescapée d'Auschwitz peut travailler au rapprochement des adversaires d'hier et à l'unification du continent d'aujourd'hui. Décidément, tout va bien pour l'Europe.

Trop bien sans doute, il y a trop longtemps que les choses avancent ! En 1981, la Grande-Bretagne de Mme Thatcher décide de porter le fer où cela fait mal pour les Européens, et où cela peut faire du bien à la Grande-Bretagne. Elle remet en cause la politique agricole commune et la menace d'un veto définitif si on ne lui ristourne pas un copieux chèque annuel, censé compenser la perte nette qu'elle enregistre entre la contribution qu'elle verse au budget communautaire et ce qu'elle en reçoit. Et elle obtient gain de cause. L'année suivante, même complainte, et même succès de la plaignante. L'habitude est prise, et Londres vient de montrer ostensiblement que de Gaulle sur ce point avait vu juste : un pied dans l'Europe pour les avantages, un pied dehors pour les inconvénients. Cette technique, détestable à la longue, va devenir une stratégie de long terme. Et empêcher bien des avancées.

Il était temps que la machine communautaire retrouve de l'oxygène. En 1981, Mitterrand s'installe à l'Élysée, et un an après, Helmut Kohl succède à Helmut Schmidt à la chancellerie allemande. Dès 1982, de solides contacts personnels s'instaurent entre le président français socialiste, qui gouverne avec des communistes, et le démocrate-chrétien pur jus de Bonn. On le découvre sans contestation possible lorsque Mitterrand se rend au Bundestag, le Parlement de la République fédérale, pour dire sans aucune ambiguïté que « les missiles sont à l'Est, les manifestants pacifiques à l'Ouest ». Moscou gronde, mais le doute est levé. Une fois de plus, il aura fallu une menace extérieure sur l'Europe pour que celle-ci se ressaisisse et redémarre. L'affaire du chèque britannique est résolue, à la baisse pour Mme Thatcher, qui s'incline. En 1984, le contentieux agricole est soldé, et deux décisions importantes sont prises : on constitue un petit groupe de travail pour élaborer un projet d'union politique de l'Europe, tandis que tout le monde tombe d'accord pour nommer Jacques Delors à la tête de la Commission européenne. Il se révélera d'une hauteur qui le placera au-dessus de la mêlée. Dans la foulée, les négociations avec l'Espagne et le Portugal, bien que laborieuses en raison des différences de niveau entre ces deux candidats et le reste des membres de l'Europe, aboutissent en 1985, officialisant l'entrée de ces deux pays du Sud dans le club. Ces années se révèlent fastes, puisqu'en 1986, on sanctionne l'achèvement du Marché commun par un Acte unique, qui hélas laisse les opinions européennes de marbre. Son importance est capitale, mais il ne fait qu'achever ce que tout le monde croyait acquis : la libre circulation réelle des biens, des marchandises et des hommes à l'intérieur de ce qui n'est pas encore l'Union. En fait, beaucoup d'obstacles douaniers étaient restés en vigueur entre certains pays membres, des barrières auxquelles les États ne voulaient pas renoncer pour protéger telle ou telle profession repliée sur le marché national. Jacques Delors prend le taureau par les cornes, publie un « code de la route européenne » sous forme d'un livre blanc indiquant les étapes de l'achèvement du marché intérieur. Cela tombe bien, la croissance est de retour. Et c'est ainsi que naît réellement le premier ensemble régional capable de résister à la mondialisation qui est en route. Belle leçon à méditer pour ceux qui cultivent le repli national comme remède !

Le mur de Berlin tombe en 1989, dans une émotion générale. L'Allemagne réunifiée compte cinq Länder de plus, ce qui lui fait seize régions, dont Berlin, et passe de soixante à quatre-vingt-deux millions d'habitants. Un poids lourd, qui s'engluera cependant dans les difficultés économiques provoquées par cette absorption. Mais Kohl ne faiblit sur aucun front, surtout pas sur celui de la construction européenne. Le communisme d'État est mort, ceux qui voulaient l'ignorer en découvrent les horreurs, nous sommes en pleine guerre du Golfe, mais courageusement, les Européens franchissent un pas formidable. Enfin, l'Union européenne est une entité politique et plus seulement économique. Elle crée la citoyenneté européenne (tous ceux qui sont citoyens d'un État le sont de l'Union), elle institue la coopération des membres en matière de police, de justice et d'affaires intérieures, et annonce, après une convergence stricte des politiques économiques des États, la naissance d'une monnaie européenne unique, au plus tard pour 1999. Ce sera l'euro.

Pourtant, on ne prend pas garde à deux signes. En 1992, le traité de Maastricht, qui sanctionne ces avancées, ne passe qu'au forceps en France (un petit 51 %, alors que le président, visiblement très malade, s'est impliqué à fond, notamment dans son face-à-face télévisé avec Philippe Séguin à la Sorbonne). Trois mois plus tôt d'ailleurs, les Danois l'ont clairement rejeté. Depuis une petite dizaine d'années, un virus nouveau envahit les populations de l'Europe, à des degrés divers : le scepticisme. Il va continuer à faire des ravages, et la liste des responsables est longue. Par exemple, la pédagogie des décisions n'est pas assurée, on travaille presque en catimini, et les peuples s'éloignent de la construction européenne, pourtant seule apte à les protéger du grand large. C'est grave. Il aurait fallu faire une pause, ouvrir des débats fondamentaux dans les parlements nationaux. Mais la chose européenne devient plus que jamais affaire de spécialistes, une nécessité presque honteuse qu'on ne fréquente qu'en rasant les murs. C'est dans ce contexte qu'une faute lourde est commise.

On vient à peine de conclure, fin 1994, l'adhésion de trois nouveaux membres : les peuples d'Autriche, de Finlande et de Suède disent largement oui par des référendums qui ont suscité une forte mobilisation. La Norvège dit une nouvelle fois non, et reste à l'écart. Mais le ver est dans le fruit. Pour qui suit les débats de ces pays, deux interrogations surgissent. D'abord celle des frontières : « Cela s'arrêtera où, l'Europe ? » semblent demander les opposants. Et la deuxième, gigogne de la première : « Que ferez-vous pour contrôler l'immigration ? » Pas de réponse, ni à l'une ni à l'autre : le cancer du doute va se développer sournoisement. Il aurait fallu ralentir les choses, impliquer les peuples et préparer le terrain à l'inéluctable étape suivante.

Cette étape, je la juge non seulement irréversible, mais peut-être aussi salutaire : il s'agit du quatrième élargissement de l'Union, aux huit anciens pays du bloc soviétique, auxquels souhaitent se joindre Chypre et Malte. D'abord, un peu de géopolitique. Les anciens pays du pacte de Varsovie ont conquis leur liberté après soixante ans de dictature, qui les ont empêchés de se moderniser, d'exercer la démocratie, de constituer des sociétés civiles, de jouir de la liberté culturelle, d'accumuler un minimum de richesse comme fruit de leur travail, de circuler librement. Ils ont été placés sous la cruelle surveillance de régimes policiers qui ont tout contrôlé, fiché, surveillé, en compromettant, par de sordides manœuvres, le respect des uns envers les autres, parfois jusqu'à l'intérieur des familles. Un système pervers qui a duré des décennies. Cela ne s'efface pas du jour au lendemain. Libérés du joug, que vont devenir ces huit pays, vers qui peuvent-ils se tourner ? Vers la Russie, à la démocratie incertaine, toujours tentée par l'autoritarisme ? Naturellement non : ils ont donné. Vont-ils rester chacun chez eux, en se raccrochant à une alliance défensive avec l'OTAN ? C'est ce que certains font rapidement, mais ces alliances militaires ne leur sont utiles qu'en cas d'atteinte à leur intégrité territoriale. Elles ne créent pas d'espace vital, ne les aident pas à développer une société civile telle qu'ils en rêvent. Si l'OTAN les rassure, l'Europe, elle, suscite du désir, de l'envie. On le sait bien : en 1956 déjà, les Hongrois ont payé cher ce désir ; les Allemands de l'Est ont essayé de franchir le mur dès sa construction en 1961, souvent au prix de leur vie. Les Tchèques ont subi le même sort que les Hongrois après le 21 août 1968 ; les Polonais ont essayé de se libérer du joug soviétique en 1956, puis en 1970, puis en 1981. Quant aux pays Baltes, ils étaient trop petits pour faire autre chose que laisser leurs citoyens tenter de s'enfuir. Côté Europe de l'Ouest, on veut enterrer définitivement la division imposée par Staline à la fin de la Seconde guerre, lors de la conférence de Yalta. Robert Schuman lui-même, dès le début des années cinquante, en pleine guerre froide, a prophétisé : « Un jour, les pays de l'Europe centrale et orientale auront vocation à nous rejoindre. »

La mondialisation elle-même devient un horizon menaçant si nous ne construisons pas un ensemble régional fort, peuplé de plus de cinq cent soixante millions d'habitants, et comptant à terme une trentaine d'États. La question n'est donc pas : « Faut-il le faire ? », mais : « Comment faut-il le faire ? ». C'est là que nous avons buté, et provisoirement détraqué la machine, elle-même fragile, et pas structurée pour gouverner cet ensemble. Et surtout, nous n'avons pas su faire des peuples de l'ancienne Europe les hôtes accueillants et volontaristes d'une Europe pourtant enfin reconstituée. Il aurait sans doute fallu sortir de l'euphorie, lier les huit candidats à l'adhésion par un traité de transition qui leur laisse non seulement le temps d'aligner leurs économies sur les critères de l'Union, mais aussi de s'assurer que les gouvernements prennent toutes les mesures nécessaires pour vivifier les sociétés civiles de ces pays. Pendant ce temps, la pédagogie du bouleversement qu'allait entraîner un si vaste élargissement aurait dû être développée dans les pays de l'Ouest, qui méritaient qu'on les consulte, qu'on les fasse voter jusqu'à l'acceptation finale. Il ne suffisait pas de demander aux pays candidats de confirmer par le oui ce qu'ils souhaitaient ardemment. Il fallait s'appuyer sur l'opinion des quinze membres fédérés en trois étapes, en sollicitant leur avis. C'eût été une saine prise en compte du monde nouveau. Nous ne l'avons pas fait, nous l'avons payé le 29 mai 2005, en France particulièrement.

Pourtant, la construction de l'ensemble des quinze s'est poursuivie entre le milieu des années quatre-vingt-dix et la fatale impasse de notre référendum négatif. La monnaie unique envisagée depuis l'Acte unique, décidée à Maastricht, a vu le jour malgré les réticences de la population allemande, pour qui le mark était sacré. Une nouvelle fois, Kohl a été digne de son statut d'homme d'État, qui, malgré une grande impopularité, a poussé la République fédérale dans l'euro. Contrairement à la Grande-Bretagne, qui resta sur la berge, un pas de plus. En 2002, la plupart des Européens ont fait connaissance avec les nouveaux billets et pièces, sous la surveillance d'une Banque centrale européenne basée à Francfort. Il y a d'ailleurs eu un double mouvement, lui aussi instructif : d'un côté, on a observé un réel engouement, de l'autre, on a accusé l'Europe et sa nouvelle monnaie de provoquer l'inflation, une augmentation déguisée des prix. Mais le bénéfice en a été réellement remarquable, la vie des voyageurs et surtout des touristes a été simplifiée, et l'économie dynamisée dans certains cas.

Curieusement, la banalisation rapide de la nouvelle monnaie a fait apparaître la faiblesse institutionnelle et politique du nouvel ensemble. Comment construire un gouvernail fiable pour ce navire ? Une conférence intergouvernementale se met au travail en 1996, mais elle s'enlise. Le vieux conflit entre Commission européenne (instance qui propose et réalise), Conseil (enceinte des chefs d'État et de gouvernement qui décide) et Parlement (lieu où les élus contrôlent, acceptent ou rejettent) refait surface. Il faut choisir entre plus de fédéralisme (qui favorise l'extension des pouvoirs de la Commission et du Parlement) et plus de coopération des États nations (qui favorise le Conseil et le Parlement, mais minore la Commission). De toute façon, il est clair que les pouvoirs du Parlement ne peuvent que s'étendre, qu'il faut revoir la composition d'une Commission pléthorique peuplée de vingt-cinq commissaires (un par pays), et qu'il est indispensable d'inventer un nouveau processus d'adoption des décisions au Conseil, devenu une machine à veto pour toute politique ambitieuse pour peu qu'elle plaise à l'un ou l'autre des membres. La question est simple, la solution un casse-tête, sur lequel échoue le sommet de Nice, que l'on reproche un peu facilement au président français, réduit à chercher des compromis boiteux entre des partenaires égoïstes et querelleurs, plus tentés par des solutions à la petite semaine que portés par l'effort et la conviction nécessaires dans les grands moments. Pour succéder à la conférence intergouvernementale défunte, on réunit une convention dont la présidence est confiée à Valéry Giscard d'Estaing. L'organisme provisoire travaille d'arrache-pied pendant quinze mois, et annonce des propositions qui font avancer l'Europe : on va créer un poste de président de l'Union européenne pour un mandat de deux ans et demi renouvelable une fois. Il sera le patron du Conseil, supprimant ainsi les rotations de présidence de six mois en six mois si préjudiciables à la continuité des efforts. Un ministre des Affaires étrangères de l'Europe sera nommé, qui sera aussi le numéro 2 de la Commission européenne ; laquelle Commission passe de vingt-cinq à quinze membres, et a un président proposé par le Conseil, nommé après audition publique en session plénière par le Parlement, charge à lui ensuite de choisir ses collègues ou collaborateurs. Et le système de pondération des voix pour aboutir à la majorité qualifiée nécessaire aux décisions est simplifié. La société civile, avec ses besoins de coopération policière, judiciaire, mais aussi ses exigences de respect des droits fondamentaux, est nettement prise en considération.

Le 1er mai 2004, les huit pays ex-communistes, accompagnés de Chypre et de Malte, font leur entrée officielle dans l'Union. Chez les nouveaux entrants, c'est une fête extraordinaire, à laquelle François Bayrou, en Européen authentique, nous invite à assister à Varsovie. Je n'oublierai pas de sitôt la beauté de ces jeunes gens enfin joyeux. J'ai vu leurs parents, trente ans plus tôt, prendre des risques pour faire reculer la dictature ; je sens l'histoire vibrer sous mes pieds, j'ai les larmes aux yeux : pas uniquement parce que j'espère travailler avec eux quelques semaines plus tard à Strasbourg si je suis élu le 29 mai, mais parce que ces cohortes brandissant le drapeau européen et la bannière polonaise confirment sous nos yeux cette vieille leçon : les hommes font l'histoire. Ils la choisissent autant qu'ils la subissent. C'est magnifique, et nous sommes désappointés en constatant au retour que la France n'a pas su déclencher des festivités à la hauteur de l'événement. Après tout, c'est seulement maintenant qu'on enterre définitivement les dictatures sur notre sol. Comme si nous avions honte de ce splendide résultat. Comment s'étonner dans ces conditions que la population doute, puisque ses chefs vivent cachés ce jour-là. Ils ne vont pas vivre heureux pour autant, comme va le montrer, un an et vingt-neuf jours plus tard, le référendum sur le traité constitutionnel : non à 55 %

Entre le début du XVIIe siècle et le début du XXe, les guerres ont tué près de neuf millions d'Européens. Le XXe siècle industrialisa la guerre : huit millions de morts au cours de la Première Guerre mondiale. La Seconde perfectionna le système en organisant une extermination massive et systématique à une échelle jamais vue, qui fit près de quinze millions de morts. En quatre siècles de sauvagerie contre nous-mêmes, trente-cinq millions de nos frères et sœurs ont été supprimés en terre européenne. La population d'un grand pays rayée du monde des vivants. Pour des frontières sans cesse remises en cause, des vengeances indéfiniment remâchées, des fleuves, des provinces, des richesses convoitées, des haines raciales savamment créées et entretenues.

Jusqu'en 1950, aucune forme d'organisation politique des pays de notre continent n'y a fait. Nous sommes passés des royaumes aux États, des empires aux nations. Mais à quoi bon : en 1945, l'Europe n'existait plus. Ruinée, les vaincus soumis et les vainqueurs exténués. L'Europe n'était plus qu'un champ de décombres, et il faudra les cent milliards de dollars du plan Marshall pour redémarrer les économies d'un continent réduit à la mendicité. Qu'avons-nous fait de notre humanisme, des valeurs sans cesse exportées de la République, si ce n'est sombrer dans le crime collectif ?

C'est cela, le morbide héritage qu'il ne faut jamais perdre de vue. C'est pour empêcher que le monstre ne se réveille qu'il nous faut faire de la construction européenne une affaire personnelle. La paix et la prospérité qui en résultent sont un bien sans équivalent, trop précieux pour en laisser les rênes aux seuls gouvernants. Ils ont besoin d'être contrôlés, encouragés, portés par la nation, par nos nations. Il a fallu l'obstination des fondateurs que j'ai cités pour bâtir un ensemble qui interdise, pour l'instant, tout conflit dévastateur. Je sais que la paix est probablement une notion lointaine pour les jeunes générations, puisqu'elles ne savent pas que même chez nous, on peut vivre autrement qu'ensemble : les uns contre les autres, jusqu'à la mort. Mais on ne peut penser sérieusement à l'Europe si cette donnée fondamentale ne nous habite pas. Ensuite viennent prospérité, libertés civiles, justice sociale, vitalité culturelle. Après la paix qu'il faut sans cesse nourrir, pas avant, pas sans elle.

En vous livrant l'itinéraire de ma vie, j'ai voulu parler en Européen profondément charnel que je suis, bien avant même que j'en aie la moindre conscience. En enfant ballotté par cette sale guerre qui a dévasté ma famille, mon enfance et sans doute une partie de mon insouciance. En adolescent qui trouva très vite son environnement social et géographique trop étroit. En adulte qui connut le bonheur de l'exigence, mais aussi les exigences du bonheur dans une vie professionnelle tout entière tournée vers vous. Et enfin, en parlementaire européen qui, avec sa petite pierre, participe comme la plupart de ses collègues à la construction d'une maison qui ne cesse de s'élever en même temps qu'elle tremble régulièrement.

Se livrer n'est pas chose facile, encore moins pour moi. Tout n'est pas encore dit, à travers ce récit d'un beau morceau de vie que la folie des hommes n'a pas su me retirer, puisque les hasards de mon destin m'ont permis d'y échapper. Je n'ai pas cherché à être exhaustif, j'ai soigneusement passé mes réflexions professionnelles d'homme de médias et mes vues politiques pour l'avenir de notre continent au seul crible des expériences de ma vie d'homme. J'ai seulement voulu dire une continuité qui m'habite depuis toujours, et souvent malgré moi. Cette cohérence me fait devoir. C'est presque naturellement que je me suis mis au service de mon pays, ce pays qui s'est dévoué pour moi. Être un enfant de la nation n'est pas une chose ordinaire. D'abord la nation vous protège, puis elle vous aspire. Si je me suis propulsé vers la radio et la télévision, c'est parce que je voulais relater. L'invasion de la Hongrie en 1956 m'a montré le chemin de ce que je devais faire, pour accomplir celui que je sentais être. « Ne pas subir sans savoir, dire, faire connaître et partager », ai-je écrit ici. Avant d'aller agir du mieux que je peux, puisque mon tour était venu de quitter stylos, micros et caméras pour passer dans l'ombre de l'action.

Dans le fracas brutal du monde, pouvais-je trouver une meilleure place ? Une place plus essentielle que celle qui me met en position de faire avancer la construction de la maison commune qui nous protège, comme je veux le faire aussi, à ma mesure, pour mon pays ?

Parmi tous les livres dont je me suis nourri durant toutes ces années, en voici quelques-uns que j'ai relus, et qui méritent votre curiosité

Pierre Manent, *La Raison des nations. Réflexions sur la démocratie en Europe*, Paris, Gallimard, 2006.

Hannah Arendt, *Qu'est-ce que la politique ?*, Paris, Seuil, « Points », 2001.

Raymond Aron, *Essai sur les libertés*, nouvelle édition préfacée par Philippe Raynaud, Paris, Hachette Littératures, 1998.

Charles Juliet, *D'une rive à l'autre. Vers l'état de simplicité*, Plancoët, Diabase, 2006.

Jean-Michel Gaillard, *Les Grands Jours de l'Europe. 1950-2004*, Paris, Perrin, 2004.

Piotr Wandycz, Henryk Samsonowicz, Daniel Beauvois, Jerzy Kloczowski, Natalia Aleksiun, Marie-Elizabeth Ducreux, *Histoire de l'Europe du Centre-Est*, Paris, PUF, 2004.

Table

Photocomposition Nord Compo
59650 Villeneuve-d'Ascq

Impression réalisée par
Firmin-Didot

pour le compte des Éditions Calmann-Lévy
31, rue de Fleurus, Paris 6[e]
en octobre 2006

N° d'éditeur : 14168
N° d'imprimeur : 81628
Dépôt légal : octobre 2006

Imprimé en France